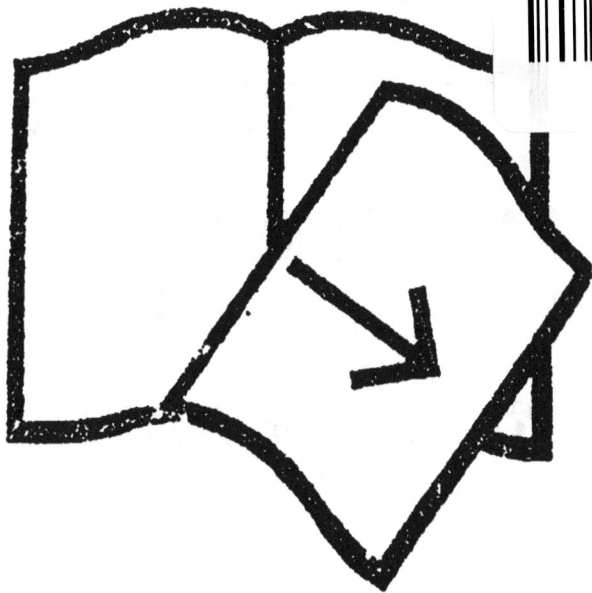

Couvertures supérieure et inférieure
manquantes

COSTUMES

DU

MOYEN-ÂGE CHRÉTIEN.

D'APRÈS DES MONUMENS CONTEMPORAINS

PAR

J. H. DE HEFNER-ALTENECK.

SÉCONDE DIVISION.
QUATORZIÈME ET QUINZIÈME SIÈCLES.

FRANCFORT s./M.   DARMSTADT
HENRI KELLER.   GUILLAUME BEYERLE.
1840 – 1854.

II. Division.

Table des Costumes contenus dans cet ouvrage d'après l'ordre chronologique.

Date.	Planche.	Indication des costumes.	Nom des personnes auxquelles ils ont appartenu.	Nom du lieu où ils ont été trouvés.
1313	76	Costume d'hommes	Henri VII. empereur. mort en 1313	Pise, cathédrale
1314	15	,, de guerriers	Louis IV. empereur. de la maison de Bavière. m. en 1347	Mayence. musée
1315	118	,, d'hommes	Didier IV. comte de Catzenelnbogen. m. e 1315	Wisbaden, musée
1318	41	,, de guerrier	Rodolphe de Thierstein. m. en 1318	Bâle. cathédrale.
1319	57	,, ,,	Albert de Hohenlohe. m. en 1319	Schönthal sur-la-Jaxt, église du couvent.
1320	28	,, et de dames		Meersbourg près de Constance. M. de Lassberg.
—	31	Costume ,,		,, ,,
—	43	,, d'évêque et d'hommes		Freising. cathédrale.
1330	120	Costume de guerriers (d'un Ordre de chevalerie)	Bertholde de Henneberg. m. en 1330	Wurzbourg. église de l'Ordre Teutonique
1335	33	Costume de guerrier. italien	Thomas Buldanus	Naples. S. Domenico maggiore.
1340	84	Costume de dame	Donna Laura. m. en 1348	Assisi S. Francesco.
vers 1340	146	,, de guerriers	Comte d'Orlamünde	Himmelkron. couvent de femmes
—	7	,, ,,		Munich. bibliothèque
de 1340 à 1350	8	,, ,,		,, ,,

Date.	Planche.	Indication des costumes.	Nom des personnes auxquelles ils ont appartenu.	Nom du lieu où ils ont été trouvés.
1349	27	Costume de guerriers	Gonthier de Schwarzbourg, m. en 1349	Francfort sur-le-Mein, cathédrale.
1350	47	" "		Bamberg, "
—	70	" " d'hommes et de dames		Koesfeld en Westphalie. Munich, de Hefner-Alteneck.
—	166	Costume de guerriers (glaive et poignards)		Munich, collection unie et de Hef.-A. Berlin, f Charles, prince de Prusse. Geisenheim, M. Wittemann.
—	176	Costume d'hommes, galons et éperons	Conrad de Heideck, m. en 1357	Munich, collection unie.
1354	103	Costume de guerriers	Conrad de Bickenbach, m. en 1354	Himmelthal, église du couvent.
1360	24	" " et de dames	Thom. Gifford	Leckhampton, Gloucestershire, Angl.
—	34	Costume de guerrier		Schwaebisch-Hall, église de St. Michel.
—	37	" "	Comte de Loesch	Rothenbourg sur-la-Tauber; église.
—	46	" "	Henri de Sauwensheim, m. en 1360	Wurzbourg, cathédrale.
—	68	" d'homme et bouclier		Kreglingen, église de Notre-Seigneur. Deckendorfcouvent
—	178	" espagnols d'hommes et de dames		Alhambra, près de Grenade.
1369	53	Costume de guerrier	Ulric Landschaden, m. en 1369	Neckarsteinach, près d'Heidelberg.
—	94	" d'hommes et de dames	Ulrich d'Erbach, m. en 1369 Elisabeth d'Erbach, m. en 1368	Erbach dans l'Odenwald, salle des chevaliers.
—	139	" de guerrier	Conrad de Sauwensheim m. en 1369	Schweinfurt, église de St. Jean.
1370	50	" " heaume		Munich. de Hefner-A.
—	59	" de guerrier	Godefroi d'Arnsberg m. en 1370	Cologne, cathédrale.

Date.	Planche.	Indication des costumes.	Nom des personnes auxquelles ils ont appartenu.	Nom du lieu où ils ont été trouvés.
1370	133	Costume de guerrier	Rodolphe de Sachsen-hausen, m. en 1370	Francfort sur-le-Mein, cathédrale.
—	149	,, d'hommes, de dames, de guerrier heaume		Berlin, cabinet des gravures. Berlin, cabinet des objets d'art. Darmstadt, collection grande-ducale
1372	85	Costume de guerrier	Hartmann de Kronberg. m. en 1372	Kronberg. au pied du Taunus; chapelle du château.
de 1374 à 1383	22	,, ,,	Zuglin de Schoeneck; m. en 1374 Bernard de Masmünster, m. en 1383	Bâle, cathédrale et église St.-Léonard.
1377	55	,, ,, et de dames	Hennel Landschaden, m. en 1377	Neckarsteinach.
—	122	,, d'hommes	Berthold Rucker, m. en 1377	Schweinfurt, cathédrale
1378	49	,, de guerrier	Weichard Frosch, m. en 1378	Francfort sur-le-Mein. église de St. Catherine.
1387	125	,, ,,	Henri d'Erbacn, m. en 1387	Michelstadt, église.
1391	40	,, ,, anglais	Guy Bryan, m. en 1391	Tenkersbury, Gloucestershire.
1393	57	,, ,,	Conrad de Bickenbach, m. en 1393	Roellfeld, près d'Aschaffenbourg.
—	134	,, d'hommes et de dames	Jean de Holzhausen, m. en 1393 Dame Gudule, m. en 1371	Francfort sur-le-Mein, cathédrale. Arnsbourg, couvent.
1394	156	,, de guerriers et de dames	Jean de Linden et Guda de Bellersheim	
1401	35	Costume de guerrier	Th. Kuebel de Catzen-elnbogen	Oppenheim, église de St. Catherine.
1403	93	,, de dames	Marguerite de Fuchs, née de Hutten, m. en 1403	Himmelpforten, près de Wurzbourg, église.
1407	92	,, ,, et de guerrier	Jean, comte de Wertheim, surnommé le Barbu; m. en 1407	Wertheim, église paroissiale.

Date.	Planche.	Indication des costumes.	Nom des personnes auxquelles ils ont appartenu.	Nom du lieu où ils ont été trouvés.
1408	106	Costume de guerrier	Jean, comte de Wertheim, m. en 1408	Wertheim, église paroissiale.
1410	21	„ d'hommes, de guerriers et de dames		Heidelberg, biblioth.
—	99	Costumes d'hommes, de dames		Munich, de Hefner-A.
—	100	„ „		„ „
—	101	„ „		„ „
—	102	„ „		„ „
—	127	„ d'empereure, de dame	Robert du Palatinat, empereur; mort en 1440, et son épouse	Heidelberg, église du St. Esprit.
1414	88	Costume de guerrier	Louis de Hutten, m. en 1414	Himmelpforten, couvent, près de Würzbourg, dans l'église.
1417	18	„ d'empereur, de guerrier	L'empereur Sigismond, 1410	Constance, hôtel de ville.
—	23	„ d'homme		„ „
—	30	„ „		„ „
1421	110	„ de guerriers	de Zaberkorn; m. en 1421	Würzbourg, église de l'Ordre Teutonique. Mayence, cathédrale.
1428	97	„ „	Pierre de Stettenberg, l'ancien; mort en 1428	Brombach, église de l'abbaye. Munich, de Hefner-A. Paris.
1430	12	„ d'hommes		
1431	26	„ de dames		Ober-Ingelheim, sur le Rhin, dans l'église.
—	129	„ de guerrier	Philippe d'Ingelheim; m en 1431	
—	32	„ „ et de dames	Henri de Jungen	Oppenheim, église de Ste. Catherine. Würzbourg, bibliothèque.
1434	112	„ de guerriers	Martin de Seinsheim; mort en 1434	Wurzbourg, chapelle de la Ste. Vierge.
1436	163	„ de dames	Agnès Bernauer; morte en 1436	Straubing, cimetière de St. Pierre.

V

Date.	Planche.	Indication des costumes.	Nom des personnes auxquelles ils ont appartenu.	Nom du lieu où ils ont été trouvés.
1440	51	Costume de guerrier italien		Rome, église de St Pierre.
—	165	„ de guerrier et de dames		Dresde, cabinet des gravures.
1441	98	„ de guerrier	Pierre de Stettenberg le Jeune; mort en 1441	Brombach, église de l'abbaie.
1444	169	„ „	George de Serkendorf; m. en 1444	Heilsbronn, église du couvent.
1446	90	„ , et de dames	Conrad de Weinsberg, m en 1446 et la châtelaine Anna, née de Hohenlohe.	Schoenthal sur-la-Jaxt, église du couvent
1449	44	„ de guerriers. d'hommes	Le duc Louis de Bavière	Munich, bibliothèque.
1450	60	„ de femme, paysanne		Aix-la-Chapelle, cathédrale.
—	62	„ de guerrier; cotte de mailles		Darmstadt, musée.
—	69	Costume de dames		Stuttgard, „
—	73	„ „		„ „
—	79	„ d'hommes		„ „
—	59	„ de dames		„ „
—	86	„ „ italien		Rome.
—	113	„ „		Sigmaringen, de Mayentisch
—	114	„ „ et d'hommes		„ „
—	167	„ „		Nuremb., antiquaire Heerdegen.
—	171	„ de guerriers. armes		Geisenheim, M. Wittemann.
—	175	„ „	Le duc de Bavière, Henri-le-Riche, mort en 1450	Jenkhofen près de Landshut, église.
—	179	„ „ éperons, heaume	{ Henri d'Ulm { Jean d'Erbach { George d'Erbach	Constance, Munich, Michelstadt et Dresde
—	180	Costume de guerriers et armes		Dresde, cabinet des gravures, Munich.

Date.	Planche.	Indication des costumes.	Nom des personnes auxquelles ils ont appartenu.	Nom du lieu où ils ont été trouvés.
1460	9	Costume de guerrier glaive		Munich, de Hefner-A.
—	20	„ de bouffon, bouclier		Ratisbonne de Moyern Darmstadt, musée.
—	52	Costume d'hommes et de dames		Heidelberg, biblioth.
—	65	„ „		Cologne, église de St. Cunibert
—	66	„ „		Aix-la-Chapelle, cathédrale.
—	71	„ „		Munich, de Hefner-A.
—	75	„ d'hommes	Charles VII, roi de France; m. en 1461	Stuttgard, biblioth.
—	77	„ „	Tyll Eulenspiegel	Munich, de Hefner-A.
—	80	„ guerriers		Stuttgard, biblioth.
—	82	„ „ cuirasse		Munich, de Hefner-A.
—	83	„ guerrriers parties de cuirasse		„ „
—	107	Costume de dames		Aix-la-Chapelle, cathédrale
—	111	„ „ et d'hommes		Stuttgard, collection Abel.
—	117	„ de dames, anglaises		Westwickham, église.
—	119	„ „ coiffure		Oberwesel, église de St. Martin. Berlin, biblioth
—	132	„ „ du Bas-Rhin		Mainberg près de Schweinf., Sattler.
—	142	„ d'hommes et de dames		Berlin, cabinet d'objets d'art.
—	153	„ d'enfants, souliers		Munich, de Hefner-A.
—	164	„ de dames, françaises		„ bibliothèque
—	170	„ „		„ „
—	173	„ „		Heilsbronn, près d'Ansbach, église du couvent.

VII

Date.	Planche.	Indication des costumes.	Nom des personnes auxquelles ils ont appartenu.	Nom du lieu où ils ont été trouvés.
1460	177	Costume de dames		Dresde. archives. Nuremberg, musée germanique. Oberwesel, église de Notre-Dame.
1465	5	,, ,, servante		Francfort s.-le-Mein M. Brentano.
—	14	,, de guerrier	Guillaume I de Hoch-berg, margr. de Bade	Constance. cathédr.
—	19	,, d'hommes et de dames		Aschaffenbourg, bi-bliothèque.
—	136	,, de guerriers	Guillaume d'Ingelheim m. en 1465	Ober-Ingelheim sur le Rhin. église.
1468	63	,, d'hommes et de dames		Francfort. église de Notre-Dame.
1470	61	,, d'hommes		Munnerstadt. église paroissiale.
-	64	,, ,, de dames (françaises)		Nancy. hôtel-de-ville
—	67	Costume d'hommes	Henri d'Espagne; m. en 1474	Stuttgard. bibliotheq.
—	72	,, ,, et de dames		Nancy. hôtel-de-ville
--	81	,, ,,	Henri VI. roi d'Angle-terre. m. en 1471	Stuttgard. bibliothèq.
--	95	,, ,,		Berlin. cabinet d'ob-jets d'art.
--	96	,, ,,		Au même endroit.
—	115	,, de guerrier. cuirasse		Vienne. arsenal im-périal.
--	116	,, ,,		,, ,,
-	121	,, d'homme		Francfort s.-l.-M, institut Staedel. Munich. de Hein.-A.
-	128	,, ,, français		Nancy. hôtel-de-ville
1471	138	,, de guerriers. tournois		Francfort sut-le-Mein. inst. Staed.
1475	23	,, de prince-électeur	Albert Achilles de Brandenbourg	Anspach. église du couvent.
1477	54	,, d'hommes	Charles-le-Téméraire. m. en 1477	Darmstadt. biblioth.

Date.	Planche.	Indication des costumes.	Nom des personnes auxquelles ils ont appartenu.	Nom du lieu où ils ont été trouvés.
1478	105	Costume d'hommes, italien		Sienne, cathédrale.
—	108	" "		" "
1480	1	" de guerrier		Schallhausen prés d'Anspach.
—	2	" d'hommes		Francfort, sur-le-Mein, institut Staedel.
—	3	" " bouclier		Stein, au bord du lac Chiemsée.
—	6	" " (du Bas-Rhin)		Francfort sur le-Mein, institut Staedel
—	11	" de guerrier		Au même endroit.
—	36	" de dames		"
—	38	" "		"
—	39	" d'empereur	L'empereur Louis de Bavière; m. en 1347 représenté dans le costume en vogue vers 1480	Munich, église de Notre-Dame.
—	42	" de guerrier bouclier		Warzbourg, Société Historique.
—	45	" heaumes		Bamberg, capitaine Müller. Darmstadt musée.
—	48	" d'hommes et de dames		Munich, de Hefner-A.
—	56	" d'évêque		Mannheim, Susanne Hofstaet.
—	74	" de guerrier, glaive	Christophe, duc de Bavière; m. en 1493	Munich, Résidence.
—	126	" heaumes		Erbach dans l'Oden-wald.
—	130	" de dames (de princesses)		Oberwesel, église de Notre Dame.
—	131	" de guerrier	Jean d'Ingelheim, m. en 1480	Ober-Ingelheim-sur-le-Rhin, église.
—	137	" heaume de tournois		Sigmaringen, de May-enfisch.
—	139	" d'hommes, (italien)		Berlin, musée.

Date.	Planche.	Indication des costumes.	Nom des personnes auxquelles ils ont appartenu.	Nom du lieu où ils ont été trouvés.
1450	140	Costume d'hommes, (roi)		Berlin, musée.
—	141	" " et de guerrier (glaive)		Berlin, cabinet des gravures, et le prince de Prusse.
—	145	Costume d'hommes et de dames (paysannes)		Weimar, collection d'objets d'art.
—	152	Costume d'hommes et de dames (galoches)		Munich, de Hefn.-A. Nuremberg, musée germanique.
—	155	Costume de guerrier, boucher rond		Marbourg, église de Ste.-Élisabeth
—	174	" d'hommes et de femmes (galoches)		Munich, de Hefner-A. Dresde, archives. Nuremberg, musée germanique.
1483	26	Roi	Louis XI, roi de France, m. en 1483	Paris.
1486	10	Costumes de dames		Aschaffenbourg, biblioth. du château.
1487	29	" " et d'hommes	Jérome Zscheckenburlin	Bâle, maison des orphelins.
1490	13	" "		Francfort sur-le-Mein, institut Städel.
—	55	" de dames		Darmstadt, bibliothèque.
—	78	" de guerriers, heaumes		Bamberg, capitaine Müller.
—	91	" " italien		Sienne, cathédrale.
—	135	" d'hommes et de dames, français		Stuttgard, bibliothèq.
—	143	" " italien		Rome, Sta. Maria Aracli.
—	144	" de dames		Florence, Sta. Maria Norella.
—	147	" d'hommes		Berlin, musée.

Date.	Planche.	Indication des costumes.	Nom des personnes auxquelles ils ont appartenu.	Nom du lieu où ils ont été trouvés.
1490	148	Costume d'hommes et de dames		Berlin, cabinet des gravures.
—	150	„ „		„ „
—	151	„ „		Dresde, archives.
—	154	„ „		„ „
—	158	„ d'hommes		„ „
—	160	„ et de dames		{ Ingolstadt, hôtel de ville. Arnstadt, archives.
—	162	„ „		Dresde, archives.
—	169	„ d'hommes (italiens)		Venise.
—	172	„ de dames (de Florence)		Leipsick, M. Weigel.
1492	123	„ d'hommes et de dames		Nuremberg, musée germanique
—	124	„ „		„ „
1493	4	„ d'hommes, de charpentier		Chronique Schedel.
1496	104	„ de guerriers, de dames	Jean d'Eschbach et son épouse née de Pallant, m. en 1496	Lorch sur-le-Rhin, église.
1497	16	„ d'hommes		Freising, cathédrale.
—	109	„ de guerriers	{ L'empereur Maximilien I 1493—1519 Le prince-électeur Frédéric III de Saxe	Sigmaringen, bibliothèque.
1499	17	Roi et reine	{ Louis XII de France. 1498 Anne de Bretagne	Metz, bibliothèque.
—	157	Costume de guerrier	Conrad de Schaumbourg m. en 1499	Wurzbourg, chapelle de Notre-Dame.
—	161	„ „	{ Conrad de Schaumbourg, m. en 1499 Guillaume d'Ellrichshausen, m. en 1483	{ Wurzbourg, chapelle de Notre-D. Heilsbronn, église du couvent. Handschuchheim, église. Munich, bibliothèq.

Trachten des christlichen Mittelalters

Zweite Abtheilung

14tes und 15tes Jahrhundert

Explication des Planches.

IIe Division. Ire Livraison.

FRONTISPICE composé et dessiné par *Herrmann Keim.*

Il donne un aspect général de l'art et du goût de l'époque représentée dans la seconde division. Le chevalier paraît ici sous une cuirasse complète et avec un casque qui couvre la tête et la nuque, mais qui n'a encore aucune liaison avec les parties qui couvrent le col et le menton. Le manteau est accroché au milieu de la poitrine. La femme exprime par son habillement et par son maintien l'austérité d'une pieuse modestie, telle qu'elle a été très souvent célébrée chez le sexe féminin de ce temps. L'aigle impériale au milieu, qui dans les plus anciens temps n'avait qu'une tête, dans cette période reçoit deux têtes qui ne commencent à se séparer qu'au haut du cou. La riche architecture qui entoure le tout présente une image de voûtes pointues en ogives, ou du style gothique qui florissait vers cette époque.

Au lieu de l'écriture, qui primitivement se rapprochait davantage de la latine, on emploie ici, celle appelée gothique, en usage depuis le XIIIme siècle.

II.   1

PLANCHE 1. Costume de chevalier de **1480** dessiné par *C. Ballenberger*, d'après le tableau de l'autel gothique, représentant Saint George à Schallhausen près d'Ansbach.

Le casque, ainsi que les parties qui couvrent le menton et le cou sont rouge cinabre; les ornemens de la nuque noirs, la plume en dessus blanche; le reste des parties en fer qui couvrent le corps, jusqu'à l'intérieur de la voussure cornée sur les épaules, qui paraît de même rouge cinabre, est d'acier poli. Les accessoires en drap, tels que le collet pendant au devant du cou, et les bandes sur la cuirasse; la partie de la manche de l'avant bras fendue plusieurs fois, qui n'est point couverte de fer, les courtes basques de la cotte d'armes, la partie qui se trouve entre les basques et les cuissards ainsi que la jambe, depuis la fin de la genouillière jusqu'aux souliers, sont rouge cinabre; les souliers son' bleus, la lance est rouge cinabre; tout ce qui est en cuir totalement noir; le métal qui y est placé: tels que, les garnitures, le mors, les étriers, les fers de cheval, les sonnettes derrière sur le cheval, la bordure en forme de croissant derrière la selle, dont on ne voit qu'une extrémité sont couleur d'or; la large bride à carreaux, allant du mors à la main du cavalier est de la même couleur. Sur la queue, on remarque un feuillage de chêne vert.

PLANCHE 2. Costume du XVme siècle dessiné par *C. Ballenberger* d'après les peintures exposées maintenant, dans la gallerie de tableaux de l'institut des beaux arts de Staedel à Francfort sur le Mein, représentant le martyr des apôtres, de l'école du maître Guillaume (appartenant au musée de la dite ville): l'original ne donne aucun éclaircissement fixe sur la condition des deux figures; mais on connaît

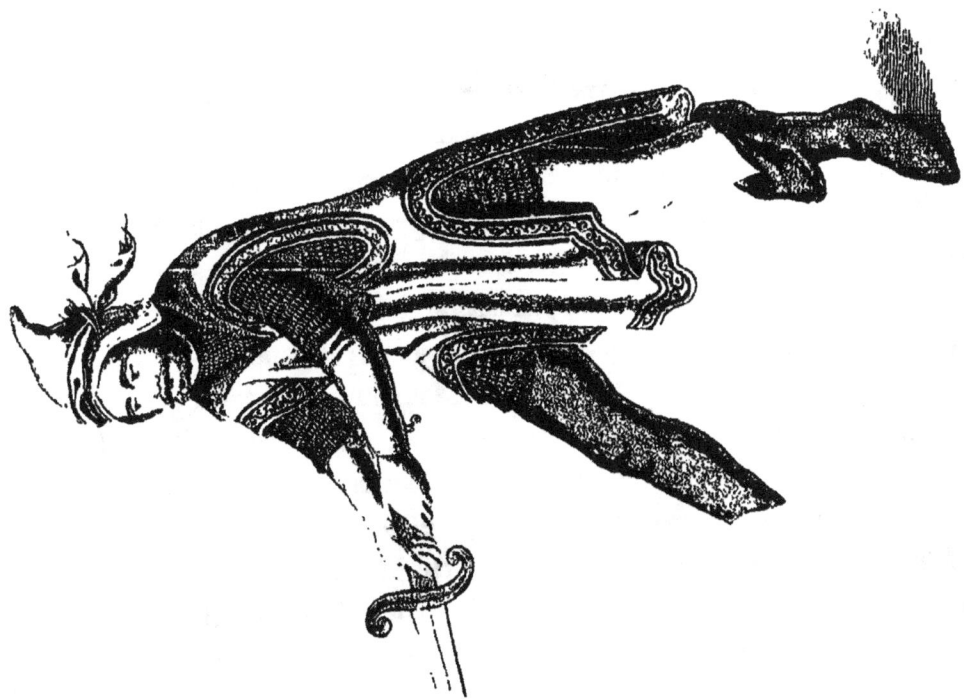

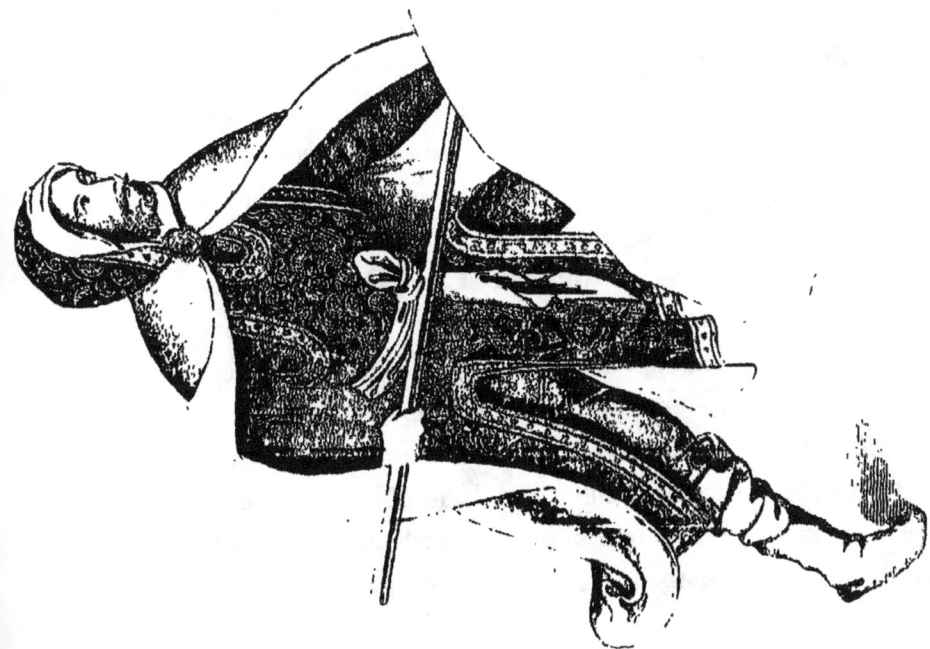

par l'ensemble, que l'une est un soldat, l'autre un payen d'un rang supérieur. On ne doit pas trouver étrange, ni fantastique, que ces figures soient représentées dans le costume du bas Rhin du XIVme siècle, dans lequel vivait le maître du tableau de la cathédrale, quoiqu'elles appartiennent à un temps fort antérieur, puisqu'en général les anciens artistes avaient coutume de revêtir les étrangers dans le costume de leur temps et de leur pays, comme nous le voyons encore cher Lucas Kranach, qui vivait beaucoup plus tard, dans ses treize planches de gravures en bois, qui représentent aussi la mort des apôtres, et dans lesquelles les payens paraissent dans le costume de son temps et de son pays.

L'homme à gauche avec la lance, porte un manteau bleu clair à doublure blanche et une agraffe d'or; le vêtement supérieur sans manches est bleu d'outremer, les broderies qui sont dessus consistent en de fines lignes d'or perpendiculaires qui représentent des fils d'or; les galons qui entourent partout l'habit supérieur, sont tout d'or; les lignes et les points doivent être bruns, la doublure est blanche; la coiffure garnie devant d'un drap blanc, est tout comme l'habit supérieur; sous cet habit parait un vêtement de dessous, couvrant les bras, d'un vert foncé avec des ornemens noirs aux bords. Les gants sont d'un jaune de souffre; les haut-de-chausses bleus, un peu plus foncés que le manteau et plus clairs que le vêtement de dessus. L'écharpe autour de la taille est blanche nuancé d'un rouge clair; les bottes sont brunes ainsi que le manche de la lance. L'homme qui est à droite avec le glaive porte un habit de dessus, sans manches, jaune clair avec des nuances d'un rouge clair, dont la garniture autour du cou, ainsi que la doublure sont d'un vert pré; les raies et les ornemens au bord sont bleus; la chemise de mailles placée dessous est dorée et les manches allant de dessous la cotte de maille jusque sur la main, sont rouge cinabre; le bonnet et la garniture jaune; les bandes autour blanches avec des nuances de rouge clair; les longs bas, qui comme ordinairement alors constituaient les haut-de-chausses sont bleus: l'un d'eux est tombé, de sorte que la jambe paraît à nu.

PLANCHE 3. Bouclier de chevalier de 1480 dessiné d'après la nature même par *François comte de Pocci* sur l'original qui se trouve dans le château-fort Stein près du lac de Chiem, en possession du baron de Kaeser.

Ce bouclier est de bois recouvert de cuir pressé, doré et peint, qui est déchiré en plusieurs endroits, par lesquels on apperçoit le bois brun.

Sur le devant il manque une partie de l'inscription qui peut avoir signifié: Dieu, où je protége; tout le fond est d'or, l'inscription et les ornemens sont bruns; l'herbe de l'arrière-fond est verte. La dame dans le costume de ce temps, porte, dans de longs cheveux bruns, une guirlande verte avec des fleurs blanches; dans la main une fleur blanche à feuillage vert. Toute la robe ainsi que les souliers sont d'or: les trois fentes à l'avant bras, les petites raies au bout de la manche sont blanches ainsi que les bas. Sur le revers on remarque six anneaux de fer auxquels étaient fixées les attaches pour le bras. L'inscription presque toute effacée est à la place où le coude se mouvait. Le fond est d'un blanc sale; l'inscription, ainsi que les traces de la bande tout autour sont en or, les ornemens en feuillages verts. La moitié supérieure de l'écu est blanche avec une flèche rouge, l'inférieure, rouge avec une flèche blanche.

PLANCHE 4. Costume de charpentiers du dernier temps du XVme siècle dessiné par l'éditeur d'après les gravures en bois de Michel Wohlgemuth et de Guillaume Pleidenwurf, tiré de l'exemplaire colorié de la chronique de l'année 1493 à la bibliothèque royale de la cour, à Aschaffenbourg.

Les charpentiers sont représentés dans l'original travaillant à l'Arche de Noé. L'homme à main gauche tenant une hache en l'air, porte une camisole écarlate à manches; la culotte est d'un bleu violet attachée à la camisole avec des rubans blancs, les bottes rouge cinabre. La camisole de l'autre est verte, l'échancrure du cou et la manche retroussée, sont blanches, la poche au dos d'un jaune rougeâtre, la ceinture et la gaîne du couteau, noires, la poignée jaune, la manche de dessous et les haut-de-chausses, d'un rouge carmoisi, les souliers noirs et garnis de blanc.

PLANCHE 5. Costume de femme de la seconde moitié du XVme siècle dessiné par l'éditeur d'après d'excellentes anciennes miniatures françaises dont Mr. George Brentano de Francfort sur le Mein, est en possession.

L'original de cette peinture est de la moitié plus petit sur un tableau qui représente la visite de Ste Anne à Ste Elisabeth.

On n'a formé dans le temps que des conjectures, sur les maîtres de ces miniatures; mais ce qu'il y a de sûr c'est qu'un certain maître Etienne chevalier, qui vivait à la cour de Charles VII et à celle de Louis XI de France, et qui mourut en 1474, les fit exécuter.

Cette figure appartient aux plus basses classes, comme on peut le conclure par le balai qui lui est donné pour attribut. Elle porte une haute coiffe blanche avec des garnitures en or; le petit ruban qui traverse le front et celui qui pend en forme de croissant, sont noirs; les deux espaces renfermés entre la coiffe et les rubans du front sont jaunes; l'étoffe attachée par devant au bonnet et celle qui tombe sur les épaules, sont jaune de souffre. La robe de dessus avec des manches est d'une couleur cramoisi clair avec une garniture d'or et une doublure jaune; la robe de dessous et sa bordure, d'un vert pomme; la petite poche a la couleur de la robe de dessus, les glands et les petits boutons sont d'or, les bas rouges, les souliers bruns.

PLANCHE 6. Costume de chevalier du Bas-Rhin, de la seconde moitié du XV⁰ siècle, dessiné par *C. Ballenberger* d'après les mêmes peintures, plus spécialement décrites dans la seconde planche.

Cette figure paraît dans l'original comme spectatrice de la mort de l'apôtre. La couleur principale du capuchon est or, l'ornement du bord bleu, la fourrure, ici comme partout. brune; l'habit de dessus, sans manches a le fond d'un bleu d'outremer; les ornemens consistent dessus en de fines lignes d'or perpendiculaires qui représentent des fils d'or, le morceau au col sur la fourrure, ainsi que la garniture, les manches et les jambes sont bleu d'outremer: sur le bras il se trouve une agrafe d'or avec des cordons d'or; la poche rouge cinabre avec des ornemens d'or est attachée à la ceinture par des anneaux et des cordons d'or. La poignée du glaive est d'or, le fourreau gris en haut et garni d'or. au-dessus, au bas et au milieu.

Explication des Planches.

- - -

- - -

PLANCHE 7. Costumes d'hommes du milieu du XIV
siècle, dessinés par *F. Hoffstadt* d'après des miniatures sur
parchemin de la chronique universelle de Rudolphe de Mont-
fort qui a été achevée et écrite entre les années **1340** et
1350, dans la bibliothèque de la cour à Munich. A la fin
de laquelle se trouve:

das Buch ist Renovirth un gebunden worden durch mich
Moritz Seysenberg,
custos in der Burgh alhir zu Wienn anno dni 1544.
Laus deo öipotni.

(*Ce livre a été renouvellé et relié par moi Maurice
Seysenberg, gardien du Bourg ici à Vienne, l'an du seigneur 1544.*)

En haut, on voit deux escrimeurs avec de petits boucliers
verts, celui à gauche porte une culotte rouge bordée avec
des raies blanches, un habit blanc changeant en rouge jusqu'aux genoux, bordé au cou et aux mains de galons noirs.
Les haut-de-chausses sont verts, les souliers et les cordons noirs.

L'autre escrimeur à droite, a un habit vert bordé de noir au cou, haut-de-chausses rouges, souliers noirs. Le bouclier du premier est or avec une poignée blanche. Le bouclier du second ainsi que les deux glaives couleur d'acier. En dessous à gauche, un homme dans son costume de maison; le capuchon avec sa longue queue est vert et aux épaules où il se termine en un collet, bordé de noir. L'habit rouge clair avec des bordures noires aux manches; les haut-de-chausses verts, les souliers noirs, la ceinture or; la poignée du glaive qui pend au côté droit, or, les ornemens qui s'y trouvent comme les garnitures du fourreau, blanches, le fourreau lui-même noir.

A droite, un guerrier avec le glaive nu et à la main la tête d'un roi avec une couronne d'or. Il porte une chemise de mailles couleur d'acier et par dessus un surtout festonné violet. Les jambes sont garnies par devant avec des bandes de fer; au molet on voit des haut-de-chausses violets. Les souliers, la ceinture et la poignée du glaive sont noirs, le bouton, la branche de la garde et les gants couleur de fer.

PLANCHE 8. Trois chevaliers à cheval du milieu du XIVe siècle, dessiné par *F. Hoffstadt*, d'après les peintures en miniature énoncées **Planche 7.**

A celui d'en haut, la couronne, le casque et le lambrequin or, la chemise de maille qu'on apperçoit sous le casque et à la jambe, est couleur de fer, de même le gant et les bandes dentelées au coude. L'habit à manches est vert, la ceinture sous les hanches, noir. Le bouclier ainsi que toute la selle qui pardevant protège la jambe avec une courbure en forme de bouclier, et par derrière entoure le cavalier, sont rouge cinabre. La lance avec la garde pour protéger

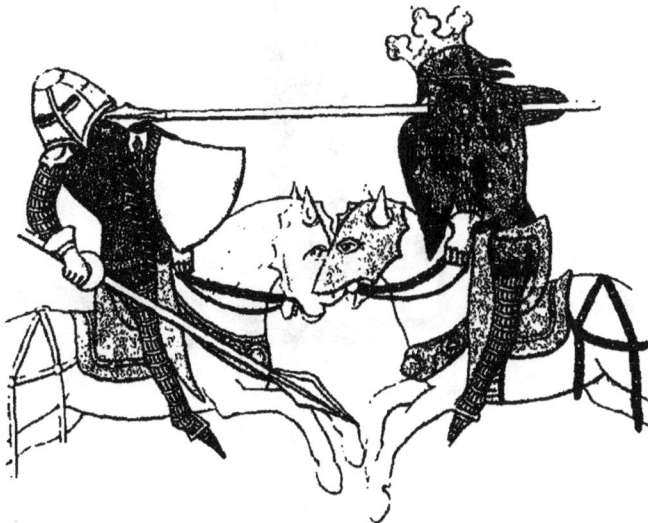

Ritterliche Trachten um 1300.

Schwert um 1450

la main, brun. Le cheval blanc est enveloppé d'une couverture couleur de rose.

En bas, deux chevaliers combattant. Chemise de mailles,
gants, lances et selles comme en haut. Le chevalier à gauche
porte un casque d'acier et une cotte d'armes carmoisie sans
manches et dentelée en bas, laquelle est lacée avec des
cordons blancs. La bande dentelée sur l'épaule droite est
couleur de fer, la petite garde avec des petites courroies
pendantes sous l'épaule gauche blanc; le bouclier jaune changeant en rouge vers le bord. La couverture de tête du
cheval brun est de même. Les guides sont noires avec des
points blancs, les courroies de derrière blanches, la bande
large du poitrail rouge. — L'autre chevalier à droite a une
couronne d'or, un lambrequin et une cotte d'armes verts
avec une ceinture noire; le bouclier est rouge écarlate. La
couverture de tête du cheval blanc ainsi que la large bande
du poitrail rouge cinabre, les courroies noires avec des points
blancs.

PLANCHE 9. Glaive du milieu du XVe siècle, dessiné par l'éditeur, dont il est en possession. On reconnaît
les signes principaux qui caractérisent les glaives de ce siècle
comme la branche en croix sans la moindre sinuosité ou
autre courbure. La croix de St André qu'on voit souvent,
à la poignée elle même, formée par des cordons pressés dans
le cuir, ici brun, qui la recouvre; de plus la prolongation
de la poignée qui va en diminuant et permet plus de mouvement au gantelet et est ici entourrée de fil de fer, probablement pour en empêcher le frottement; enfin le lourd
bouton de fer, à coup sûr pour tenir l'équilibre de la grande
lance, qui ici a 26 surfaces. La mince prolongation, ainsi

que le gros bouton se perpétuent toujours dans le XVIe siècle et disparaissent en même temps que la mode des gantelets. Notre planche est des ⅔ de la grandeur naturelle. La mesure de la largeur de la lame à la poignée est de 1 pouce ¾ et sa longueur est de 3 pieds 2 pouces (pied de paris). — Les fourreaux de ces glaives étaient ordinairement en cuir avec des ornemens imprimés, de l'espèce de ceux dont nous voyons un exemple sur la couverture de cette division.

PLANCHE 10. Une dame distinguée de la fin du XVe siècle, dessinée par l'éditeur, prise de l'ouvrage qui se trouve à la bibliothèque de la cour à Aschaffenbourg: *Bernardi de Brydenbuch opusculum sanctarum peregrinationum etc. per Erhardum Reuwich de Trajecto inferiori* (Utrecht) *impressum. In civitate Moguntia Anno salutis MCCCCLXXXVI*, dans lequel cette dame entourrée d'armoiries et d'ornemens, forme le frontispice.

Les cheveux arrangés en hauteur, sont entourrés d'un bandeau enrichi d'or et de pierreries; les rubans avec des glands qui descendent de la coiffure sont d'or; elle porte au cou une parure en or avec des perles pendantes. Sur le collet blanc qui couvre les épaules et est festonné au bas, se trouve une parure d'un travail en or percée à jour composée de feuilles et de fleurs, dans le milieu desquelles, on a placé des pierres de couleur. Les manches courtes sont vert pré avec des boutons d'or et des bouffantes blanches. L'habit supérieur à plis nombreux est écarlate bordé de forts cordonnets d'or, qui sont tenus ensemble par des rosettes d'or, dans le milieu desquelles se trouvent des pierres bleues. La doublure visible en bas est verte. l'habit de dessous est violet foncé.

Ritterliche Tracht um 1325

PLANCHE 11. Costume de chevalier de la première moitié du XV⁻ siècle dessiné par *Ballenberger*, d'après une figure de maître Guillaume *) de Cologne déjà plus détaillée dans les Planches 2 et 6 de cette division. Cette figure porte une armure de peau garnie de métal seulement à quelques places, laquelle espèce paraît souvent au commencement de ce siècle et forme en quelque façon le passage entre les armures toutes de fer.

Jusqu'à présent dans les monumens incolores on a plusieurs fois pris ces armures de cuir pour des armures de fer, ce qui a souvent occasionné des erreurs. — Le casque est de cuir brun avec des garnitures de métal doré. Les chaînes, au menton, au col et au bras supérieur sont de fer, ainsi que les gants qui ont des doigts dorés. Toutes les autres parties de l'armure sont de cuir brun, les rouelles octogones de l'épaule ont des garnitures dorées et au milieu un bouton d'or. La rouelle au coude a sept clous de fer et au milieu se trouve un clou d'or; à l'avant bras on voit trois agrafes de fer, la boucle sur la poitrine est dorée.

PLANCHE 12. Un homme distingué de la première moitié du XV⁻ siècle, dessiné par l'éditeur d'après un tapis de ce temps de 13 pieds de long sur 4 pieds ½ de haut (pied de Paris) aussi en sa possession.

Cette figure, haute de 3 pieds de Paris, se trouve debout sur un piedd'estal avec encore cinq autres rangées en ligne sur divers piedd'estaux; le fond en est rempli avec des ornemens de fleurs, feuillages et oiseaux; au-dessus de chacune se trouve un écriteau, sur lequel on leur donne

*) Nommé Etienne d'après de plus nouvelles opinions

différens noms. La présente parait comme Sénèque. Une plus grande légende entortille chacune d'elles et est revêtue d'une sentence.

Voici la teneur de celle de cette figuré:

> Daß fünde nit fünde in were
> noch dan fo mere fie nur un mere
> umb yre große unfledekeit,
> weifet mich myn befcheidenheit.

Traduction mot à mot d'allemand très ancien:

Que le péché ne serait pas avec le péché
Alors encore que maintenant il s'augmente et s'augmente
Par sa grande obscénité
C'est ce que m'enseigne ma sagesse.

La coiffure avec un bout pendant est écarlate le mouchoir autour du col blanc, l'habit de dessus sans manches est écarlate avec des ornemens de feuillage rouge clair et bordé d'hermine; la bande de dessus vert pré, l'habit de dessous à manches larges est bleu avec des dragons blancs, et les galons et la doublure sont blancs; les manches de dessous étroites garnies de cordonnets rouges; les bas sont écarlates, les petits cordons sur le pied noirs.

Explication des Planches.

PLANCHE 13. Costume d'un jeune homme de la fin du XV° siècle, dessiné par Ballenberger d'après un tableau de l'institut de Städel à Francfort sur le Main. Celui-ci appartient à une suite de seize tableaux où les légendes de l'ordre des Carmelites, sont représentées, et se sont trouvées plutôt dans l'église des Carmelites du dit lieu. Elle montre de l'analogie avec l'école de van Eyke et appartient au dernier dixième du XV° siècle; car quoique notre tableau ait de la ressemblance avec le costume du siècle suivant, la manière de peindre ainsi que le costume des autres figures, montre trop clairement qu'on doit encore placer cette peinture à la fin du XV° siècle.

Notre figure porte un bonnet de pelisse brune avec des plumes blanches, dans lequel se trouvent des points jaunes, probablement des perles. L'habit de dessus de couleur gris noir, est garni partout de pelisse brune. L'habit de dessous ainsi que les manches de couleur verte, a des reflets rouges et est bordé d'un ruban noir. Les haut-de-chausses sont rouge écarlate, les souliers à bandes noires et bordés de blanc; le fourreau du glaive est couleur d'acier, la garniture noire.

PLANCHE 14. Guillaume I⁰ʳ Margrave de Bade, de la branche de Hochberg, *) dessiné par l'éditeur, d'après une peinture sur la muraille dans le dôme de Constance.

Dans la chapelle de Marguerite du dôme de Constance, qui fut bâti par l'Evêque de Constance Otto III. Margrave de Hochberg, dans la première moitié du XVᵐᵉ siècle se trouve le tombeau de cet évêque: un sarcophage carré dans une niche murée, au dessus de la quelle est une voûte gothique ornée. La figure de l'évêque repose étendue sur le sarcophage, ayant les mains jointes; l'épitaphe entoure le bord supérieur:

Anno millesimo CCCC....XV die mensis Novembris obiit Otto, Marchio de Hochberg, episcopus constantiensis.

La surface postérieure de la niche est occupée par la peinture ci-dessus mentionnée; une des meilleures productions de l'art du XVᵐᵉ siècle en ce genre. Elle a beaucoup souffert, cependant jusqu'à présent elle n'a subi aucune restauration. Au milieu du tableau, est le Christ sur la croix, environné de Marie et St. Jean et des apôtres Pierre et Paul. Devant la croix l'évêque et la figure de notre planche, sont à genoux.

Toute la cuirasse est d'acier poli et consiste en lames forgées (plate armour), qui dans les premiers temps du XVᵐᵉ siècle, commença à remplacer les ouvrages antérieurs

*) D'après une opinion non moins bien fondée, notre planche représenterait le Margrave Rudolphe de Hochberg, frère de Guillaume, qui parait avoir signé comme témoin dans plusieurs actes des archives Grand Ducales du pays à Carlsruhe. Sachs dans son histoire de Bade ne dit rien d'autre de lui sinon: Margrave Rudolphe, deuxième fils du Margrave Rudolphe III., nait en 1393, mène une vie exemplaire de 27 années et meurt d'une espèce de maladie pestilentielle en 1420. Que ce soit Guillaume ou Rudolphe, cette peinture ne peut avoir été achevée avant l'année de la mort de l'évêque, que d'après des documens authentiques, on ne peut placer avant l'année 1431. Ainsi d'après cela, notre planche doit toujours représenter le caractère du Costume de la moitié du XVᵐᵉ siècle.

en mailles. Le plastron montre la forme courbée, qui dans la suite reçoit par devant une carne, souvent aussi une pointe, pour détourner plus facilement le coup de lance. Derrière le bras supérieur gauche, on voit une partie de la pièce du dos forgée de même, ordinairement appelée le dos. Au bord inférieur du plastron et du dos est attachée l'écrevisse, formée de bandes enfoncées l'une dans l'autre, ressemblant à une cuirasse en forme de cloche, qui à l'aide de trois charnières, était ouverte d'un côté, et par le moyen de trois crochets, pouvait se fermer de l'autre. Pour couvrir par devant les jointures au dessus du cuissard antérieur, on attachait avec des boucles au bord inférieur de l'écrevisse, des lames particulières, qui se terminaient en pointe par en bas et qui depuis le commencement du XVme siècle commencèrent à être adoptées dans les guerres entre les Français et les Anglais: leur nom français est (Thuiles). La cotte d'arme couleur de rose courte et piquée, parait à travers ces lames.

Les lames des cuisses, des jambes et des bras ainsi que les souliers d'acier à bandes, furent déjà trouvés dans la deuxième moitié du XIVme siècle. Les pièces des épaules, des coudes et des genoux ci-dessus qui ne reçurent leur perfectionnement des fameux fourbisseurs (Lamineurs) de Milan et de Nuremberg qu'au qu'au XVme siècle, sont plus nouvelles, et devinrent toujours plus grandes et plus échancrées pour laisser de la place aux mouvemens, jusqu'à ce que dans le XVIme siècle, lors d'une plus grande mobilité des membres, ils prirent moins de place, par la manière dont les bandes entraient artistement l'une dans l'autre (voyez IIIe Division planche I). Sous le plastron parait un collet bleu appartenant à l'habit de dessous, lacé avec de petites courroies rouges, dont les œillets sont brodés d'argent. Les haut-de-chausses étaient aussi bleus, on en voit quelque chose à la jambe droite.

D'après l'équipement de ce temps, la *salade* appartenait encore à cette armure: elle était courbée par derrière pour préserver la nuque, soit avec de petites soupapes mouvantes pour boire et un haubert, ou pour abaisser tout à fait, en haut avec des trous pour les yeux, afin qu'elles se tiennent sur le plastron comme l'ancien casque fermé, *heaume*.

Comme de cette manière, le hausse col était joint à la salade, il ne parait pas ici attaché au plastron, et on voit le collet lacé de l'habit bleu de dessous.

Le manteau bleu est fixé au moyen d'une agraffe à une draperie tordue, sur la quelle on voit une pierre rouge montée en or et ornée de perles blanches aux quatre coins. Il est probable que le manteau était attaché de la même manière sous le bras droit. On le portait souvent dans ce temps là d'une manière fantastique avec des emmanchures, avec des demi-manches descendantes, tantôt courtes et tantôt longues, des coulisses, souvent sur une et quelque fois sur les deux épaules. Sous l'agraffe se trouve l'écusson de Bade en or avec la fasce rouge: toutes les courroies de la cuirasse sont aussi des mêmes couleurs que l'écusson.

PLANCHE 15. Louis le bavarois, de la première moitié du XVI° siècle, dessiné par F. Hoffstadt. L'original de cette statue de grandeur naturelle, est de pierre de grès rouge et appartient aux fragmens sauvés de la superbe douane de Mayence, détruite en 1812 par le gouvernement français d'alors, dont le dessin nous a au moins été conservé dans les monumens si connus de Moller. Ce dernier dit: „Les portraits des empereurs et électeurs sont „sous leur armure complète dans les crénaux du cordon „de la muraille et dans une note;" ce pourrait aussi être les porte écussons, si les couronnes adaptées sur les Casques de quelques uns n'expliquaient pas la personnalité.

Moller (sans indiquer la source où il puise) fixe l'achevement de la Douane en l'année **1313**, dans laquelle eut lieu la victoire de Louis le bavarois près Gamelsdorf. Mais en **1314** Louis fut élu empereur d'Allemagne.

Les statues de pierre qui existent encore à Mayence, et sont exposées dans la cour du Musée civil de cette ville représentent, ainsi que le prouvent leurs armes, l'Empereur et les Electeurs. *)

Le premier porte sur l'écusson, ainsi que le désigne la gravure, l'aigle impérial, qui jusqu'alors n'avait qu'une tête. Nous devons regarder cette statue impériale comme étant celle de Louis le bavarois, non seulement d'après l'époque, mais d'après la ressemblance des traits du visage (malgré que le nez en soit cassé) avec la figure du même empereur, qui est représenté sous le monument d'airain (postérieur) sur un vieux tombeau dans l'église des dames à Munich, et dont il paraîtra un dessin dans la livraison prochaine. D'après cela, il serait à croire que l'inauguration, mais non l'achevement total, eut lieu dans l'année **1313**, et que ces statues auraient pu être placées bien plus tard dans les créneaux, consistants en dalles isolées et de peu de profondeur.

Une cuirasse de maille, l'ancien nom allemand est *Brunne*, couvre les bras et les jambes; on en portait une semblable su le corps supérieur, et même par dessus, une camisole de laine ou de cuir piquée en coton (wamnessin, gambesson): dans la moitié du XIVme siècle, on plaçait pour mieux garantir la poitrine entre la Brunne et la camisole, encore un plaston de fer ou d'acier forgé. Sur la Brunne (*haubert,*

---

*) Si même d'après d'autres opinions, ce ne devoit être effectivement que des porte-écussons (supports) cela ne serait d'aucune conséquence pour notre but; en ce que notre planche n'est à d'autre fin, que de donner une représentation des armures de ce temps, et que les armures des grands et des petits différaient moins par la forme, que par l'étoffe et la couleur

hauberc improprement *halsberg*, mot qui désigne plus tard une toute autre pièce d'arme pour preserver le col), on portait dans les XVIIme siècle la cotte d'arme (*Brunirock*) très collante, entourant la partie supérieure des hanches. Celle de notre gravure (du temps de cette transition) est fendue à sa partie inférieure, devant et des deux côtés. Les coins étaient rabattus; probablement que la statue était peinte et que la cotte aux coins rabattus laissait voir de cette manière les deux émaux héraldiques de l'écusson. Les genoux étaient particulièrement préservés par des bandages de cuir, sur lesquels étaient fixées des genouillères forgées, courbées selon la rondeur des genoux. Ce sont les premiers commencemens des armures, plus tard si généralement forgées, ou en laminage. Les manches courtes de la cotte ainsi que les genouillères se terminent selon le goût général de cette époque en un rang de pièces arrondies ou *festons*, qui s'appèlent ornemens festonnés (*gezattelt* de *zatt* lambeau). Notre figure porte sur la cotte d'armes, le casque de haubert. *Helmbrunne*, qui pendait en arrière comme un capuchon, et pouvait être tiré sur la tète, et enfin par dessus celui-ci, le *bassinet*. Ce dernier étant coupé droit et ne retombant, ni par dessus les oreilles, ni par derrière vers la nuque, et étant separé du casque de haubert, se portait par dessus. Nous ne pouvons placer cette sculpture plus tard, que dans les premières années du XIVme siècle. Elle porte par devant à une courroie attachée sur l'épaule l'écusson avec l'aigle impérial à une seule tète, et sur le dos, le casque ou heaume fermé avec le cimier. La couronne sur les deux casques, est telle qu'on la voit au moyen âge sur la plupart des casques dynastes. Le poignard et le glaive sont suspendus à une bricole étroite, et sont outre cela attachés par une chaine, fixée devant sur la poitrine. Cette coutume date du XIVme siècle et dura jusque vers sa seconde moitié.

PLANCHE 16. Costume d'un huissier de la fin du XVme siècle, dessiné par le comte Fr. de Pocci, d'après un tableau, qui représente les événemens les plus remarquables de la vie de St. Sigismund, en 16 parties, muni de la date 1497 et conservé dans la sacristie inférieure du dôme, à Freysing.

Le capuchon, le vêtement à manches longues, dont la gauche est coupée en longues bandes à festons, ainsi que les haut de chausses qui couvrent en même tems les pieds, sont couleur cinabre. Les manches de dessous sont d'un vert grisâtre. Il porte autour des genoux des rubans blancs; autour du corps une ceinture noire à bordure blanche et à points blancs. Ces huissiers avaient coutume de porter sur la poitrine l'écusson du lieu au quel ils appartenaient. Celui-ci est jaune à fasces obliques bien gravées; il se trouve sur un fond blanc à bord noir.

Sur une autre partie du même tableau, l'on voit un second huissier, qui ne diffère que très peu d'avec le costume du nôtre, par exemple le capuchon pend en arrière et se prolonge en une seule corde avec une houppe; il porte sur la tête un bonnet gris uni.

PLANCHE 17. Monnaie, avec les effigies de Louis XII. de France et de son épouse Anne de Bretagne de l'an 1499, dessinée par Charles Regnier. L'original d'où ce portrait fut pris est de bronze, et se trouve à la bibliothèque de Metz. Cette monnaie a été selon l'inscription, frappée à Lyon, lors du mariage de Louis avec Anne de Bretagne.

Louis après son avénement au trône (1498) se sépara de Jeanne, fille de Louis XI. qui possédait beaucoup d'esprit, mais était fort laide, et épousa la veuve Charles VIII. son prédécesseur, la belle duchesse Anne, par le moyen de la quelle, il réunit pour toujours le duché de Bretagne à la couronné de France.

Ces deux portraits semblent être représentés dans leurs costumes de noces. Il porte autour des épaules l'ordre de St. Michel, que Louis XI. fonda en 1469. L'effigie de St. Michel est suspendue à une chaine d'or, en forme de spirale, ornée de coquilles d'or, tel qu'il reste vainqueur dans son combat avec le diable. Les chevaliers de l'ordre au nombre de 36 étaient toujours obligés de porter cette décoration, excepté à la guerre, à la chasse et en voyage où ils portaient cette image attachée à une chaine d'or ou à un ruban noir. La veille de la fête de l'archange, ils se rassemblaient dans le palais du grand maître et se rendaient de là à l'église, vêtus d'un manteau de damas blanc, qui trainait à terre, doublé d'hermine et bordé d'ornemens en or, en forme de spirales et avec des coquilles d'or.

PLANCHE 18. Investiture du duc Jean *) de Bavière Munich, en Juillet de l'année 1417. dessinée par l'éditeur, d'après un dessin à la plume colorié, dans la chronique chirographaire d'Ulric de Reichenthal, dans la maison de ville à Constance.

Ulric de Reichenthal vivait dans ce temps-là comme chanoine de Constance, et fut témoin oculaire des fêtes qu'il

*) C'est ainsi que le Duc de Bavière Munich est nommé dans la chronique de Reichenthal. Cependant dans l'histoire de Bavière Munich, il ne se trouve vers ce temps aucun Jean, mais les Ducs Guillaume (1397 — 1435) et Ernest (1397 — 1438), qui étaient fils du Duc Jean I. Il parait donc qu'au lieu de Jean, ils devaient s'appeler Guillaume ou Ernest. Dans les tablettes des souverains de la maison Palatine, il parait vers ce temps un Jean, qui fils de l'electeur Rupert III, obtint le palatinat supérieur, après la mort du père et réside à Neumarkt (1410 1113). S'il s'agissait de celui-ci, le surnom Bavière Munich, serait faux.

REGNANTE·BENIGNE·SIC·FVI·CONFLATA·1499·

+LVGDVNI·RE·PVBLIC·GAVD·ET·SANC·

CESARE·ALTERO·GAVDET·OMNIS·NACIO·

+FELICE·LVDOVICO·REGNANTE·DVODECIMO·

a decrites. Il faut séparer de ce manuscrit les editions avec gravures en bois, qui devient plus ou moins: la première édition chez Antoine Sorg à Augsbourg 1483; la deuxième Augsbourg 1534; la troisième Frankfort sur le mein 1545.

La couronne de l'empereur est en or (dans les manuscrit on représente chaque fois l'or par du jaune); son large habit vert bordé de blanc (probablement de fourrure). Devant lui le Duc est à genoux, tenant des deux mains la bannière bavaroise. Celle-ci est divisée en deux champs, la partie de devant montre le lion d'or du Palatinat sur champ noir, celle de derrière les lozanges si connues de la Bavière azur et blanc.

Le Duc porte un juste au corps de couleur bleue à manches très courtes pour le bras supérieur, qui comme le juste au corps en bas, sont bordées de blanc. Des manches etroites, du même bleu et à bords blancs atteignent à peine jusqu'au poignet. Le haut de chausses, sont des bas rouges cramoisi, comme on les portait dans les temps le plus reculés (déjà au Xme et XIme siècle) et attachés à une camisole de dessous par des lacets.

La chaussure est jointe sans interruption aux bas, et se terminé en *poulaines*, dont il a déjà été question dans la seconde moitié du XIVme siècle. Le manteau rouge garni de bords blancs, n'est qu'une draperie sans manches pendant devant et sur le dos, tout à fait à l'instar de ceux qu'on portait jusqu'à la fin du XVIIme même jusqu'au commencement du XVIIIme siècle et comme les hérauts portent maintenant encore les cottes d'armes dans les solennités.

Derrière l'empereur est placé le maréchal, le glaive levé dont la pointe s'incline en pente. Le bonnet du maréchal est rouge, a rebord blanc, d'ou descend une draperie blanche, laquelle dans notre tableau, est jettée sur l'épaule gauche du maréchal. Ces bandes là étaient d'un usage général depuis le commencement du **XV**ᵐᵉ siècle jusqu'à sa seconde moitié. On les nommait bandes d'après l'étoffe dont elles étaient fabriquées (taffetas très léger). Elles se sont conservées plus long tems aux casques fermés et c'est ainsi quelles sont devenues *lambrequins* dans la héraldique. Il porte sur une robe de dessous longue un vêtement à demi ouvert sur les côtés et à manches courtes. La très ancienne Dalmatique, ainsi qu'on la portait pendant tout le moyen âge dans les cérémonies solennes (quelque fois ornée des armes, et par là souvent confondue avec la cotte d'arme). Sur notre tableau, elle est bleue, mais bordée de blanc, aux manches courtes et en bas de jaune. L'habit de cérémonie à manches étroites, qui se trouve dessous est, rouge, le bord est blanc.

Des figures du second plan, la première avec le globe impérial porte un bonnet rouge avec un rebord blanc et un manteau blanc, la seconde avec le sceptre d'or, un bonnet ou un chapeau blanc, un collet blanc et un manteau vert. Ce dernier n'est ouvert, ni devant, ni sur les côtés et n'a ni manches, ni emmanchures; ces manteaux qui s'accurent à la fin du **XIV**ᵐᵉ siècle couvraient tout le corps, étaient arrondis en bas et n'avaient qu'une ouverture pour la tête, s'appelaient *pendans* (henken), voyez l'introduction du livre sur le costume page **23**. Le chapeau haut et pointu de la troisième figure est vert, le rebord blanc, la dernière au bord du tableau avec la bande rouge a un vêtement bleu avec une garniture jaune et sur l'épaule droite la partie supérieure d'un manteau blanc.

Frucht von 1905.

Explication des Planches.

PLANCHE 19. Costumes de l'an 1465 dessinés par l'éditeur d'après un tableau en miniature, dans l'édition de Justinien, imprimée par Pierre Scheffer l'an 1465, qui se trouve à la bibliothèque royale à Aschaffenbourg.

Notre figure est placée sur une marge que l'imprimeur à laissée vide, sur la quelle selon l'usage de ce temps là on peignait à la main, les lettres initiales ou les ornemens. Les figures forment en haut le sommet d'un arbre généalogique formulaire, qui par les arcs qu'on y a placés, représente en général d'une manière emblématique, les différens dégrés de parenté. Le vêtement de l'homme est bleu, les pentalons et la chaussure ainsi que la partie visible au col de l'habit de dessous, rouge vermillon; la robe de dessus de la femme gris clair, la robe de dessous rouge mat. Tous les vêtemens sont bordés de raies d'or. Le fond damassé est rouge clair, rouge foncé et or; la bordure bleue.

PLANCHE 20. Boucliers de la seconde moitié du XVᵐᵉ siècle. Le bouclier au milieu dessiné par Herrmann Keim provient de la collection de Mr. de Meuern à Ratisbonne. Il

II.   8

est en bois, de 3 pieds de haut et recouvert d'un fort cuir. Le côté extérieur en est peint et représente un homme dans le costume de Bouffon du XVme siècle, portant un froc blanc sans ceinture qui descend jusqu'aux chevilles, fendu de côté jusqu'à la hauteur des hanches, muni de manches larges et d'un capuchon au quel se trouvent deux oreilles d'âne, comme marque essentielle de la folie. Les jambes sont nues.

Le fond du bouclier est rouge, orné de clous jaunes de laiton qui fixent la couverture de cuir. La carne du bouclier est verte, le vêtement du fou, jaune, séparé au milieu par une large raie verte jusqu'en bas et qui remonte aussi par dessus le capuchon. L'écriteau volant est jaunâtre, l'inscription y est noire. Les deux autres boucliers à droite et à gauche (dessinés par l'éditeur sur une plus petite échelle) se trouvent au musée de Darmstadt. Ils sont de même en bois, à peu près de 3 pieds de haut, et recouverts d'un fort cuir, qui était imprimé et peint. Il ne reste que peu de traces de la peinture. Leur couleur actuelle est un blanc sale.

Ces espèces de boucliers recouverts de cuir fort, reçoivent déjà le nom de *Targe* dans la chronique de Limbourg, en l'année 1351 (de l'italien Targa, parceque pour les recouvrir, on se servait du cuir du dos des taureaux.) Vers la fin du XIVme siècle, ils ne furent plus tant en usage en Allemagne; dans ce même temps là (en 1389) selon la chronique, „chevaliers et valets, bourgeois et cavaliers ne se servaient „plus de Targes ni de boucliers, de sorte que sur cent cheva- „liers et valets, on n'en trouvait pas un qui eut un Targe ou „bouclier." Ils étaient encore de grande utilité dans les guer- res anglo-françaises, particulièrement pour l'infanterie, com- me ou le voit clairement par le manuscrit de Froissard illustré de dessins, qui est conservé dans la bibliothèque royale à Pa- ris. Les boucliers longs, munis au bas d'une pointe se nom-

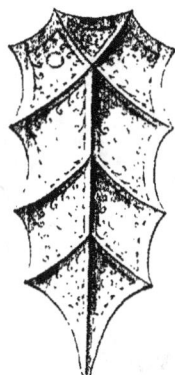

Schaale um 1780

maient *Setz-Schilde*, (boucliers qu'on pose) et étaient une
des meilleures armes défensives de l'infanterie. On apellait
ceux des chevaliers Stechschilde (boucliers à pointes) Dans
le XIVme siècle, ils étaient triangulaires; au XVme siècle ils
passèrent de cette forme à la forme quarrée, souvent échan-
crés en bas, et avaient ordinairement une entaille à leur côté
droit pour poser la lance, vu qu'on la tenait juste devant la
poitrine. On voit sur le bouclier de la Planche 3 de la 11me
Division une semblable entaille. Plus tard, vers la fin du
XVme siècle, on commença à les visser sur le plastron et c'est
ainsi qu'ils faisaient partie des harnois, ou de ce qu'on appelait hauts caparaçons, que l'on doit bien distinguer des armes
de guerre.

PLANCHE 21. Costumes de la fin du XIVme ou du
commencement du XVme siècle, d'après des peintures en miniature sur fond d'or, dans un manuscrit (Nr. XLVIII) de la bibliothèque de l'université de Heidelberg, dessiné par l'éditeur.

I. **Esaü, Rebecca et Jacob.** Esaü porte déja le plastron
de fer par dessus la cotte d'armes plissée en bas. Le bonnet
en bassin *Becken Haube* se rapproche des bonnets postérieurs
échancrés, nommés *Saludes*. Les cache-oreilles en sont mobiles,
et leurs charnières sont cachées par de grandes boucles rondes. Le hausse col qui se trouve en dessous ne consiste plus
en anneaux, il est formé de petites plaques. D'étroits pantalons et des souliers pointus complettent le costume. Esaü
porte le glaive du côté droit, probablement par une inadver-
tance du peintre.

Rebecca porte une large draperie bordée d'hermine. Les
longs bouts des manches de dessus descendent jusqu'à terre
(Costume caractéristique de ce temps là) et les manches

étroites de la robe de dessous les dépassent. Les tresses blondes sont roulées et visibles sous la coiffure blanche, espèce de turban qui est soutenu sous le menton par une bande blanche. On trouve aussi des hommes de ce temps là, qui en voyage ou à cheval, attachaient de même leur coiffure sous le menton avec de semblables bandes.

Jacob porte un vêtement court à manches larges au quel se trouve un capuchon *Guggel* et avec cela des pentalons étroits, un pourpoint à manches larges, et comme Esaü des souliers à bec fendus sur le devant.

Les couleurs d'Esaü sont: Le casque, le hausse col, le plastron, la poignée du glaive, la pointe de la lance et les gants lacés, argent: la cotte d'armes rouge, avec ornemens blancs; les pentalons bleus; les souliers couleur de cuir.

Celles de Rebecca: La robe de dessus et de dessous couleur fleur de pêcher; la dernière parsemée de petits points d'or et bordée d'hermine. La ceinture est blanche ainsi que la coiffure.

Celles de Jacob: l'habit vert, avec ornemens blancs; les manches de dessous et les pentalons rouges; le capuchon blanc doublé de rouge; les souliers couleur de cuir; la ceinture noire avec des boucles jaunes.

II. Gédéon. Le casque et le hausse col sont comme ceux d'Esaü. Il porte de même le plastron de fer par dessus la cotte d'armes ainsi qu'un tablier de mailles fait en petites plaques de fer; les souliers pointus montrent déjà le commencement des bandes de fer mobiles placées les unes dans les autres, nommées en terme d'art Ecrevisses. (Il est à présumer que le coloris du tableau en miniature ne fut pas exécuté avec soin, car il est probable que la partie de derrière de la jambe, de même que la partie inférieure des souliers et les manches étaient en cuir). La cotte d'armes est courte et plissée en bas. Ses manches larges très échancrées du haut descendent comme chez les femmes, en longs morceaux d'étoffe éparpillés derrière le coude. „La chronique de Lim-„bourg dit: quand Messieurs les chevaliers et valets, voulaient „prendre des airs de cour, ils avaient de longs morceaux „d'étoffe à leurs bras etc. etc.“

Plus loin en l'année 1389: „autrefois les hommes por-„taient des manches à leurs pourpoints et aux capelines et „autres vêtemens, ils avaient des queues presque jusqu'à „terre et quiconque portait les plus longues, celui là était „l'homme par excellence.“

III. Absalon sous la porte, devant lui, les Juifs qu'il cherche à gagner.

Absalon est désigné, dabord par sa riche chevelure bouclée. Il est vêtu d'une capeline courte à manches larges, par dessous la quelle paraissent les manches étroites, les pentalons avec les souliers à bec, de même que le hausse-col pareillement étroit. Il porte une ceinture et tient à la main un grand glaive,

Celui qui en est le plus près debout, porte une capeline à manches étroites jusqu'à la moitié de l'avant-bras, sous la quelle paraissent les manches également étroites de la robe de dessous. Le col étroit et les pentalons, sont comme ceux d'Absalon. Il porte à la ceinture une petite bourse avec le poignard qui y est attaché.

Absalon a les couleurs comme il suit: les cheveux blonds, la capeline verte, le vêtement du col et des jambes ainsi que les manches de dessous, rouges, la ceinture noire avec des boucles d'argent, le fourreau du glaive noir ainsi que sa poi-gnée, le bouton, la garde et l'entrelacs de fil de fer autour de la poignée, sont blancs. Les premiers juifs ont la cape-line damassée rouge et blanc, tous les vêtemens de dessous bleu clair, ceinture bourse et poignard, noir; la poignée or, le bouton blanc. Des juifs placés en arrière, on ne voit qu'une capeline jaune et des pentalons blancs. L'architecture est couleur de pierre.

PLANCHE 22. Le chevalier Hüglin de Schöneck mort en 1374 d'après son tombeau en pierre de sable, présentement enduit d'une couleur à l'huile grise, dans l'église de St. Léonhard à Bâle, dessiné dar Jacob Neustück peintre à Bâle.

Le chevalier porte la Salade munie d'un écran forgé pour la nuque et les oreilles, au lieu d'un capuchon du casque, il se trouve attaché à la partie inférieure de la Salade, une maille de fer dans le genre d'une pèlerine qui couvre le cou et la nuque, mais laisse le visage libre. On a donné à cette nouvelle manière de couvrir la nuque et le col, qui fut adoptée au commencement du XIIIme siècle, le nom de *Cap maille, camaille, hausse-col* La cotte d'armes du chevalier est toute étroite, sans aucun pli, et descend jusqu'aux hanches; elle est lacée sur le devant. Ces cottes d'armes collantes en soie ou en velours, sont comme les camailles cy-dessus nommées, un costume anglo-français et ne paraissent que sous le règne d'Edouard III. d'Angleterre. (1327—1377) on les nommait *côte-hardie*, leur nom allemand est Lendner, ayant été aussi d'un usage général en Allemagne. On les portait originairement sur une cotte de mailles ou un pourpoint piqué, plus tard on les tendait sur la courbure du plastron comme sur la planche cy-jointe. On aimait tant ce costume qu'on le portait non seulement sur les armures, mais aussi sans elles, et il fut même à la fin porté par les femmes.

La ceinture de chevalier jettée légèrement sur les hanches, tantôt comme attache de bouclier, tantôt comme baudrier

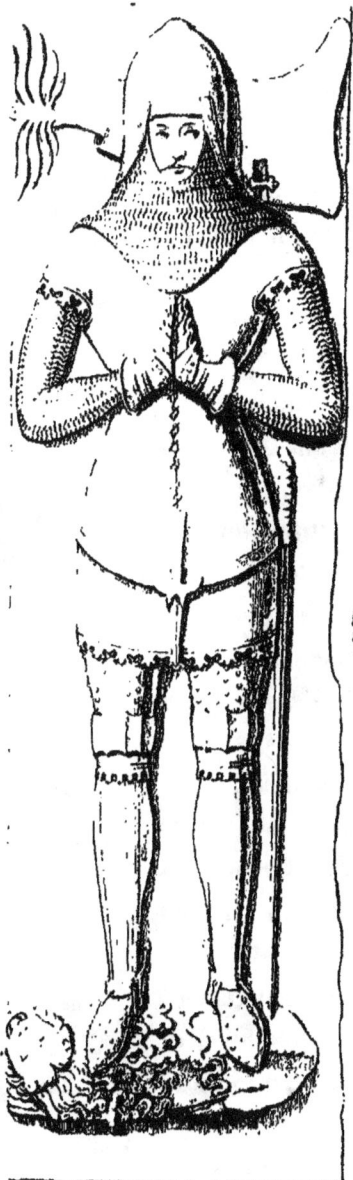

et souvent comme marque distinctive de la chevalerie, y appartient aussi. Elle est très simple, et sert de baudrier pour le poignard et le glaive.

Les bras du chevalier sont encore préservés par les anciennes manches de la cotte d'armes, et ses mains le sont par des gants de fer blanc, où les bandes des doigts et de la main sont échancrées, pour faciliter la liberté du mouvement — Les jambes sont recouvertes de pentalons en cuir piqué. La chronique de Limbourg dit: année 1351 (Les hommes à cheval portaient aussi des pentalons qui par-devant étaient de cuir: de même des cuirs au bras, mais aussi le Syreck piqué avec de petites boucles aux genoux. Ces petites boucles de fer sont sur notre planche, les petites plaque de fer étroites qui sont attachées au cuir de la genouillère et dentelées en bas. La jambe est aussi préservée, étant recouverte d'un cuir pressé, son vrai nom est: *Lersen* ou *Ledersen*. Les souliers sont en cuir, et piqués comme les pentalons.

L'ornement du Casque *Crest*, du simple heaume, consiste en un chapeau de chevalier *(chaperon)* du XIVme siecle orné en haut d'un plumet. Une déviation des *Crests* ordinaires de cette race, et en une aile, comme l'on en peut juger par l'armoirie cy à coté, qui dans ses émaux est placée deux fois sur les murs de l'église. De semblables changemens dans les *Crests* se trouvent dans le XIVme et XVme siècle, et l'on s'en servait pour distinguer les différentes branches de la même race.

Bernard de Masmünster mort en 1393, d'après son tombeau en pierre de sable rouge, à la cathédrale de Bâle, dessiné par Jacques Neustück.

Le chevalier que l'on représente ici, a déjà quitté la cotte d'armes: mais il a conservé la ceinture de chevalier. L'armure montre les progrès visibles des plaques vers la fin du

30

XVI⁻ siècle. La chemise de mailles servant de dessous aux bandes, se conserve encore jusque vers la fin du XVIᵐᵉ siècle. Les gants sont en cuir et renforcés sur la main par une bande de fer. Une propriété des armes de ce tems-là, c'est la hauteur de la Salade qui va toujours en augmentant, jusqu'à ce qu'elle soit remplacée dans le cours du XIVᵐᵉ siècle, par une autre espèce de casque.

Ce chevalier porte aussi sur son tombeau, un autre Crest que l'ordinaire de sa race, qui consiste en un Lion.

- - - - - - -

PLANCHE 23. Juifs en procession solennelle, d'après un dessin enluminé, mentionné dans la chronique de Ulric de Reichenthal à Constance (Division II. Planche 18,) dessiné par l'éditeur.

Les juifs sont représentés ici dans des capelines, manteaux, ceintures en taffetas et souliers à bec de ce temps là, presque comme les Chrétiens, à la seule différence près, qu'il leur manque cet ornement dentelé, parure tant aimée alors. Plusieurs d'entre eux portent des chapeaux de juifs jaunes, qui paraissent déjà dans les plus anciens dessins du moyen âge.

Ulrich de Reichenthal dit à l'égard de ces juifs, ce qui suit: „Lorsqu'il arriva devant la maison du battoir, près „St. Laurent les juifs allèrent à sa rencontre avec beaucoup „de cierges allumés; ils étaient tous vêtus de leur habit du „grand jour de jeûne et portaient les dix commandemens sous „un drap d'or soutenu par quatre bâtons, sur un coussin en ve- „lours rouge qui avait quatre pointes, et à chaque pointe 2 son- „nettes, et quand les bâtons touchaient à un coussin, toutes „les sonnettes commençaient à sonner, ils ne chantaient pres- „que qu'en hébreu, et lorsqu'ils arrivèrent près du Pape ils „s'agenouillèrent en lui offrant les dix commandemens et le

„prièrent de leur accorder la liberté l'ayant eue jusqu'à présent „des autres Papes.“ Le Pape ne voulut point de leurs commandemens, mais notre seigneur le Roi les reçut et dit: „que les commandemens de Moyse sont bons et justes, mais qu'ils ne „voulaient ni les comprendre, ni les suivre.“ Le Pape parla bas, afin que tout le monde ne put pas le comprendre, et se tournant vers les juifs il parla haut pour qu'on put l'entendre. „Que le Dieu tout puissant ôte le voile de vos yeux; afin que „vous puissiez voir la lumière de la vie éternelle.“ „Il les bénit et dit: Au nom du père, du fils et du saint esprit, et partit à cheval.“

Les couleurs des habits, sont les suivantes: le premier à droite des quatre porteurs du dais, a une capeline rouge clair et une ceinture en taffetas bleu, celui à gauche, un vêtement bleu et sur la tête un mouchoir blanc brodé en or. De ceux en arrière; celui à droite porte une capeline jaune et un bonnet rouge; celui du côté gauche un par-dessus rouge, sous lequel paraissent des manches bleues, sur la tête un mouchoir jaune brodé en or: celui avec les dix commandemens sur le cousin rouge aux sonnettes d'or, a un manteau vert à doublure blanche et à agraffe d'or et un par-dessous vert. Celui du milieu avec le cierge, a un par-dessus vert et l'habit de dessous rouge, sur la tête un mouchoir jaune; Le costume visible des autres est rouge. Toutes les bordures sont blanches. Les 4 chapeaux des Juifs, sont ici, comme d'ordinaire jaunes. Le drap du dais est peint en rouge sur l'original, quoique la description le dise en or.

PLANCHES 24. Chevalier Thomas Gifford de Leckhampton et son épouse, dessiné d'après leur double tombeau dans l'église de ce lieu (Gloucestershire) par Robert Piersall of Willsbridge Esq.

Ce tombeau est du petit nombre de ceux qui furent originairement peints, et dont les couleurs se sont parfaitement conservées jusqu'à nos jours.

Le chevalier porte le pourpoint rouge piqué et par dessus la cotte d'armes blasonnée, d'une étoffe plus légère, et la Salade avec le hausse col. L'armure complette en plaques aux bras, est munie aux coudes et aux épaules de charnières et de grandes boucles en forme d'écussons. Ce qui recouvre les jambes est peint en couleur de fer; mais en considérant de plus près la forme des détails, il est probable qu'elle consistait en cuir pressé ou piqué. On a déja cité le nom de ce préservateur des jambes *Lersen* dans le texte de la planche **22**; une plus ample description suivra plus tard avec un modèle très distinct de ce costume.

Les gants sont en peau, garnis extérieurement de plaques en fer. Le chevalier porte la large ceinture distinction de la chevalerie, comme baudrier; sur les épaules une attache de bouclier décorée de même avec le petit écusson triangulaire, faiblement arrondi du haut, blasonné de **10** boules rouges sur champ d'argent, et une poignée particulière pour le poignard que l'on porte du côté droit. Deux longues chaines sont attachées au glaive, dont les bouts traversent la cotte d'armes, et sont fixés à droite et à gauche au pourpoint de dessous ou au plastron.

Les cache-oreilles descendants de la Salade, le perfectionnement et l'ornement de la cotte d'armes et du pourpoint exécutés avec goût et soin, mais encore d'avantage ceux des attaches du bouclier, du baudrier, et du glaive perfectionnés dans le style appelé gothique, assignent sans doute à ce monument sa place dans la IIme moitié du XIVme siècle. On reconnait un croisé à la position des jambes. Quoique la dernière croisade, ait déja eu lieu à la seconde

Ritter Tassepord von Lichtenstein am ...

moitié du siècle précédent, l'expédition de la terre sainte durait encore, même pendant le XIVme siècle.

La dame est vêtue d'une robe longe rouge et collante, dont les manches étroites sont probablement fendues attachées à l'avant bras, et bordées le long de cette fente avec un galon d'or étroit. A l'articulation des mains cassées alors, mais remplacées sur notre planche, on voit le parement de la chemise. Sur ce vêtement, elle porte le manteau long, qui est cité par les auteurs contemporains de ce siècle et nommé *hoike*, *henke*. Souvent aussi *henke* ou *huike*; selon toute probabilité un costume de l'orient; on pouvait au moyen d'un cordon le serrer, ou le laisser ouvert par devant. On trouve encore fréquemment, chez les femmes mariées du XVme siècle le bonnet blanc froncé et plissé à petits plis, ainsi que le voile (qui rapelle les costumes italiens). On peut juger par le profil, comment les différentes pièces étaient fixées par des épingles d'or. La dame porte sous le bonnet et pardessus le manteau un revers fixé sous le menton, dans le genre d'une petite pélerine.

Les couleurs sont: pour le chevalier, Salade, haussecol, ce qui recouvre les bras, les bandes, les genoux les jambes, les pieds et la partie supérieure des gants, couleur de fer, la bordure de la Salade les boucles en forme d'écusson et les charnières aux bandes des bras, les bandes aux jointures du pied, ainsi que la bande sous les genoux, en or, les dernières sont bordées de franges rouges. La cotte d'armes est blanche ornée de dix boules rouges, de même que le bouclier. Le pourpoint qui dépasse la cotte d'armes est rouge, orné au bas d'un bord jaune, et de franges rouges; il y en a un semblable au haut de la cotte d'armes. Le bandeau, l'attache du bouclier, et la poignée sont bleu clair avec garnitures or; le manche et les ornemens du poignard et du glaive sont en or, les deux chaînes ainsi que la bordure de la cotte d'armes à travers la quelle elles passent, sont en or, les fourreaux noirs; l'intérieur des gants, couleur de peau.

Pour la dame; le vêtement de dessous, rouge écarlate le manteau bleu, le bonnet et le voile, blanc. Les épingles du bonnet, ainsi que la bordure des manches et le cordon du manteau, orné de glands, en or.

Le rebord qui se trouve pardessus le manteau, ainsi que les revers de la chemise, blanc, le coussin sous la tête, rouge.

Albrecht III.   von Brandenburg   g. l. 1414.

Explication des Planches.

PLANCHE 25.   Albert III. (Achille) Electeur de Brandebourg, d'après un tableau qui se trouve à l'église d'Anspach, dessiné par Ballenberger.

L'autel dans la chapelle des Chevaliers de l'église cy-dessus nommée, fut fondé par Albert III. Il y a sur le soubassement de cet autel, un *ex voto*, vieille peinture sur bois, représentant un donateur avec toute sa famille, rendu fidèlement.   Celui ci paraissant avec le manteau électoral, on pourrait supposer que ce tableau a été fait plus tard que 1471, année ou Albert III. parvint aux dignités électorales.

Le manteau de l'Electeur n'est autre chose que le simple *Trappart* que nous avons déjà vu vers le commencement du XVᵐ siècle au duc Jean de Bavière (livre du Costume Division II. planche 18) seulement, on le fait plus long et plus riche de plis.   Le revers en hermine ainsi que la garniture d'hermine aux bords, marquent la dignité électorale.   La cuirasse de la même époque, que celle du Margrave Guillaume de Bade Hochberg (Division II. planche 14.) montre de même l'armure complettement exécutée

II.   11

en plaques, l'écrevisse en forme de cloche composée de bandes, les *thuiles*, et enfin les pièces échancrées du conde et des genouillères. Le bonnet a déjà la forme du bonnet électoral, adopté plus tard; cependant il lui manque la bordure d'hermine qu'on y a ajoutée par la suite.

Les couleurs sont: manteau et bonnet cramoisi, de même le morceau du col, que l'on voit par dessus l'hermine: la cuirasse tout en or, les bandelettes aux *thuiles* rouges, le fourreau du glaive, noir.

PLANCHE 26. La pucelle d'Orléans. D'après un manuscrit du XVme siècle, à la bibliothéque de Paris, dessiné par le comte de Pocci.

Ce manuscrit très remarquable contient le journal d'un bourgeois d'Orléans, ainsi que les actes des deux procès contre la pucelle. Sur l'initiale cy-joint, elle est représentée vêtue d'un juste-au-corps à manches courtes, chatoyant du violet à l'or, et qui laisse voir les manches blanches de l'habit de dessous, ainsi que les bottines rouges. Sur la tête, elle porte une cornette à l'instar de celles des paysans de Lorraine. Le glaive recouvert d'un fourreau rouge est suspendu à un ceinturon rouge orné de boucles d'or. La hallebarde est posée sur son bras.

Louis XI. roi de France, d'après le fragment d'une empreinte de cachet, dessiné par Hofstadt.

Cette empreinte de cachet se trouve dans la collection du comte de Bastard, à Paris. L'aspect de la planche en dira plus, que toutes les descriptions qu'on en pourrait faire. Les ornemens travaillés avec soin et joliment arrangés, sont très remarquables, en ce que partout le lys y paraît comme motif, ainsi que la draperie spéciale du trône.

PLANCHE 27. Gonthier de Schwarzbourg, roi des Romains, mort en 1349, dessiné d'après son tombeau, dans le dôme à Francfort sur le Mein, par Ballenberger.

Le 14. juin 1349 mourut à la cour de St. Jean de Jérusalem dans la Fahrgasse*) à Francfort sur le Mein, Gonthier de Schwarzbourg, roi des Romains élu le 6 Février de la même année (probablement empoisonné), après avoir sur le lit de mort, renoncé à la couronne. Il fut déposé dans le dôme devant le maître autel. Trois ans après ses fidèles partisans, les ministres de l'empire à Francfort, lui érigèrent un tombeau, qui était autrefois placé au milieu du choeur, et ne reçut qu'au dernier siècle sa place actuelle au mur du choeur, à la gauche du maître autel. Il consiste en pierre de grès rouge, est peint, et a encore ses couleurs primitives. Au lieu qu'il occupait auparavant, le couvercle était posé horizontalement, et la statue de Gonthier y était étendue: si l'on considère l'architecture avec la voûte en ogive et la position des lions, qui reposent aux pieds de Gonthier, l'on voit que dans l'origine ce monument, était destiné à être placé verticalement. Aux deux coins du carré près de la voûte ogive, on voit des figures de fantaisie d'hommes à barbe, qui portent un écriteau volant, avec une inscription en ancien allemand :

Gonthier est vêtu de la cotte de maille sans manches de son temps, qui, quoique collante, n'est pas encore devenue aussi étroite qu'un *Lendner* (juste-au-corps): elle est blasonnée avec le lion, l'armoirie de Gonthier (La chronique de Limbourg se sert déjà de l'expression [blasonnée], et sur le devant fendue jusqu'à la hauteur des hanches; on voit aux coins retroussés, la fourrure avec la quelle elle est doublée:

---

*) A peuprès rue traversière.

l'ancien nom de cette fourrure est *Kleinspalt* et n'est pas à confondre avec l'hermine, qui est totalement omise sur notre figure ainsi que toute insigne de dignité royale). Les bras sont garantis par des manches en mailles, et des cuirs imprimés et piqués sont adaptés par dessus aux bras supérieur et inférieur pour les préserver; elles sont échancrées aux articulations intérieures de l'épaule et du coude, pour diminuer la pesanteur des mouvemens; entre les larges bandes en cuir bouilli, elles sont piquées et ornées de petits boutons ou boucles. Les coudes sont garnis de carreaux en fer (ici dorés) forgés en bosse, qui étaient attachés au moyen d'une lanière. Les gants de fer confectionnés avec soin et munis de doigts à charnières prouvent les progrès des lamineurs de ce temps. Les jambes sont recouvertes des mêmes cuirs que les bras. Les bandes de cuir (ici ornées) que nous connaissons déja, (Division II., Planche 15 et 22) et sur lesquelles sont fixées des plaques de fer échancrées, sont attachées autour des genoux. Les souliers sont en cuir et aussi piqués, les éperons avec de larges lanières ornées de boucles, sont soutenus moyennant une boucle placée au haut du coup de pied. Les planches antérieures nous ont déja fait connaitre la Salade avec le hausse-col; ici elle a un nasal (muni d'un trou), qui descend, pour être fixé à la Salade. On peut distinguer comment le hausse-col est attaché à la Salade moyennant des trous et des fermails qui passent à travers. La ceinture de chevalier enrichie de bossettes et de boucles, n'est pas encore aussi large et ne descend pas encore autant sur les reins qu'on le voit plus tard. A droite le poignard y est attaché et à gauche, le glaive. Gonthier tient de la main droite le casque fermé de sa race, la main gauche repose sur le glaive (dont la poignée est écornée) et sur l'écusson.

Les couleurs sont: la Salade en fer poli, les oreilles et fermails, or; le hausse-col, argent. La cotte d'armes, bleue, les lions couronnés qui s'y trouvent, or. La fourrure blanche avec des taches noires en forme de croissant. La ceinture rouge clair, bossettes et boucles, or. La gaine du poignard, noire, les ornemens ainsi que le manche, or. Les manches de la cotte de mailles, argent. Les larges raies des cuirs des bras, or; le cuir piqué rouge brunâtre; les bossettes qui sont dessus, or; les gants, or; la doublure intérieure du pouce, couleur de cuir. Les préservateurs des coudes, or; les lanières y sont noires. Les bandes ornées autour des genoux, or; les plaques y sont en or; les jambes comme les bras. Les souliers rouge brun; les bossettes y sont en or, les éperons, or; les lanières y sont rouge clair les bossettes et boucles y sont en or. Le casque fermé, couleur d'acier. Le lion couronné y est en or, les gueules et oreilles intérieurement rouges. L'éventail en plumes de paon, dans ses couleurs naturelles. Le Feuillard extérieurement, or, intérieurement, bleu. Le fourreau du glaive, noir; la branche de la garde d'épée et la garniture du bas du fourreau, or; l'écusson bleu, le lion couronné de l'écusson, or; l'intérieur de sa gueule et des oreilles ainsi que les griffes, rouges. Le fond du tapis sur le quel la figure ressort, rouge foncé avec des croix noires. La cymaise qui l'entoure, bleu avec étoiles en or. Les lions à ses pieds, avec gueule et oreilles rouges.

PLANCHE 28. Costume de la première moitié du XIVe siècle, d'après une peinture en miniature, dans un vieux manuscrit du poëme: *Les voeux du Paon*: dessiné par l'éditeur.

Ce manuscrit très remarquable, orné d'une quantité de peintures en miniature très instructives, d'où la feuille ci jointe, dessinée sur une plus grande échelle, a été prise, est en possession du Baron Joseph de Lassberg, au vieux château de Mersbourg. Elle appartient à la première moitié du XIVme siècle. La poësie même, un alexandrin, est du XIIme siècle. L'inscription de la peinture est ainsi:

Comment Fesonas rechut alexandre arekes les XII pères.

Les costumes du XIVme siècle sont assez connus par les descriptions antérieures du livre de costume, pour ne pas être obligé d'entrer des dans détails qu'on n'a pas encore approfondis jusqu'à présent. Le pourpoint n'a pas encore ici la forme du juste-au-corps court et collant (Lendner); les chevaliers portent d'abord dessous, le pourpoint de dessous piqué proprement dit, par dessus encore un pourpoint supérieur sans manches, souvent de cuir et piqué, souvent d'autres étoffes, et sur celui ci la légère cotte d'armes échancrée sur le devant et pendante derrière et sur les côtés, ou tout à fait courte, ne venant que jusqu'aux reins. — Les bras et les jambes sont garantis, par un entrelacs de maille. Les jambes de même que les pieds le sont souvent par des écailles de cuir bouilli et teint. La ceinture du chevalier est encore très étroite. Des cinq dames, quatre ont la, coiffure simple, et dominante dans le manuscrit cy-dessus nommé, qui consiste en cheveux horizontalement séparés sur le front, et sur les côtés en nattes fortement tressées. La dame près du roi. ainsi que celle sous le portail, portent des robes de dessous à manches étroites, descendant jusque sur la main; par dessus un vêtement supérieur à manches qui ne descendent que jusqu'au coude, et de là, se terminent en pièces pendantes. Cette

Trachten aus der 13 Hälfte des 14 Jahrh.

espèce de costume se répète aussi constamment dans cet ouvrage.

Les couleurs sont: les entrelacs de cuirasse et la Salade, couleur de fer, la ceinture noire, à clous de fer; les fourreaux de glaive, noirs avec poignée d'or. La cotte d'armes du roi rouge clair, le pourpoint de dessous dentelé, rouge minium; le second pourpoint de dessous, vert; l'écusson or avec lion rouge. La cotte d'arme du chevalier suivant, rouge minium; le pourpoint bleu, le pourpoint de dessous, brun; les jambes ainsi que l'écusson, vert. La cotte d'armes de celui qui se trouve le plus près, verte; le pourpoint, rouge minium, le pourpoint de dessous, brun; les jambes rouge vermillon. La cotte d'armes du quatrième, rouge clair, le pourpoint, bleu; le pourpoint de dessous, rouge minium; les jambes, bleu. La cotte d'armes du cinquième bleue, le pourpoint vert, les jambes, rouge minium. Le sixième a la cotte d'armes bleu ciel, le pourpoint brun, le pourpoint de dessous, rouge vermillon. Parmi les dames, celle qui est la plus proche du roi porte un vêtement de dessus bleu grisâtre, à manches blanches pendantes; les manches du vêtement de dessous, sont rouge minium. Celle qui suit, a un surtout brun clair, les manches pendantes; les manches de dessous, bleues. Le surtout le plus près, rouge minium; les manches de l'habit de dessous, bleues; le mouchoir sur l'épaule, vert. La dame suivante, a la robe bleue, la pélérine brun clair. La robe de la dernière est bleue.

Toutes ces figures ressortent sur un fond d'or poli, ce qui est le cas sur toutes les peintures de cet ouvrage.

PLANCHE 29. Jérome Tscheckenbürlin; d'après un vieux tableau au ci devant monastère des chartreux, et maintenaut hospice des orphelins, à Bâle, dessiné par l'éditeur.

En 1487 un jeune et riche bourgeois de Bâle, nommé Jérôme Tscheckenbürlin, licencié en droit de l'empire, après avoir fait ses études à Paris et à Orléans, entra à Bâle dans l'ordre des Chartreux. L'extrême sensation que produisit cette démarche, comme le dépeignent les chroniques, prouve combien les idées religieuses de ce temps là, qui précédait immédiatement la réformation, avaient perdu de leur force, de sorte qu'elles n'étaient plus comprises des masses. Jérôme en mémoire de son entrée au monastère, se fit peindre dans le costume séculier de gala, avec le quel il entra à la chartreuse. Sur le cadre du tableau fidèlement représenté sur la présente planche, on lit ces paroles :

Portrait de Jérôme Tscheckenbürlin licencié en droit de l'empire, de l'ordre des chartreux, agé de **26** *ans, l'an 1487. Ce dernier mourut comme prieur du couvent des chartreux l'an 1536.*

Nous voyons, ici les cheveux longs et frisés tombants, recouverts d'un léger bonnet. Le pourpoint est fendu des deux côtés ainsi qu'aux deux épaules; à travers les fentes, on apperçoit un vêtement de dessous blanc (probablement la chemise). On voit au bas du coude un petit morceau de cordon d'or, qui rejoint les deux parties fendues de la manche sur le vêtement de dessous. Cette fente au pourpoint pour laisser voir le vêtement de dessous, commença à la seconde moitié du XVme siècle et devint générale au XVIme, particulièrement pour les costumes des lanciers. Il porte autour du cou une gance d'or; par la fente de côté, on en voit une seconde rouge et or, descendant des épaules. Un manteau lacé vers les épaules, couvre le bras gauche, tandis que le bras droit reste libre.

Les couleurs sont: le bonnet rouge; le pourpoint velours rouge, le vêtement de dessous blanc, le manteau brun attaché avec un cordon noir.

Les plus petites figures à la droite, et à la gauche du tableau, sont tirées d'un ouvrage imprimé et colorié du poëte romain Terence, de l'an 1496, maintenant en la possession de M⁰ Radowitz. La figure à gauche vous donne une idée en quoi ont pu consister le manteau court, ce qui recouvre les jambes de la figure du milieu, et. c. a. Il porte sur la tête un cerceau en or dans les cheveux, au côté du quel est attaché un plumet. Ces coiffures étaient fréquemment portées par des jeunes gens à l'occasion de fêtes. Nous en voyons une pareille sur la planche 30 de cette Division.

Les couleurs sont: le manteau brun bordé de noir; la courte cotte à manches rouges, en bas avec des dents noires; le vêtement de dessous visible à l'épaule et au coude, blanc; ce qui recouvre les jambes au dessus des genoux consistant en dents rouges et noires, cela excepté, blanc; les souliers noirs.

Les couleurs des dames sont: coiffure rouge entrelacée des deux côtés de toile blanche; au milieu une agrafe en or; le vêtement de dessus vert, avec doublure jaune; le vêtement de dessous rouge.

PLANCHE 30. Costume de cérémonie de l'an 1417, d'après un dessin à la plume colorié dans la chronique d'Ulric de Reichenthal, exécuté par l'éditeur.

Le passage de la chronique relatif à ce que nous avons déjà appris planche 18 de cette division est ainsi conçu: „Le

„mercredi notre seigneur et roi prêta serment, et tous les
„princes et seigneurs laïques." Ce tableau représente donc,
ce qu'indiquent aussi les doigts levés en l'air, l'acte solemnel
du serment.

La première figure porte sur le vêtement de dessous à
larges manches, muni d'un col relevé, le *Tappard* bordé
d'un large galon et lacé du côté gauche. Dans la main gauche, elle porte le chaperon orné d'un joyau, et sur les épaules, une chaîne composée de fleurs d'or à quatre feuilles.

La seconde figure est vêtue d'une capeline qui descend
jusqu'aux pieds, dont le bas, ainsi que le bout des larges
manches, sont bordés d'un large galon; la fente de côté est
entourée de pareils galons, ainsi que celle de devant, jusqu'au milieu de la poitrine, pour y passer la tête. La figure
porte un capuchon (*Guggel*) avec une ceinture en taffetas.
La mince couronne de cheveux pourrait le faire prendre pour
un ecclésiastique; mais le costume séculier, surtout la ceinture en taffetas, ainsi que l'action de l'hommage rendu à genoux, contredisent cette supposition. La troisième figure
porte au dessus de ce qui couvre les jambes, en les collant
étroitement, où souliers, bas et culotte ne font qu'un, le
juste-au-corps court, qui a déjà été adopté vers la fin du
siècle dernier. Il est plissé du bas jusqu'à la ceinture, fendu des côtés, sans col ouvert par devant et légèrement lacé
de manière que l'on puisse voir la pièce d'estomac qui se
trouve dessous. Le nom particulier de ce vêtement est *Schekenrock* ou *Scheke* (roquette). La chronique de Limbourg
dit l'an **1389**. „Les chevaliers, valets et bourgeois portaient
le Scheke ou Schekenrock." Ce costume fut autrefois
nommé par les Allemands *Röcklein*, par les anglais *rocket*
et par les français *roquette*. Plus tard Chaucer les appèle

Vignette illustration

45

Canterbury tales, hanselein, comme diminutif de *Hans*; en anglais Jack: de là le nom du vêtement *jack, jacque* Schek. et depuis encore *Jacke*. Pour ne laisser ici aucun doute, Froissard raconte: que Henry de Lancastre avait porté, lors de son entrée à Londres, une courte Jacque à *la Fanchon d'Allemagne*. — On voit un vêtement semblable dans cette division planche 19. — La ceinture en taffetas passant sur l'épaule gauche est attachée par un bijou fixé sur la poitrine à gauche, et de ce dernier, une chaîne formée de roses en or à cinq feuilles passe vers l'épaule droite. (Un *dague* dagger) coutelet court, pend à un baudrier étroit sur le côté gauche. Du vêtement de dessous, on n'apperçoit que le col lacé par devant. De longs cheveux flottants sur les épaules étaient alors considérés, commé un ornement distinctif. En costume de cérémonie, les hommes portaient aussi des couronnes ou guirlandes, aux quelles on attachait souvent au milieu du frout une ou plusieurs plumes de héron, ainsi que le montre notre planche.

On ne voit que rarement de longues barbes ou des moustaches dans le XVme siècle.

Les couleurs de la première figure sont: le manteau rouge, les galons blancs; ce que l'on apperçoit aux manches et au col du vêtement de dessous, bleu; le bonnet rouge, à revers blancs, les cordons et glands, rouges.

Les couleurs de la seconde figure: la capeline bleue, bordée de blanc; le capuchon de même que la ceinture en taffetas qui descend derrière et est entortillée autour du bras, rouge. A la troisième le vêtement est vert. au bas, un galon blanc, la bordure autour, en haut sur la poitrine. ainsi que les raies qui traversent l'échancrure blanche, or; de même la chaîne autour de l'épaule droite avec le joyau sur la poitrine à gauche. La ceinture de taffetas qui entoure le bras gauche est blanche. Ce qui couvre les jambes et la chaussure ainsi que la collet du vêtement de dessous visible au col, rouge; le long poignard et sa poignée, noir; la couronne dans les cheveux entrelacée de rouge et de blanc; les plumes blanches.

Trachten a. d. 14ᵗᵉⁿ Jahrh.

Explication des Planches.

PLANCHE 81. Costume du XIVe siècle, dessiné par *l'éditeur*, d'après des miniatures d'un manuscrit du poëme intitulé *les voeux du Paon.* (v. Planche 28, p. 39.)

Le petit tableau supérieur offre une société de chevaliers et de femmes, assemblée autour d'une table servie, sur laquelle une dame met le paon rôti. L'habillement des gentils-hommes ne donne pas lieu à de nouvelles observations; nous en avons fait une plus ample description à l'occasion de la Planche 28; les souliers et la chaussure des chevaliers qui viennent de déposer la cuirasse, méritent seulement d'être remarqués. — Deux des femmes portent un mouchoir transparent, noué autour de la tète, ou légèrement pendant, ou entortillé autour du menton; la coiffure de ce dernier genre, retenue au-dessous du menton, se rencontre très souvent à la fin du quatorzième siècle et à la fin du quinzième; elle fut remplacée plus tard par les formes bizarres de la coiffure française; l'étoffe transparente est nommée *diselset* (mousseline) par la Chronique de Limbourg. Ce nom est dérivé de *distel* (chardon) et *sedum.* La dame, assise au bout de la table, porte une robe tailladée jusqu'aux hanches. Une robe pareille se trouve déjà Division 1, Planche 14, p 19.

Les couleurs sont distribuées de la manière suivante: la dame, qui porte le paon, est vêtue d'une robe blanche; elle a un mouchoir vert sur l'épaule; le manteau du chevalier, qui vient après, est bleu et doublé de rouge, le justaucorps violet clair; les chausses sont vertes, les souliers noirs; la coiffure du chevalier suivant est brune, le manteau blanc et doublé de rouge; le justaucorps violet clair; la robe de la dame assise à côté est bleue et le mouchoir, étendu sur l'épaule, rouge; le chevalier à sa gauche porte un justaucorps rouge clair; la dame après lui a une robe violette claire à manches rouges et un mouchoir de mousseline blanc, noué autour de la tête; le justaucorps du chevalier suivant est rouge; la dame tout près est vêtue d'une robe verte à larges taillades sur les côtés et d'une jupe cramoisie à manches. Celui qui est agenouillé, porte un habit rouge et une chaussure brune.

Le petit tableau inférieur représente un combat de chevaliers. Les costumes des gentilshommes et des femmes ont été déjà décrits Planche 28, p. 39. Les selles, les étriers et les brides qu'on y voit figurés, nous ont engagé à reproduire ce tableau.

Les couleurs sont distribuées de la manière suivante: Un des deux chevaliers à cheval a un bouclier en argent orné de cornes de cerf rouges, l'autre est vêtu d'un justaucorps bleu; celui qui est couché, porte un justaucorps vermillon fendu sur le devant, et, au-dessous du justaucorps, un pourpoint bleu déchiqueté; la chaussure est rouge de cinabre, l'écu d'or à la fasce bleue et à trois points d'argent. Le chevalier, qui est debout, porte un justaucorps bleu et un pourpoint vermillon déchiqueté; l'écu bleu à gauche, rouge à droite présente une hure noire. Les deux chevaux sont blancs; celui à gauche a une housse bleue, une selle vermillonne, une sangle cramoisie; celui à droite une housse vermillonne, une selle brune, une sangle blanche. Parmi les dames, qui regardent par dessus les créneaux du château, la première porte une robe brune et une jupe rouge, l'autre une robe blanche.

Quant aux figures de ces deux tableaux, il reste encore à observer que toutes les pièces d'habillement composées de

Heinrich zum ... ... Edelmann zu Oppenheim ... ...

mailles fer sont couleur de fer, ainsi que les casques. Le fond est en or poli, ainsi que les ornemens en feuillage qu'on voit aux coins.

PLANCHE 32. Henri zum Jungen, bailli à Oppenheim, † 1433, dessiné par *H. de Krieg*, d'après le mausolée en pierre qu'on voit à l'extérieur du choeur de l'église de Sainte Cathérine à Oppenheim

Le quinzième siècle doit être considéré comme une époque de transition et de préparatifs, où les choses anciennes ne suffisaint plus et les choses nouvelles n'étaient pas encore arrêtées. Cela s'annonce non seulement dans l'histoire politique et dans les monumens de cette époque, mais encore dans les costumes qui n'apparaissent jamais les uns à côté des autres, ni se suivent les uns les autres dans des contrastes plus bizarres qu'alors. De larges habits plissés, des écharpes d'une forme singulière et nouées autour de la tête, étaient en usage à côté de courtes jaques collantes et de bonnets plats; de longs souliers pointus se portaient à côté de souliers raccourcis. Le chevalier que nous reproduisons ici, porte déjà le plastron sur la cotte d'armes. Cette dernière est à manches larges qui se rétrecissent vers les jointures de la main; elle descend jusqu'aux genoux, est ouverte par-devant et cousue de plis tout le long; le tablier de la cuirasse descend a partir des hanches jusqu'à la largeur d'une main au-dessus des genoux. Les jambes sont revêtues de chausses a petits carreaux piqués, les genoux défendus par des bandes de cuir garnies de bossettes de fer, les souliers paraissent egalement se composer de cuir piqué. Le poignard et l'épée sont suspendus aux fentes de la cotte d'armes, le ceinturon militaire, qui au siècle précédent, pendait encore large et légère le long des hanches, est ici plus etroitement serré et retient la partie inférieure du plastron ainsi que la partie supérieure du tablier; la planche en reproduit d'une manière plus détaillée les ornemens. On peut encore distinguer les armoiries de cette ancienne famille patricienne de Mayence, ainsi que le nom de Henri zum Jungen; le reste de l'inscription est effacé.

Un *chevalier* et une *reine*, dessinés par *l'éditeur*, d'après des dessins coloriés qui se trouvent à la bibliothèque de l'Université à Wurzbourg.

La reine porte les nattes attachées, comme nous en avons déjà reproduits sur plusieurs planches du livre des costumes. Les larges manches de la robe sont à taillades, à travers lesquelles passent les avantbras revêtus de manches plates.

Le chevalier porte la cotte d'armes à plis rabattus sur le devant et à larges manches frangées qui descendent jusqu'à l'avantbras, et sur la cotte d'armes le plastron. Les avantbras et les jambes sont également garantis par des pièces laminées en fer battu; les souliers ainsi que les gantelets sont déjà composés de lames de fer en forme d'écrevisse. Le bassinet du XIVme siècle a conservé son camail, mais il a pris une forme plus pointue et une visière mobile, et prépare ainsi la transition à ces casques artistement combinés du XVIme siècle. La crête est garnie d'un pommeau orné de plumes. Ce cimier composé de quelques plumes et mis en vogue d'abord en Angleterre sous le règne d'Henri V, forme la décoration principale des casques du siècle suivant. Le ceinturon orné de grelots et qui descend sur les hanches, est assez curieux. Une de nos prochaines livraisons fera connaître des exemples plus détaillés de ce genre d'ornement. Les couleurs sont ainsi distribuées: La robe de la reine à manches larges est bleue et bordée de blanc autour de taillades des manches et autour du cou; les manches plates sont vertes. — La cuirasse du chevalier est couleur de fer; les bordures du plastron, les

Italienische Ritter aus dem 14. ten Jahrh.

genouillères, les éperons, les gantelets, ainsi que la ceinture garnie de grelots, sont en or, les manches frangées cramoisies, ainsi que la cotte d'armes; cette dernière est bordée de blanc; deux plumes sont vertes, la troisième est blanche.

PLANCHE 33. Chevaliers italiens du XIVme siècle, dessinés par le comte *Pucci*, d'après les mausolées de marbre blanc qu'on voit à l'église de Saint Dominique majeur à Naples.

Le premier chevalier à droite n'a ni date, ni inscription; il porte le justaucorps; le bras et les jambes sont défendus par des brassards et des jambières en cuir que nous connaissons déjà; les premiers sont attachés à l'épaule. En haut auprès du cou, ainsi qu'au-dessous des bras et au-dessus des pédieux, on aperçoit la jaque de mailles qu'on portait sur tout le corps sous la cuirasse. Les souliers pointus en forme d'écrevisse sont composés de lames de fer et font croire que ce mausolée appartient à la fin du XIVme siècle. Le chevalier porte sur la tête une petite couronne de laurier.

Le second chevalier est entouré de l'inscription suivante: *Thomas Buldanus miles 1335.* La large cotte d'armes sans manches et descendant jusqu'au-dessous du genou est decorée par une large bande dentelée à la gothique, qui traverse la poitrine et qui présente trois écussons, dont on ne peut plus reconnaître les figures. La cotte d'armes laisse entrevoir les larges manches de la chemise de mailles, et au-dessous de celle-ci se montrent les manches plates du pourpoint piqué (appelé *gumboron* ou *gambisson*). Le bras supérieur et les jambes sont défendus par des brassards et des jambières en cuir piqué; les ornemens qu'on voit cousus dessus, sont imités d'après des sculptures antiques. Ces reminiscences des modèles antiques se retrouvent généralement partout en Italie, même là où l'on emploie le style gothique avec ses ornemens, ce qui a empêché ce dernier de s'y développer complètement. La forme pointue de ces pièces prouve qu'elles ont dû être souples et flexibles. Les épaules et les coudes ne sont pas garantis par de bossettes ou des thuiles, mais par de petits écussons. Les épaulières sont aussi ornées d'après des motifs antiques; les cubitières sont simplement arrondies, et les manches de la chemise de mailles sont attachées avec des aiguillettes.

PLANCHES 34. Deux mercenaires du XIVme siècle, dessinés par *Robert Pearsall of Willsbridge, Esq.*, d'après une sculpture d'autel en bois peinte qu'on conservoit jadis à l'église de Saint Michel à Hall en Souabe.

Ces deux figures offrent déjà beaucoup d'intérêt par ce qu'elles présentent le dos, que les monumens funéraires, nos sources principales, ne laissent jamais voir.

La figure à gauche du spectateur porte le casquet en fer, que nous avons déjà reproduit Planche 6, Division 1. La chemise de mailles dentelée et garnie d'un capuchon est couverte par le justaucorps probablement en peau de buffle. Les garde-bras également en buffle sont fendus au coude et retenus avec des bandelettes et des aiguillettes.

Le costume du second mercenaire est surtout remarquable par les barres de fer, qui garantissent le bras supérieur et la coiffure; à cette dernière on remarque encore des garde-oreilles et des garde-joues en fer. La Chronique de Limbourg dit §. 47: „Les pourpoints avaient des manches plates et à l'endroit des reins il y avait des pièces de cuirasse cousues et attachées dessus, ce qui s'appelait le *Museisen* (braconnière ou garde-reins)."

Les couleurs sont distribuées de la manière suivante: Le justaucorps de celui à gauche est d'un jaune brun et bordé

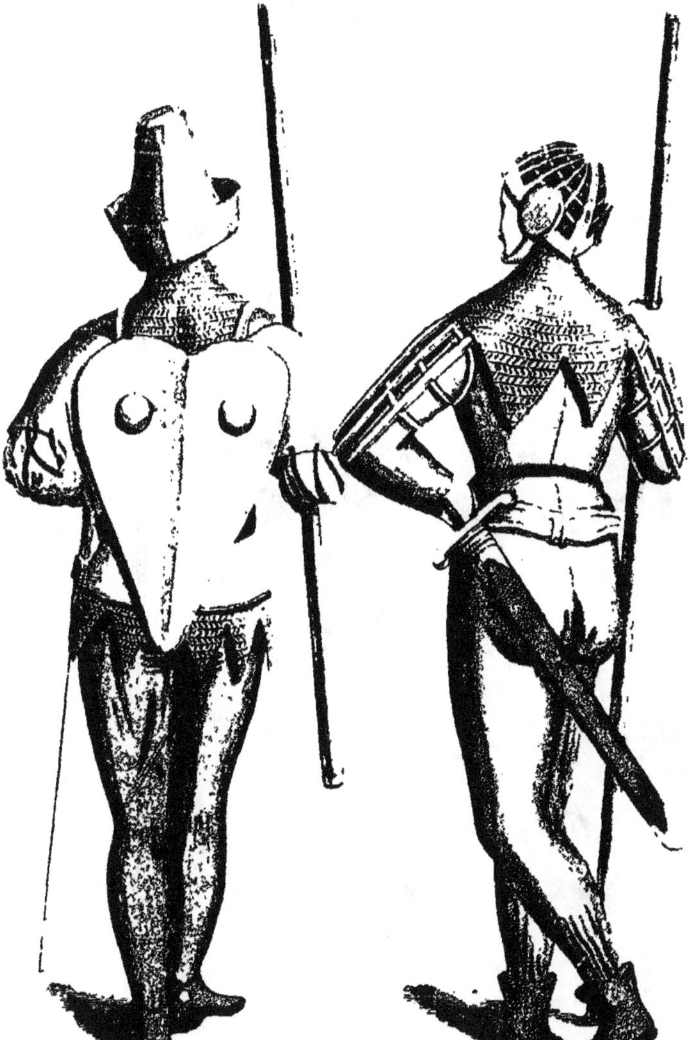

de rouge en bas; les bandelettes qu'on voit aux coudes sont également rouges, le pourpoint, paraissant au-dessous de ces bandelettes, est blanc; les chausses sont vertes; les souliers noirs; le bouclier attaché sur le dos (et probablement couvert de cuir) est brun et garni de deux bossettes rondes en fer. Les fermoirs de la coiffure du mercenaire à droite laissent entrevoir une doublure rouge; le torse, les bras et les jambes sont vêtus de rouge; les bandelettes nouées autour des bras et la ceinture attachée autour du corps sont blanches, les souliers noirs. Les casques, les pièces en mailles de fer et les garnitures de deux figures sont couleur de fer.

PLANCHE 35. Thomas Knebel de Katzenelnbogen, châtelain d'Oppenheim, † 1401, dessiné par *F. Hoffstadt*, d'après le mausolée en pierre rouge qu'on voit au chœur de l'église de Sainte Cathérine à Oppenheim.

Le chevalier porte une courte cotte d'armes à manches larges et pendantes. Les avantbras sont garantis par des lames de fer; les manches piquées du pourpoint, qui paraît au-dessous, couvrent le poignet. Auprès du cou on aperçoit le col très peu élevé de la chemise de mailles. Des chausses piquées à petits carreaux et à genouillères de fer attachées après du cuir, couvrent les jambes, comme cela se voit à la figure de Heinrich zum Jungen, Planche 35. La boucle de la ceinture, qu'on a enlevée, a été probablement en métal. La forme du casque élevé en pointe et couvert par le lambrequin, et les gantelets, dont les doigts sont déjà séparés les uns des autres et garnis d'écailles finement travaillées, méritent des fixer l'attention.

PLANCHE 36. Costume de femme de la fin du XVme siècle, dessiné par *Wilhelmine Wende'stadt*, d'après un tableau de l'école hollandaise, qui fait partie du Musée de Staedel à Francfort sur le Mein.

Cette figure est sans doute un portrait. Toute la façon du costume s'accorde parfaitement avec le goût répandu vers la fin du XV⁰ siècle dans les Pays-bas et en France. On rencontre ici cette robe tailladée des deux côtés à partir de l'aisselle jusqu'aux hanches, qui laisse entrevoir la jupe; ces robes, appelées *cotellae, côtellettes,* se trouvent du reste déjà antérieurement (v. Divison I, Planche 14, et Division II, Planche 37). Des manches ouvertes pendent de l'épaule pour servir encore d'ornement. La parure qu'on voit reproduite en bas sur une plus grande échelle, est aussi dans le goût de cette époque. Le livre, d'après la mode usitée alors, mais conservée encore plus tard, a une fausse couverture probablement en velours, qui pend ici par-dessus le genou.

Les couleurs sont distribuées de la manière suivante: La coiffure est de velours bleu, l'étoffe transparente en saillie, qui encadre le visage, est blanche, ainsi que le mouchoir, noué autour du menton. La robe est blanche, la jupe bleue et enrichie d'ornemens de la même couleur; les manches pendantes sont vertes. Le manteau étendu sur les genoux est rouge, garni de vert par en haut; la fausse couverture est verte. La parure de la tête et celle de la poitrine sont en or; la première offre au-milieu une pierre rouge et est garnie en outre de perles, de pierres vertes et rouges. Parmi les agrafes sur la poitrine, celle d'en haut se compose d'une pierre verte entourée de perles, la seconde d'une pierre rouge, la troisième de six perles, la quatrième d'une pierre verte. Un des deux petits garçons, celui qui est dehors, porte un habit bleu clair, l'autre un habit vert, orné de feuilles vertes et de points rouges et garni de blanc par en haut.

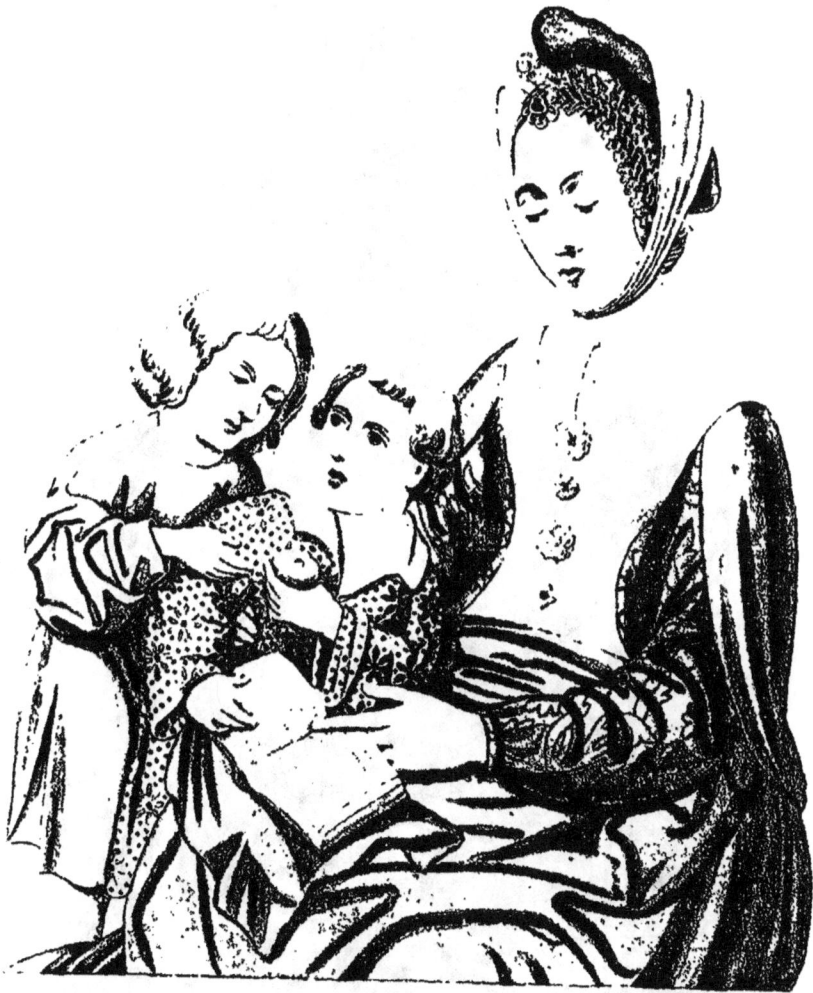

Mittelalterliche Tracht nach der 2. Hälfte des XIII. Jahrh.

Explication des Planches.

PLANCHE 37. Costume de chevalier de la seconde moitié du XIVme siècle, dessiné par *C. Ballenberger*, d'après un vitrail de l'église de Rothenburg sur le Tauber.

Un chevalier de la famille des comtes de Loesch fonde les vitraux de cette église, sur l'un desquels il est représenté comme on le voit ici. Il porte la cotte d'armes doublée de petit-gris (Kleinspalt) sur un pourpoint à manches plates et boutonnées, le camail, et, au-lieu du bassinet, un casquet en cuir, que les Allemands appellent *Helmhaube* et *Bundhaube.* La cotte d'armes est retenue par le ceinturon militaire; sur la garde du poignard attaché après le ceinturon, est gravé l'écusson du propriétaire; les souliers paraissent être en cuir piqué ou composés de bandelettes de cuir entrelacées.

Les couleurs sont distribuées de la manière suivante: le casquet, ainsi que le camail, est blanc (ce qui provient probablement de ce que les peintres vitriers ignoraient alors la manière de faire les teintes); la cotte d'armes est cramoisie; la fourrure, qui descend devant, est blanche, tachetée de noir; les chausses et les souliers sont jaunes; le fourreau du poignard est noir, la poignée et les garnitures sont jaunes; le ceinturon est noir et enjolivé d'ornemens jaunes. Les ornemens, qui entourent le chevalier, sont exécutés tour à tour dans les couleurs les plus vives.

PLANCHE 38. Costume de femme de la fin du XV... **Costume de femme de la fin du XVme siècle, dessinée par *Wilhelmine Wendelstadt*, d'après un tableau de l'école hollandaise, qui fait partie du Musée de Staedel à Francfort sur le Mein.**

Cette figure, ainsi que la figure qu'on a vue Planche 36, Division II, et qui a été tirée du même tableau, est sans doute un portrait. La coiffure en forme de turban se trouve, aux XVme et XVIme siècles, très fréquemment en France et dans les Pays-bas, plus rarement en Allemagne.

Les couleurs sont distribuées de la manière suivante: la coiffure de velours vert orné d'or, est enveloppée des deux côtés d'un mouchoir blanc, qui entoure également le menton. La robe est d'un bleu clair et parsemée d'ornemens pleins de goût et composés de fils d'or; les revers des manches sont verts, les bords autour du cou en or et enrichis de perles blanches. Le manteau est vert, doublé et garni de fourrure brune et à poil court. Le petit garçon, qui accompagne cette figure, est vêtu d'un habit bleu clair, nuancé de violet.

PLANCHE 39. L'empereur Louis, surnommé le Bavarois, dessiné par *F. Hoffstadt*, d'après l'ancienne tombe qu'on voit à la cathédrale de Munich.

Cette ancienne tombe, posée à peu près cent ans après la mort de l'empereur, fait partie du mausolée de marbre et de bronze, que le prince électeur Maximilien I. de Bavière fit ériger, en **1622**, à la mémoire de son aïeul impérial, d'après les dessins de Pierre Candid. C'est par les petites ouvertures ovales de ce mausolée que le dessinateur a dû passer, pour exécuter son dessin sur la tombe elle-même, ce qui ne pouvait se faire qu'étant couché, ou agenouillé, ou baissé. La description de „l'église métropolitaine et paroissiale de

Tracht um 1470

57

Munich," publiée dans cette ville en 1839, à déjà fait connaître une copie d'après ce dessin exécuté par F. Hoffstadt en 1830, sur laquelle la *Feuille des Arts*, *) rédigée par M. Schorn, a appelé l'attention publique; cependant comme cette copie, qui embrasse toutes les images sculptées sur l'ancienne tombe, ne reproduit la figure de l'empereur lui-même qu'en petit traits, nous avons pensé qu'une reproduction plus achevée et exécutée sur une échelle plus grande ne serait pas mal accueillie.

L'ancienne tombe consiste en un bloc de marbre rougeâtre, de forme oblongue et de dimension colossale. Cette pièce remplit tout l'intérieur du mausolée érigé postérieurement par Maximilien, et aux quatre angles, qui descendent diagonalement, se lit l'inscription suivante:

„L'an du Seigneur 1347, le troisième jour après la Saint Denis, mourut le sérénissime seigneur empereur Louis, comte palatin sur le Rhin, duc en Bavière; il a été enterré ici avec les ducs nommés ci-après: Jean-Ernest-Guillaume-Adolphe et Albert de Bavière."

Nous passerons sur les images des ducs Ernest et Albert mentionnées dans l'inscription et sculptées sur la partie inférieure de la tombe; nous nous bornons à reproduire ici la figure de la partie supérieure, qui représente l'empereur, assis sur un trône gothique et revêtu du costume impérial, la tête ceinte de la couronne, la droite armée du sceptre (mutilé), la gauche tenant le globe impérial. Le manteau est retenu sur la poitrine par une riche agrafe, et les bords du manteau, garnis de perles, présentent les images des douze apôtres. Derrière le trône, deux anges apportent un tapis richement décoré. Les pieds de l'empereur s'appuient sur une console, ornée de trois écussons: celui du milieu représente

---

*) Année 1839, N° 30

l'aigle impériale à deux têtes avec le sur-le-tout bavarois, celui à gauche le lion du Palatinât et celui à droite les vingt-et-une losanges bavaroises.

La sculpture est un ouvrage distingué du XVᵐᵉ siècle; le type du visage est surtout très distingué et remarquable. Le profil de la tête s'accorde parfaitement avec les deux anciens portraits peints; dont l'un se trouve dans une galerie de l'ancien château royal à Münich, et l'autre au couvent d'Ettal, fondé par l'empereur Louis. Ce qui est surtout caractéristique, c'est le trait des sourcils singulièrement contractés qu'on remarque aussi à la sculpture de Mayence, représentant l'empereur Louis dans un âge plus jeune, et que nous avons reproduit Planche 15, Divison II.

Du reste, on ne doit pas s'étonner que l'empereur ne soit pas représenté ici avec la couronne de Charlemagne ni dans le vieux costume impérial. Ce costume ne se portait qu'à une seule occasion, c'est-à-dire à l'occasion du couronnement, et il s'en suit naturellement que les différens empereurs allemands avaient différens costumes impériaux, comme cela est rendu évident par les images sculptées sur leurs tombes. Outre la tombe de Louis le Bavarois, nous ne signalerons ici que celle de l'empereur Frédéric III., qu'on voit à l'église de Saint Etienne à Vienne. et sur laquelle cet empereur est représenté également dans un costume tout-à-fait particulier.

Quant à la question si souvent agitée et concernant l'endroit où se trouvent les cendres de Louis le Bavarois, M. F. Hoffstadt a fait insérer dans le journal, intitulé: *l'Intérieur* (Inland), *) un article où il présume que les dépouilles mortelles de l'empereur Louis qu'on n'a pu trouver jusqu'à présent nulle part, reposent sous l'ancienne tombe à la cathédrale

---

*) Année 1830, Nᵒ. 162 et 163.

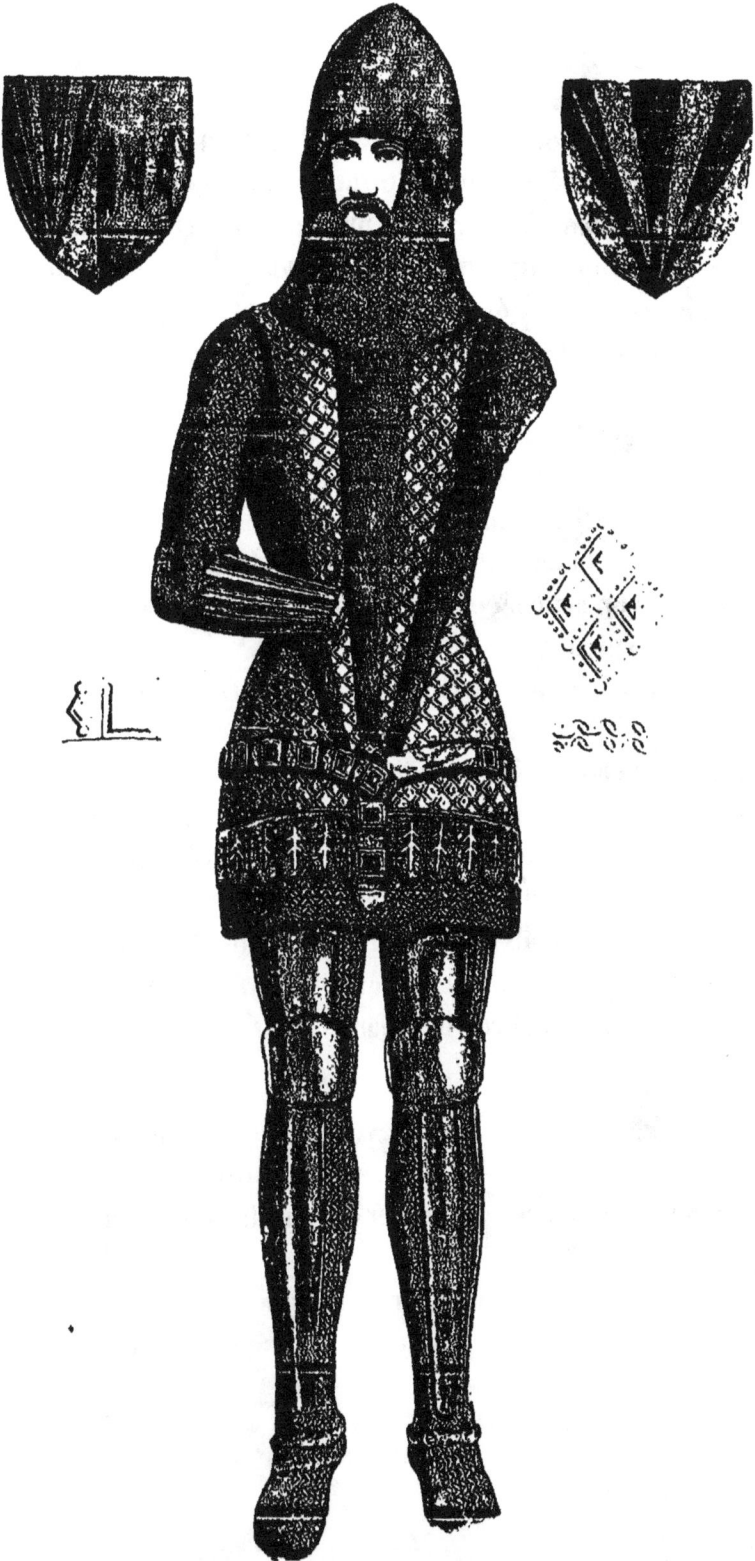

de Munich. Pour confirmer cette opinion, M. le conseiller
Hoheneicher, dans une dissertation imprimée dans les *Archives de la haute Bavière,* *) publiées, en 1839, par la Société historique de Munich, a cité un passage emprunté aux
Annales du peuple bavarois, **) et dont voici la teneur:

„Cette église (la cathédrale de Munich) a offert de tout
temps la tombe de Louis comme un des excellents ouvrages
dont elle est décorée; mais maintenant elle peut rivaliser avec
la magnificence de l'antiquité, depuis que la piété de l'électeur Maximilien, en voulant ennoblir la mémoire du plus
grand de ses aïeux *a fait transférer les cendres de l'empereur* dans un mausolée travaillé avec un art parfait et arrangé
avec une splendeur réellement exquise.“

. La dessinateur, voyant la figure de l'empereur assise, en
avait conclu tout d'abord que cette figure devait être primitivement debout. Il a rencontré depuis beaucoup d'anciennes
tombes élevées, sur lesquelles il n'y avait pas exclusivement
de figures couchées et il n'hésite pas de croire que l'ancienne
tombe entourée par Maximilien, et dont les figures s'élèvent
trois à quatre pieds au-dessus du sol de l'église, était une
tombe élevée, et, par conséquent, le sarcophage, où sont
renfermées les cendres de l'empereur Louis.

PLANCHE 40. Le chevalier Guy Bryan, dessiné par
Robert Pearsall Esq., d'après le mausolée qu'on voit à
l'église de la Vierge à Teukersbourg dans le comté de Glo-
cester.

Guy Bryan, grand-amiral d'Angleterre et chevalier de
l'ordre de la Jarretière, était un capitaine et un homme

*) Oberbayerisches Archiv. Tom. I, p. 387 suiv.
**) Annales Boicaegentis, pars II, lib. IV, N°. XXIV.

d'état célèbre sous le règne d'Edouard III. (1327 — 77). C'est à dater de son époque qu'on vit s'introduire en Angleterre le luxe des armures et des ornemens guerriers, provoqué par les guerres victorieuses des Anglais en France et par les rançons levées sur les chevaliers français faits prisonniers.

Guy Bryan est vêtu du justaucorps blasonné de son époque; le brocard est parsemé d'ornemens en forme de losanges, que nous avons reproduits à la marge sur une échelle plus grande Au treizième siècle, la ville d'Ypres était déjà célèbre par la fabrication de ces étoffes précieuses, ornées de figures; aussi leur a-t-on donné en anglais et en français le nom de *dyaprées* et *diasprées*, nom qui correspond au mot allemand *damaszirt*.

Le ceinturon militaire est garni de pierres précieuses montées en or. Nous connaissons déjà le bassinet avec son camail, ainsi que le garde avantbras en cuir bouilli et à bandes argentées et dorées. Les cuisses et les jambes sont couvertes par des cuissarts et des jambières composés de petits anneaux de fer entrelacés, de même que les brassards. Une large bande de cuir argentée descend sur le devant de chaque jambe jusqu'au pied, pour protéger davantage; les genouillères en buffle sont également argentées.

Des deux côtés de la tête, le chevalier porte des armoiries, à droite, héraldiquement parlant, un écusson partagé en deux moitiés, dont l'une représente le blason des Bryan, l'autre celui des Montecute (les armes de sa femme), à gauche l'écu de sa maison.

Les couleurs sont distribuées de la manière suivante: le bassinet est couleur de fer et garni, des deux côtés, d'ornemens en or; les cordons passés à travers pour attacher le camail sont rouges. Le camail et toutes les pièces en mailles

Graf Rudolph von Thierstein ☩ 1318.

de fer sont couleur de fer. Le justaucorps présente un fond d'or avec des ornemens imprimés et trois bandes bleues se réunissent en bas en pointe. Les dentelures, qui terminent la partie inférieure des armoiries de la maison de Bryan, sont en argent et lacées de cordons rouges. Le ceinturon est cramoisi et les ornemens dont il est garni, sont incrustés de pierres violettes. La cubitière est en argent et les bandes qu'on voit sur l'avantbras sont tour à tour or et argent; la monture des éperons est rouge et ornée de garnitures en or.

Le chevalier porte d'or à trois fasces bleues, la femme d'argent à trois losanges rouges.

PLANCHE 41. Rodolphe, comte de Thierstein, comte palatin du grand chapitre de Bâle, † 1318, dessiné par *l'éditeur*, d'après le mausolée du comte qu'on voit dans les souterrains de la cathédrale de cette ville.

Le figure est de grandeur naturelle, sculptée en pierre rouge, et incolore. L'armure rappelle beaucoup cette figure de l'ancien hôtel des marchands à Mayence, que nous avons reproduit Planche 15 de cette Division; elle date seulement d'un temps un peu antérieur; toutes les deux appartiennent à cette époque de transition où le haubert commence à prendre les formes de la cuirasse du XIVme siècle. Les deux personnages portent la cotte d'armes, fendue par devant et de côté; les bras et les jambes des deux figures sont couverts également par des pièces en mailles de fer, mais le comte Rodolphe de Thierstein, comme le plus ancien, porte encore le casquet attaché au camail, tandis que le casquet de la figure représentée Planche 15, est séparé du camail et se prolonge sur la partie supérieure de la cotte d'armes. Au-dessous de la cotte d'armes du comte Rodolphe, on aperçoit à la jambe droite une partie du pourpoint piqué, et à la jambe gauche un bout de la genouillère. La chaussure se compose, à ce qu'il paraît, de souliers. Les mains sont mutilées. Les gantelets pendans sont de la même espèce que ceux du chevalier qu'on a vu Planche 27 de la première Division.

Les deux petits écussons sur les épaules méritent d'être remarqués; ils sont ordinairement décorés par les armoiries du chevalier, quelquefois aussi par une croix. C'est probablement une invention française, à en juger au-moins par le nom. On les appelle *aisles* ou *aislettes*, et ces mots ont passé dans la langue anglaise.

PLANCHE 42. Ecu de la seconde moitié du XV siècle, dessiné par *l'éditeur*, d'après un ancien écu qui se trouve dans la possession de la Société historique à Wurzbourg.

Cet écu, ainsi que la plupart des écus de cette époque, est en bois. La hauteur est de 3 pieds 5 pouces, la largeur de 2 pieds 1 pouce. La surface extérieure est couverte de toile apprêtée comme celle des anciens tableaux à la détrempe et à l'huile. Cette surface est argentée et sert de fond au chevalier et aux arabesques indiquées seulement par de simples traits. Le chevalier, entièrement vêtu du costume de l'époque, portant l'aigle dans son écusson et la croix sur sa bannière figure, comme on sait, les armes de la ville de Bamberg. Le dos, lequel, ainsi que le profil, est reproduit aux marges sur une plus petite échelle, est couvert de cuir. Sur le dos il y a une anse composée de cordes et plusieurs anneaux de fer destinés à y attacher les bandelettes de cuir.

Comparez cet écu avec celui que nous avons donné Planche 3 et Planche 20 de cette Section.

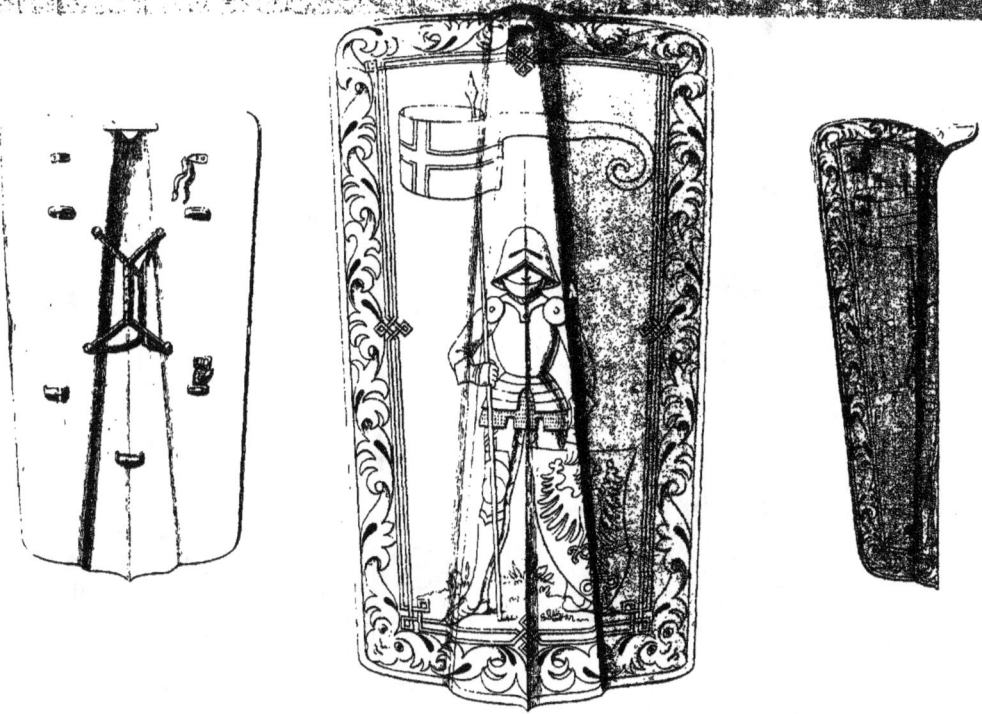

Schild aus der 2ten Haelfte des 15. Jahrh.

OTTO·SE·MOSER·
+ HOC·TVMVLO·VIRIVII·+ HOMO·IACET·OTTO·QVIE·CV
A·SOLI·GREORIO·SPIRITVS·IN·OOORINO·
SSO·+·OSS
NT·+·LN

Explication des Planches.

PLANCHE 43.   Costumes du commencement du XIV.**
siècle; à gauche le mausolée d'un évêque en grès gris, dessiné par *Charles Ballenberger* d'après le monument sans inscription qui se trouve dans la nef transversale du dôme de
Freisingen.

Nous ferons remarquer que la mitre ne se termine pas ici
en pointe, comme d'habitude, mais qu'elle s'arondit par en
haut. L'évêque, il est vrai, porte encore la chasuble (casula),
telle que nous l'avons déjà vue aux évêques de la première
division, mais avec cette différence qu'il y a ici un morceau
découpé par en haut, pour que les bras puissent se mouvoir
plus librement. Cependant nous ferons observer que les découpures de cette espèce se rencontrent rarement pendant
ce siècle, et qu'on portait encore long-temps après la chasuble non découpée. La dalmatique et l'aube sont encore
entièrement conformes à celles de l'époque antérieure. Le
pallium est suspendu autour des épaules sous forme de simple
ruban.

A droite la pierre sépulcrale d'Otton Semoser, marguillier
à Freisingen, dessinée par *Charles Ballenberger*. Cette pierre
sépulcrale se trouve également dans la nef transversale du
dôme de Freisingen, mais elle est peinte.

D'après le livre capitulaire de Freisingen, Otton Semoser
était en odeur de sainteté. On y lit la légende suivante par
rapport à lui. Il était sous les ordres d'un évêque qui avait

le coeur dur. Un jour il porta aux pauvres une provision de pain qu'il avait cachée sous son manteau. Rencontré par l'évêque, il fut questionné sur ce qu'il portait sous son manteau. „Des pierres,“ répondit-il. L'évêque lui ordonna alors d'ouvrir le manteau, et, en effet, des pierres s'en échappèrent. Les pierres qu'on voit sculptées sur sa tombe, se rapportent à cette légende. — Il mourut en 1310.

Le costume de cet homme est surtout très curieux, parce qu'il est complètement à la manière romaine, et qu'on pourrait croire qu'il date du huitième ou du neuvième siècle, si la chaussure, ainsi que l'inscription, n'accusaient pas le quatorzième siècle. Le choix des couleurs pour les vêtemens se rapproche encore beaucoup du goût des fresques antiques, où nous voyons souvent placées les unes à côté des autres des couleurs qui, suivant nos idées, ne s'accordent pas bien ensemble, mais qui cependant par la manière dont elles sont distribuées, ne blessent pas les yeux.

Les couleurs sont ainsi disposées: Le manteau est blanc, entièrement bordé en or; l'habit de couleur de cinabre est garni en bas et aux manches d'une bordure violette; la ceinture en or, les bas sont d'un rouge mat, les souliers bruns. La barbe et la chevelure blanches donnent à toute la figure un aspect vénérable. Le fond est d'un bleu terne.

PLANCHE 44. Louis, duc de Bavière, du milieu du XV siècle, dessiné par le comte *François de Pocci*, d'après un dessin à la plume faisant partie d'un livre d'escrime, qui se trouve en manuscrit à la Bibliothèque royale de Munich.

Cette planche représente le duc au moment, où il est reçu par son maître d'armes Paulus Kal, auteur de l'ouvrage que nous venons de citer. Celui-ci lui tend la main d'après l'an-

Herzog Ludwig von Bayern 1440.

cien usage, en prononçant les paroles suivantes dont les premières sont inscrites sur une bande de papier: „Mon gracieux Seigneur, je vous promets le Service; que Dieu et sa chère mère nous soient en aide!"

Il est à remarquer qu'on voit ici très exactement l'attache du garde-collet par derrière, ce qui arrive rarement, parce que nos sources principales, c'est-à-dire les monumens funèbres, ne se voient qu'en face. Cette attache se compose d'un réseau de mailles; sur celui-ci se trouve un cuir taillé en lanières, au-moyen desquelles le garde-collet en fer est attaché. Ses chausses de fer laissent à découvert le pied revêtu d'un soulier de cuir terminant par une longue pointe, ainsi que cela se voit fréquemment à cette époque.

Le col qui couvre la partie supérieure du corps, présente les armes palatins-bavaroises qu'on voit également reproduites sur la housse qui enveloppe complètement le cheval.

Les couleurs sont ainsi distribuées: le heaume, les revêtements du cou et des jambes sont de couleur de fer; le soulier pointu est vermillon; la pièce de cuir dépecé qui sert à attacher le garde-collet à la tête, est de couleur de cinabre; les lambrequins sont extérieurement noirs, intérieurement rouges. Les losanges bavaroises qui se trouvent dans les lambrequins, sur le col et sur la housse, sont bleues et blanches; les lions palatins jaunes (or), à couronne et à langue rouges, sont en champs noirs sur les lambrequins et sur la housse. Ceux-ci sont garnis de franges d'or; les rênes sont de couleur de cinabre.

Le maître d'armes est entièrement vêtu d'un habit d'écarlate à boutons blancs; les souliers sont noirs et doublés en blanc.

66

PLANCHE 45. Casque et garde-collet du XVme siècle, dessinés d'après les pièces originales par *l'éditeur*.

Le casque, représenté en haut à gauche en profil et à droite en face, est conservé au Musée de Darmstadt; le garde-collet ou la mentonnière, représenté au-dessous à gauche en profil et à droite en face, est la propriété de M. Muller, capitaine bavarois à Bamberg.

Pour faire voir plus clairement, comment ces pièces d'armes se portaient, nous avons reproduit trois guerriers tirés de vieux manuscrits que possède *l'éditeur*.

Cette manière de protéger la tête et le cou s'introduisit presque généralement dans tous les pays vers le milieu du XVme siècle et fut peu à peu remplacée, dès le commencement du XVIme siècle, par la mode des casques à visière et des soi-disantes Bourguignotes qui couvraient à la fois le menton et le cou.

Le casque ou plutôt le chapeau de fer, appelé bassinet, est d'un seul morceau de fer battu; il pèse à peu près cinq livres; de par-devant jusque par derrière il a 1′ 4″ 2‴ de diamètre; d'un côté à l'autre et de haut en bas son diamètre est de 9″ 10‴. Il est fendu par-devant, de manière à ce que les yeux voient à travers, parce que, pendant le combat, il était rabattu sur le visage; ordinairement on le portait relevé de manière à lui faire découvrir la partie supérieure du visage. Les trois demi-figures représentées en bas donnent une idée de ces deux manières de porter le casque.

La partie inférieure du visage et du cou était protégée par la mentonnière, en allemand *Barthaube*. Elle a été aussi reproduite en profil et en face. Le mot *Barthaube* se trouve dans le catalogue des armes et des ustensiles domestiques du premier avril de 1422, qui est conservé au château de Baden-

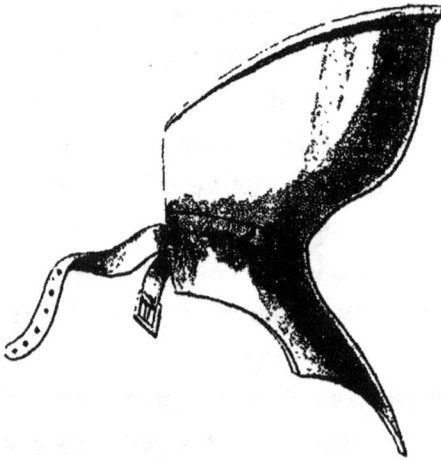

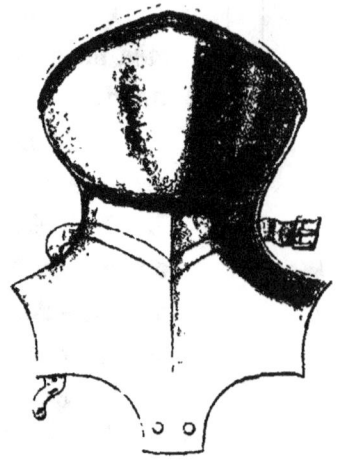

Helm u. Halsbedeckung aus dem 15ten Jahrh.

+ ANNO · D · n · m · CCC ...

hAINRICh · VOn · SAVWERShAIM · hAIS · ICh · GOG

MARTIRIS · OBIJ 5 · OBS

... R · Lf · FABR · IN · DIE · AGATHE · VIRGINIS · OG

weiler. Voyez le livre des documens de la ville de Fribourg par le professeur Henri Schreiber, vol. II, p. 305.

La mentonnière était ordinairement vissée sur la poitrine, et on voit à celle que nous avons reproduite, deux trous destinés à cet usage; ou elle était attachée avec une espèce de verrou (v. Division III, Planche 22), quelquefois aussi avec des boucles; elle descendait depuis le nez jusqu'à la poitrine. L'exemplaire que nous avons représenté, a 10″ de hauteur sur 7″ de largeur et se compose d'un seul morceau. Sur le cou on voit deux lignes gravées qu'on ne doit pas prendre pour des bandes mobiles, comme on en trouve plus tard.

PLANCHE 46. Henri de Sauwensheim (Seinsheim), mort en 1360, dessiné par *l'éditeur* d'après le monument qu'on voit dans la nef transversale de la cathédrale de Wurzbourg.

La tombe est en grès gris et a été primitivement peinte. La main droite, la lance et l'épée sont brisées; nous les avons suppléées d'après les traces qui existent encore. Voici les paroles de l'inscription qui sont encore lisibles: *anno d. n. 1360 — febr. in die agathe virginis — martiris — heinrich von Sauwensheim heis ich* — (je m'appelle Henri de Sauwensheim). L'année mortuaire indiquée ci-dessus ne s'accorde pas complètement avec la table généalogique de la famille des comtes de Seinsheim actuellement vivants.

Le bassinet réuni au hausse-col ne présente rien de nouveau; il ressemble à ceux que nous avons déjà reproduits et décrits Planches 22, 24, 27 et 40 de cette Section. La planche suivante fournira aussi une reproduction exacte.

La cuirasse de cuir imprimé est fendue au milieu du corps et rivée avec des petits clous (sur une borde de fer placée dessous). Sur la poitrine est attachée une chaîne qui s'ac-

croche aux ouvertures en forme de croix du casque pointu;
elle sert à empêcher que le casque ne soit rejeté au-dessus de
la tête par un coup porté d'en face. — L'espèce de brassards
et de cuissarts en cuir a été déjà décrite à l'occasion de Planche 27, p. 88, de cette Division; les thuiles des coudes manquent seulement ici. L'ornement du casque, à pointe, à en juger d'après quelques traces, se termine en haut par une tête
d'homme, comme cette famille en porte une encore aujourd'hui.

D'après ce qu'on a pu découvrir dans le peu de traces qui
restent, les couleurs étaient ainsi disposées: le bassinet couleur de fer; les noeuds avec lesquels le hausse-col y est attaché, sont rouges; le hausse-col ainsi que les pièces de mailles
qui apparaissent à quelques endroits aux bras et au-dessous
de la cuirasse, sont or. La cuirasse est bleue, les clous
ainsi que la chaine et la garniture sur la poitrine sont argent;
la ceinture militaire de couleur rouge est garnie d'ornements
d'or. Les brassards, les cuissarts et la chaussure sont en cuir
brun; les boucles qu'on voit dessus, les genouillères et les
gants sont couleur de fer, le cuir déchiqueté au-dessous des
genouillères et la garniture des éperons sont rouges. Le
casque à pointe est or, les ornemens du dôme sont rouges;
l'écu proportionnellement un peu plus pétit qu'on la portait
réellement, a trois fasces d'argent en relief et trois fasces
bleues en creux.

PLANCHE 47. Costume de chevalier du XIVme siècle,
dessiné par *l'éditeur* d'après des figures qu'on voit sculptées
en haut-relief sur la boiserie du choeur de la cathédrale de
Bamberg.

Ces figures hautes de deux pieds et demi y sont pour ainsi
dire les gardiens de l'entrée des stalles du choeur. La figure
à gauche offre un exemple de ce que le hausse-col n'était pas

Ritterliche Tracht aus dem 14. Jahrh.

Trachten aus der ... Hälfte d. XI ... Jahrh.

lié à la cotte de mailles placée au-dessous de la cuirasse, mais qu'il était placé par-dessus comme une pièce séparée qui se trouve ici attachée au casque; le col de mailles qu'on voit auprès du cou, est, au-contraire, une continuation de la cotte de mailles. Les deux figures portent sur leur poitrine des lames de fer rivées sur la cuirasse. Elles forment le commencement de ces harnais construits d'un grand nombre de lames à recouvrement et composés d'une quantité de pièces artistement combinées qui rendaient plus faciles les mouvemens du corps, harnais qui furent adoptés plus tard. Selon la mode d'alors, l'épée et le poignard sont attachés à ces lames avec des chaînes. Les cuirasses sont garnis de clous en métal. Les petits boucliers, appelés targes et ordinairement en usage chez les hommes à cheval, offrent d'un côté la découpure destinée à soutenir la lance en arrêt. Les jambières de cuir aux genouillères de métal ont été déjà mentionnées plusieurs fois.

PLANCHE 48. Costumes de la seconde moitié du **XV**ᵐᵉ siècle, dessinés par *l'éditeur* d'après un dessin colorié contemporain et qu'il possède lui-même.

Cette planche représente un jardin où sont rassemblés des hommes et des femmes de distinction d'âges différents et parés de leurs habits de fête. Quoique le jeune homme debout sur le devant attire l'attention principale et représente particulièrement ce que le costume de cette époque avait de caractéristique, les autres figures ne révèlent pas moins les différences variées qui se faisaient remarquer alors dans la manière de s'habiller, suivant l'âge et le goût de chaque individu. En général, ces costumes s'accordent avec ceux des Planches 29 et 30 de cette Division, et on peut leur appliquer ce que nous avons dit à ces occasions.

Voici les choses essentielles du costume de jeunes gens: habit collant, accompagné souvent d'une jaquette courte ou d'un manteau court, l'emploi de deux couleurs différentes pour le même vêtement (mi-parti), des poignards semblables à des épées suspendus au côté droit; comme coiffure une petite calotte ou une couronne accompagnée fréquemment d'une plume droite. Les jeunes femmes portent pour la plupart des jupons collants et souvent par-dessus une robe relevée par-devant au-moyen de plis. Sur la tête elles ont souvent, ainsi que les hommes, une couronne avec une plume droite. Parmi les gens âgés, dont nous voyons à droite deux couples, les hommes se distinguent par des habits longs et larges et portent sur la tête une casquette ou un bonnet, de même que les femmes âgées ne se montrent jamais tête nue, mais toujours coiffées de bonnets élevés.

Les couleurs sont distribuées ainsi: Le manteau de la figure principale est brun et doublé en vert; le côté droit de la poitrine rouge, le côté gauche blanc; la jambe droite toute entière blanche; la moitié supérieure de la jambe gauche rouge, la moitié inférieure blanche; les manches sont rouges, fendues aux coudes et à bouffants blancs; les souliers noirs sont doublés en blanc. Sur la poitrine gauche et sur la cuisse gauche on voit un ruban noir entrelacé, signe de l'Ordre du Saint-Esprit, fondé en 135? par Louis, roi de Jérusalem et de Sicile. V. Monumens de la monarchie française par Montfaucon. Tom. II, p. 237.

Quant aux figures du fond, les couleurs principales sont celles-ci: La première dame à gauche porte une robe rouge; le jeune homme à la guitare une jaque bleue et par-dessus un vêtement blanc aux déchiquetures noires sur la jambe gauche; des deux femmes suivantes, celle qui est assise, porte une robe violette, celle qui se tient debout une robe jaune; quant au couple assis sous l'arbre, la dame est vêtue d'une robe bleue, et l'homme d'une jaquette rouge au manteau brun; le reste de l'accoutrement est blanc; la dame qui se tient debout à côté, porte une robe bleue et un jupon rouge aux dentelures noires. De l'autre côté de la figure principale, l'homme couché, porte une jaque bleue; la partie supérieure de la jambe gauche est rayée rouge et noir, le reste blanc; la dame auprès de lui est vêtue d'une robe violette. Du couple suivant, la dame porte une robe verte, un jupon rouge aux dentelures noires, un bonnet tressé d'or avec un mouchoir blanc; l'homme a un surtout à fourrure brune et bordé d'or. L'homme suivant est habillé d'un surtout noir à fourrure brune et bordé d'or sur la poitrine, d'un haut-de-chausses rouge; la dame d'une robe violette, d'un jupon jaune et d'un bonnet semblable à celui qui coiffe la dame précédente.

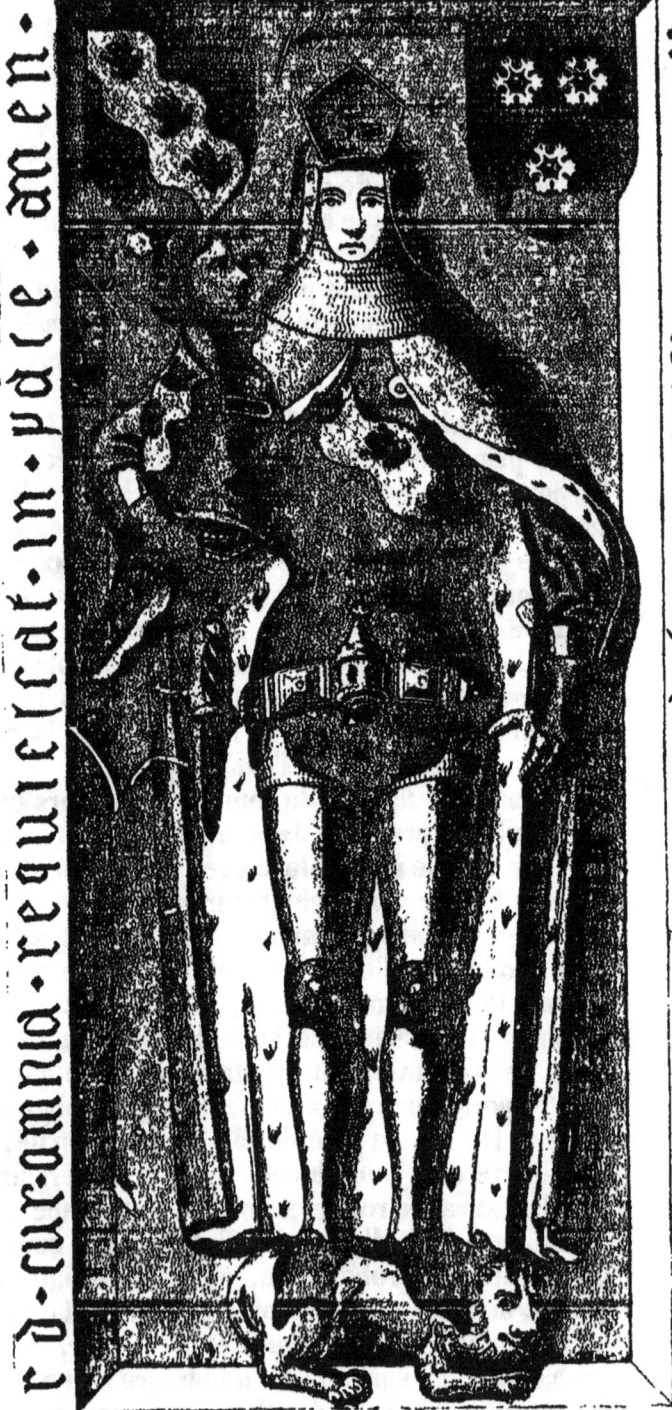

+ anno · m · ccc lxxviii · ii · kl · augusti · wukerus · troch · si · obiit · in · francken so · rd · cur anima · requiescat · in pace · amen ·

Explication des Planches.

PLANCHE 49. Weikhard Frosch, de la seconde moitié du XIVme siècle, dessiné par *l'auteur* d'après le mausolée sculpté en pierre et peint, qui se trouve à l'église de Sainte-Catherine à Francfort sur-le-Mein.

On ignore la vie de ce personnage: tout ce qui résulte des documents de la ville de Francfort, c'est qu'il a été le fondateur de l'ancienne église de Sainte-Catherine, sur l'emplacement de laquelle fut construite, au XVIme siècle, celle d'aujourd'hui, où l'on a eu soin de rétablir cette tombe.

Le casque à pointe décoré du cimier, et qu'il tient de la main droite, le gorgerin, la cuirasse lacée, la ceinture militaire qu'on voit au-dessous des hanches, le revêtement des jambes probablement de cuir, et les thuiles de fer qui garnissent les genoux, sont des parties qui composent habituellement le costume de chevalier pendant ce siècle, ainsi que nous l'avons déjà mentionné à l'occasion de Planches **22, 27, 40, 46** et **47** de cette Division.

Le bassinet qu'il porte sur la tête, mérite surtout d'être remarqué. Il a une visière mobile, attachée au-dessus du front au moyen d'une charnière, et qui se relève comme un couvercle. La planche suivante représentera un casque à visière pareille sous différents aspects. — Ce genre de casques se trouve pendant la première moitié du XIVme siècle et se maintient jusqu'à la fin de ce siècle, où, après quelques modifications, on vit s'introduire ces casques, dont les Planches **44** et

45 de cette Division fourniront des échantillons. La main droite supporte le casque à pointe. Quoiqu'il ne soit guère à présumer que ce casque était porté par dessu le bassinet à visière, le chevalier, ainsi que cela arrive quelquefois à cette époque, est néanmoins représenté avec le casque à pointe, par ce qui celui-ci se portait alors réellement sans visière, et qu'il était constamment décoré du cimier, sans lequel on ne représentait guère de chevalier.

En haut, à gauche, se trouve l'écu de sa famille Frosch (grenouille), dont le chevalier porte encore les emblèmes sur la cuirasse et le derrière du casque. Le fermoir de la ceinture militaire en forme de tourelle est remarquable. Le long manteau doublé d'hermine et attaché sur la poitrine avec deux agrafes, est un riche et rare ornement. Quoique la peinture de cette tombe fût renouvelée en 1681, ainsi qu'il appert d'une inscription placée au-dessus, ce renouvellement s'opéra d'une manière conforme aux couleurs primitives, comme on peut s'en convaincre en grattant jusqu'aux anciennes rouges de couleurs.

Les couleurs sont distribuées comme il suit: le bassinet et le casque à pointe sont noirs, garnis de lignes d'or; le gorgerin, de couleur de fer, ainsi que la cotte de mailles qui paraît au-dessous de la cuirasse. La cuirasse fermée avec des lacets rouges, le derrière du casque et l'écu sont noirs et traversés de ruisseaux d'or, où se trouvent trois grenouilles noires. Les jambières sont d'un bleu gris; les thuiles aux genoux, noires, ainsi que la chaussure, les manches et les gantelets aux doigts de couleur de fer. La ceinture est brune garnie de boutons d'or; l'épée à poignée d'or et à fourreau noir, ainsi que la poignard; le manteau extérieurement cramoisi, intérieurement d'hermine, et garni par en haut de deux agrafes blanches à boutons d'or; le lion, brun; l'écu qui se voit en haut à droite, et qui est probablement celui de la femme, noir à trois rosaces

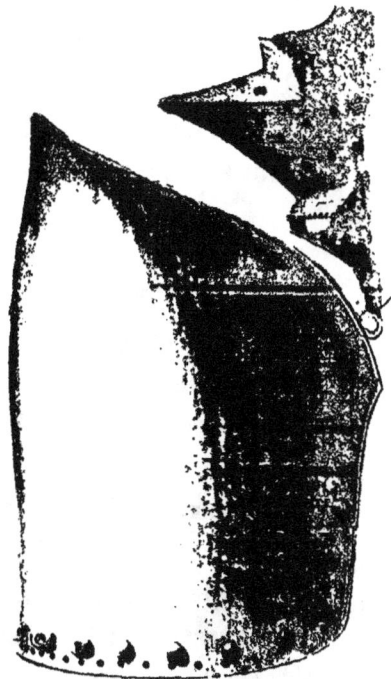

Helm aus dem 11 Jahrh

blanches, au milieu desquelles se trouvent des boutons rouges. Le fond sur lequel se dessine la statue, est bleu foncé; le rebord, sur lequel se lit l'inscription, anciennement gris.

PLANCHE 50. Casque du XIVme siècle, dessiné par *l'auteur*, d'après le casque original, dont il est propriétaire.

Comme il n'existe presque pas de pièces de harnais originales depuis les premières temps du moyen-âge jusqu'au milieu du XVme siècle, et qu'il nous reste même plus d'échantillons de ce genre du temps des Romains, nos recherches se sont jusqu'ici principalement bornées aux images représentées sur les tombes. Il n'est donc pas sans intérêt, de recevoir par ce casque original les éclaircissements les plus circonstanciés sur une des principales parties du costume militaire du XIVme siècle.

Nous avons reproduit, sur l'échelle d'un quart de la grandeur originale, le casque vu par-devant à visière découverte, et vu decôté, d'abord à visière ouverte, ensuite à visière fermée. Le casque et la visière sont d'une seule pièce de fer et garnis tout autour de petits anneaux de fer ou plutôt de petits boutons troués, au moyen desquels le gorgerin s'attachait au casque de manière à être noué à ces petits anneaux avec une large lame de métal percée de trous, à travers lesquelles on passait ensuite un fil de fer garanti aux deux bouts de petites têtes rondes. Voyez Planches **22, 27, 40, 46, 47** et **53** de cette Division. Le casque pèse quatre livres; il n'est pas, par conséquent, aussi lourd que les casques postérieurs, par ce qu'il protégeait par sa forme pointue plutôt que par son épaisseur. En nous figurant le casque sans visière, nous avons exactement la forme du bassinet, par-dessus lequel se portait autrefois la casque à pointe. La visière présente au côté droit plusieurs trous qui ne se voient pas sur le côté gauche; ils servent à voir davantage du côté droit, où la main maniait l'épée. Ces trous se sont conservés jusqu'au XVIme siècle.

PLANCHE 51. Chevaliers italiens de la première moitié du XVme siècle, dessinés par *l'auteur*, sur une échelle de deux tiers de la grandeur originale, d'après le bas-relief représenté sur l'une des portes de bronze de l'église de Saint-Pierre à Rome.

Ces portes furent exécutées, de **1439 à 1447**, par Simone di Bardi, frère du Donatello, et Antonio Tilarète. Le bas-relief auquel nous avons emprunté ce groupe, représente le sacre d'un Empereur qui reçoit à genoux la couronne des mains du Pape. Les six chevaliers reproduits par nous, sont debout immédiatement après l'Empereur; le premier tient à la main une épée, ainsi que la cérémonie du sacre l'exige. Ils portent sur une jaque de mailles visible après le cou et sur les avant-bras, une camisole à manches et descendant jusqu'aux hanches, et un court surtout garni de fourrure et à larges fentes destinées à passer les bras. Le recouvrement des jambes et des pieds se compose d'une seule pièce, ainsi que cela est également usité alors en Allemagne et dans d'autres pays.

Le dessin du groupe entier, surtout la tête du premier chevalier tout-à-fait imitée d'après l'antique, porte l'empreinte décisive du goût italien. Au-dessus des six chevaliers, se trouve, en guise d'ornement, une guirlande fortement nouée, qui s'emploie très fréquemment comme ornement architectonique chez les anciens Grecs et Romains. Ce genre d'ornements antiques et quelques autres pareils n'étaient en usage à cette époque qu'en Italie; ils ne s'introduisirent en Allemagne que vers la moitié du XVIme siècle.

Habiments Civils vers . . . .

Reisende Damen aus der Mitte des 15. Jahrh.

PLANCHE 52. Des dames à cheval, du milieu du XVme *siècle*, dessinées par *l'auteur*, d'après un dessin à la plume colorié qui fait partie d'un manuscrit conservé à la Bibliothèque de Heidelberg, et intitulé: *discours du malheureux varlet sur un pélerinage au tribunal de l'Amour.*

Cette planche représente le héros du poëme, le malheureux varlet dédaigné par sa maîtresse au moment où il se rend en pélerin au tribunal de l'Amour. Ce tribunal siège au royaume de Vénus qui préside en personne. Il est entièrement composé de dames, telles que dame Amour, dame Avenir, dame Fidélité, dame Honneur, dame Décence, dame Pudeur, dame Aventure etc. Le varlet rencontre en route la dame Amour montée à cheval et accompagnée d'une dame. Son faucon qu'on voit voltiger dans l'air, est sur le point de tuer un oiseau. D'après la suite du texte, dame Amour saute en bas de son cheval, pour recevoir la proie. Le héros du poëme arrive dans ce moment et s'offre à tenir le cheval. Vient ensuite une conversation, qui lui fournit l'occasion de se plaindre de son malheur; après quoi dame Amour le conduit au tribunal de l'Amour.

Le varlet est muni du chapeau, du bourdon et de la panetière de pélerin; quant au reste de son habillement, il ressemble complètement au costume mi-parti que nous connaissons, et qui est porté ordinairement par les jeunes gens du XVme siècle. Le costume des dames est fort original; la coiffure et le mouchoir qui enveloppe la partie inférieure du visage, et qui, chez l'une des deux dames, pend jusqu'aux pieds, sont surtout remarquables. Les harnais des chevaux sont abondamment dentelés, selon le goût fort répandu alors.

Les couleurs sont ainsi distribuées: l'habit du varlet est tricolore, rosé du côté droit, gris du côté gauche, blanc au milieu. La jambe droite, rouge, la jambe gauche, grise par devant, blanche par derrière. Le chapeau, noir. La panetière, de couleur de cinabre. Les robes à manches sont jaunes, nuancées de vert, les pèlerines, rosées. Le mouchoir roulé autour de la tête et pendant sur le devant, est blanc, le chapeau, noir. Les harnais sont rosés à garnitures blanches.

PLANCHE 53. Ulrich Landschaden, de la seconde moitié du XIVme siècle, dessiné par *l'auteur*, d'après la mausolée en pierre qui se voit à l'église de Neckarsteinach près de Heidelberg, et à côté duquel se trouve encore celui de son fils Henel Landschaden que nous reproduirons Planche 55 de cette Division. Voici les paroles de l'inscription: *369 in die Sancti Michael obiit Ulricus Landschaden miles.* Comme l'inscription n'entoure pas la pierre de tous les côtés, il est à présumer que la pierre servait autrefois de couvercle de cercueil appliqué de deux côtés contre le mur, avant qu'elle ne fût scellée debout dans la muraille.

Suivant la tradition, Ulrich était le fils aîné de Bleikhard Landschaden (fléau du pays). Le père fut surnommé ainsi, par ce que ses fréquents brigandages causaient au pays de grands dommages, pour lesquels il fut mis au ban de l'Empire. Pour détourner cette honte de sa maison, Ulrich prit la croix en 1344, et alla avec une petite troupe guerroyer contre les infidèles. A la prise de Smyrne en 1345, il déploya une bravoure merveilleuse et rapporta, comme témoignage de ses exploits, la tête du chef sarrasin tué par lui. Muni de ces dépouilles, il se présenta devant l'Empereur qui l'accueillit gracieusement, et qui le réinstalla solennellement dans sa dignité de chevalier. Dès lors, lui et ses descendants portèrent comme cimier une tête de sarrasin couronnée, que nous voyons représentée sur le casque à pointe placé à côté de la statue.

Ulrich Landschaden ✝ 1369

Carl der Kühne † 1477.

A l'exception des mains, le chevalier est entièrement vêtu d'une cotte de mailles; il porte sur les genoux des thuiles, aux mains des gantelets de cuir imprimé à doigts de fer, et sur la cotte de mailles la cuirasse remarquable par cette série de boutons qu'on voit sur le devant, ce qui se rencontre rarement. Aux entournures de la cuirasse pendant des lambeaux déchiquetés en forme de feuilles, et dont on trouve à cette époque des échantillons fréquents d'une longueur considérable. Le nasal qui s'accrochait et se verrouillait sur le bassinet, avant de mettre le casque à pointe, est attaché au gorgerin, ainsi que cela se voit chez Gonthier de Schwarzbourg, Planche 27 de cette Division.

Quant aux couleurs, nous ferons observer qu'à l'époque, où l'auteur visita pour la première fois l'église de Neckarsteinach, c'est-à-dire en 1837, ce mausolée était encore peint suivant l'ancienne manière, quoique toutes les couleurs ne fussent plus conformes aux couleurs primitives. En 1842, au moment où nous y avons dessiné le monument, ces couleurs avaient disparu sous une couche de couleur grise. Malgré tous les comités historiques, l'inintelligence nous prive ainsi tous les jours d'une foule de documents importants pour l'art et l'histoire.

Autant que nous avons pu découvrir en grattant jusqu'à la première couche de peinture, les couleurs sont distribuées de la manière suivante: la cotte de mailles, le bassinet et les thuiles placées sur les genoux sont de couleur de fer. La cuirasse est bleu, garni de boutons d'argent. Les gantelets sont bruns, les doigts, de couleur de fer. La ceinture est noire, à fermoir d'argent. Le casque à pointe, d'or. le derrière du casque, bleu; la tête qui lui sert de cimier, a des cheveux gris et une couronne d'or. Le bouclier est or et présente une harpe noire. Le coussin placé sous sa tête est bleu. Les habits des deux anges sont rouges.

PLANCHE 54. Charles-le-Téméraire, de la seconde moitié du XV⁰ siècle, dessiné par *l'auteur*, d'après la miniature d'un manuscrit qui se trouve à la Bibliothèque grandducale de Darmstadt. Ce manuscrit contient une histoire de France, et cette miniature qui forme une partie du titre, représente le moment où l'auteur à genoux présente son ouvrage à Charles-le-Téméraire, duc de Bourgogne. Cela résulte évidemment de la dédicace que l'auteur fait suivre immédiatement au-dessous de ce tableau.

Le duc y paraît vêtude son habit ordinaire, orné de l'ordre de la toison d'or. L'homme à genoux, selon la mode particulièrement française, porte sa coiffure suspendue à une écharpe longuement pendante sur le devant.

Quant aux hommes placés derrière, leur genre de coiffure et leur courte jaquette collante à manches fendues et pendantes, sont très caractéristiques pour le costume français.

Le fragment visible des ornements marginaux qui entourent tout le feuillet, caractérise le style particulier aux peintres ornemanistes français d'alors. Ce style se compose d'arabesques et de fleurs légèrement ébauchées, et pour lesquelles on tient compte d'un effet et d'un ensemble agréables plutôt que du dessin et d'un assemblage naturel, comme cela se faisait alors en Allemagne.

Les couleurs sont distribuées ainsi: le chapeau est noir, à plume d'or et à garniture d'or. L'habit, noir, doublé de brocart, garni par en bas de fourrure brune, par devant de boutons d'or, et par en haut de galons d'or. Le livre est bleu, doré sur tranche, à fermoirs d'or. L'habit, la toque et l'écharpe de l'homme à genoux sont or. La bourse est rouge, à garniture d'or. L'homme du fond, au sceptre d'or, porte une toque d'un jaune clair; à croix d'or et à boutons d'or. La jaquette à manches pendantes est bleue, et entièrement garnie de blanc. Les manches plates sont de brocart, les chausses d'un jaune clair. Les deux autres individus de derrière portent des jaquettes d'un rouge clair, à cols d'or et à garniture d'or; le premier est coiffé d'une toque jaune à revers bleus, le second d'une toque à revers bleus et blancs.

L'architecture est en grisaille, à plafond de couleur de bois et décoré de dorures. Les ornements qu'on voit sur la marge, se composent de fleurs bleues à feuilles d'or et vertes, entre lesquelles se trouvent des arabesques d'or et d'un rouge mat.

Hummel Landschaden 1577

Explication des Planches.

PLANCHE 55. Hennel Landschaden († 1377), dessiné par *l'auteur*, d'après le monument funéraire en pierre érigé dans la chapelle de Neckarsteinach, à côté de celui de son père, que nous avons reproduit et décrit Planche 53.

Le chevalier, comme cela se voit ordinairement, est debout sur un lion, symbole de la force. Si nous comparons l'habillement de ce Hennel à celui de son père Ulrich, nous voyons déjà un progrès très sensible, malgré la petite distance de temps qui les sépare.

Les bras et les jambes du père ne sont encore protégés que d'après l'ancienne manière par des tissus de mailles, tandis que ceux du fils, pour surcroît de solidité, sont recouverts de cuir imprimé. La cuirasse n'est pas fermée sur le devant, mais sur les deux côtés; l'épée et le poignard sont attachés avec des chaînes, comme cela a lieu ordinairement à cette époque.

La chaîne qui s'étend par dessus l'épaule, est destinée à attacher le casque à pointe, quand il était porté par dessus le cabasset. Les pièces de cuir particulièrement taillées empiétent les unes sur les autres aux épaules et aux coudes. Pour avoir une idée générale du costume de chevalier de cette époque, voyez Planches 22, 24, 27, 40, 46, 47 et 49, et leurs descriptions.

La dame Hennel, née Sickingen, est debout sur un chien, symbole ordinaire de la fidélité. On doit remarquer la frisure qui entoure la tête, et qui se trouve très fréquemment chez les femmes de cette époque. Nous la retrouvons également chez l'épouse du roi Robert du Palatinat, qui porte même la couronne par dessus cette frisure, ainsi que le fait voir leur mausolée commun à l'église du Saint-Esprit à Heidelberg. Le manteau est attaché sur la poitrine avec une agrafe, et ramené au-dessous des bras selon la mode d'alors. La robe descend simplement jusqu'aux pieds.

Entre ces deux figures se trouve le casque à pointe surmonté par la tête couronnée qui en forme le cimier, et dont nous avons expliqué l'origine et la signification à propos du père Ulrich. L'écu des Landschaden est placé au dessus de la tête de Hennel; on y voit, comment la forme de la harpe a changé depuis le père jusqu'au fils. Les armes de la famille Sickingen sont au-dessus de la tête de la femme.

Les couleurs, autant que nous avons pu les découvrir à travers une épaisse couche de badigeon, sont distribuées de la manière suivante: le cabasset, les tissus de mailles et les génouillères sont couleur de fer, ainsi que le casque à pointe garni de boucles d'or; la cuirasse, le revêtement des bras et la garniture des éperons sont bleus; l'habillement des jambes et celui des pieds, ainsi que les gantelets, sont couleur de cuir; les doigts de gantelets couleur de fer; la ceinture à boucle d'or est noire; les chaînes or; le fourreau de l'épée est noir, entouré de cordons blancs.

La frisure qui entoure la tête de la femme, est blanche; le manteau bleu à agrafe d'or, la robe à manches plates couleur de cinabre; les souliers sont noirs. L'écu au-dessus du che-

Bishop and ?? ??

valier est or, la harpe, qu'il présente, noire; celui au-dessus de la femme est noir; on y voit cinq boules.

PLANCHE 56. Evêque de la seconde moitié du XVme siècle, dessiné par *Susanne Hoffstadt*, d'àprès un ancien tableau à l'huile qu'elle possède elle-même.

Le costume de cet évêque ne s'écarte pas essentiellement de l'habillement des évêques que nous avons reproduits jusqu'ici d'après des monuments antérieurs à ce siècle. La mitre est beaucoup plus élevée, et les deux pointes se rapprochent quelque peu l'une de l'autre. L'ancienne forme de la chasuble a complètement disparu; au-lieu de la chasuble, l'évêque porte un pluvial coupé d'une pièce d'étoffe carrée et retenue sur la poitrine par une agrafe. La crosse élégante est du plus pur style gothique; les ornements très originaux du pluvial sont aussi complètement dans le goût du XVme siècle. Pour fournir aux peintres un choix plus varié, nous avons ajouté, des deux côtés de l'évêque, d'autres ornements empruntés à des fragments d'habits sacerdotaux appartenant à la même époque, et que nous avons trouvé chez des marchands de curiosités.

Les couleurs distribuées comme il suit: la mitre à rubans pendants est rouge; les bords en drap d'or sont garnis de perles blanches; les pierres ovales qu'on y voit, sont tour à tour vertes et violettes; la doublure est noire, ainsi que le bonnet de dessous. Le manteau est jaune; les ornements qu'il présente, sont rouges, à l'exception de quelques fleurs bleues; la bordure et l'agrafe sont or et garnies de perles blanches; sur la première on voit des pierres bleues et vertes; la doublure est d'un jaune clair, les franges sont rosées. La dalmatique est d'un vert foncé. L'aube est blanche, ainsi que l'humérale; quelques parties en sont d'un jaune clair et présentent des ornements d'un jaune orange. Les gants sont rouges, les souliers noirs. La crosse à partir d'en haut jusqu'à la pomme est or, le reste est blanc. Le livre est noir, doré sur tranche et garni de boutons.

PLANCHE 57. Conrad de Bickenbach († 1393), dessiné par *Charles Regnier* d'après la tombe qui se trouve au cimetière de Roellfeld près d'Aschaffenbourg.

Une ancienne tradit on du pays raconte ce qui suit: Conrad de Bickenbach, seigneur du château de Klingenberg, était parti pour la Terre sainte; dans un moment très critique pour sa vie, il y avait fait voeu, que, s'il revenait sain et sauf dans son pays, il bâtirait une église à l'endroit, d'où il reverrait pour la première fois les créneaux de son château. Il revint en effet; au moment où il arriva à la place du cimetière mentionné plus haut, son poignard tomba du fourreau et creusa une fossette dans la terre. Le chevalier, étonné de cet accident, s'arrêta, regarda autour de lui et aperçut les murs crénelés de son château. Suivant le voeu qu'il avait fait, il y bâtit une église qu'il appela Grublingen (fossette) Cette église était debout jusqu'à la seconde moitié du dernier siècle, époque où elle fut démolie à cause de son état délabré. La tombe du chevalier se voyait dans cette église; elle est actuellement scellée dans la mur du cimetière. Le couronnement ogival se trouve à côté; nous lui avons restitué sa place primitive.

Quant aux principales pièces d'habillement de cette statue, nous nous en rapportons aux reproductions et aux descriptions de tous les mausolées de chevalier du XIVme siècle qui font déjà partie de cette Division. Ce qui mérite d'être re-

anno · dni · m·ccc·xxxviii · vo · die · lernng · in · bisenbach · conrad · p · rof · franng ·

marqué particulièrement, c'est qu'au dessus de la cuirasse ordinairement lacée de haut en bas, il y a encore une autre cuirasse probablement en cuir et garnie de lames de fer; car les armures composées de lames métal n'étaient pas encore du tout en usage à cette époque. Les bras sont couverts de longues manches larges, ce qui se rencontre quelquefois à cette époque, quoiqu'on trouve plus fréquemment le vêtement de mailles et celui de cuir collants, sans ces manches larges au-dessus. Une rareté particulière sont les chausses composées de petits anneaux de fer entrelacés, et qui couvrent les jambes supérieures, tandis que les genoux sont couverts de pièces de fer, et les jambes inférieures de pièces de cuir. La tombe sans inscription d'un chevalier de la même époque, et qui se trouve dans la nef transversale de la cathédrale de Mayence, présente des chausses de mailles pareilles, seulement très larges, tandis que celles qu'on voit ici, sont collantes. Les échantillons de ces chausses de mailles larges sont probablement fort rares. La statue dont il vient d'être parlé, a aussi des manches larges pareilles à celles de Conrad de Bickenbach. — Le cimier du casque à pointe placé sur l'épaule gauche de Bickenbach a été détruit. Au-dessus de la tête du chevalier, on voit son écu soutenu par deux hommes, dont l'habillement annonce tout à fait la façon de cette époque. Quelques traces de couleurs font reconnaître que ce monument était primitivement colorié, ainsi que presque tous les monuments de ce genre appartenant à cette époque; mais on ne peut plus distinguer les couleurs.

PLANCHE 58. Costumes de femme, de la seconde moitié du XV⁻ siècle, dessinés par l'auteur et tirés de la collection conservée à la bibliothèque grand-ducale de Darmstadt. Cette collection représente, à la vérité, des costumes et des scènes du XVIe siècle, mais elle renferme ces deux dames comme échantillons du XVme siècle.

La dame à gauche porte une coiffure composée d'un mouchoir plié, dont un bout descend du côté droit et s'étend par dessus l'épaule gauche; — espèce de coiffure que portaient à cette époque et les femmes et les hommes; elle se rencontre le plus souvent en France et aux Pays-Bas. La coiffure de la dame à droite est entièrement composée de plumes blanches ou de fourrure, et garnie par en haut de pointes formées de fils d'or d'attachés. Ce genre de coiffure a un aspect très pittoresque et paraît avoir été en grande faveur chez les dames de qualité. Deux beaux échantillons de ce genre de coiffure se trouvent reproduits dans le petit ouvrage intitulé: „le vieux château de Mainberg et ses anciens habitants" — 1836 (en allemand); ouvrage très instructif pour l'histoire du costume d'alors. Cependant nous ferons observer que les six premières planches, quoiqu'elles portent des dates différentes, appartiennent néanmoins, à en juger d'après les costumes, au milieu et à la seconde moitié du XVme siècle.

Les larges manches pendantes sur les manches plates de dessous ne se portaient pas seulement de la manière dont elles sont portées par ces deux dames, mais encore de différentes autres manières, et étaient très à la mode à cette époque. Les deux femmes portent la ceinture attachée autour de la taille, et à laquelle sont suspendus des grelots. La mode de porter des grelots de différentes manières commença au XIVme siècle et était en usage chez les hommes et chez les femmes pendant tout le XVme siècle; on trouve même des habits sacerdotaux qui en sont garnis.

Les couleurs sont distribuées de la manière suivante, pour la dame à gauche: la coiffure est bleue; le corset à garniture

Frauentracht aus der ? Periode. Seite.

dentelée aux épaules et à col droit est rouge; la robe bleue; les manches sont blanches à larges raies d'un jaune clair; la ceinture est blanche; la garniture, les petits boutons qu'on y voit et les grelots suspendus après, sont or. — Pour la dame à droite: la coiffure est blanche à points noirs, les grandes plumes en sont blanches; l'agrafe est or; la robe ponceau; les dentelures sur les épaules sont bleues; les manches et la ceinture comme celles de la dame précédente; la parure autour du cou est or.

PLANCHE 59. Godefroi, comte d'Arensberg, dessiné par *l'auteur* d'après le monument funéraire placé dans la nef latérale à droite de la cathédrale de Cologne, et composé d'un sarcophage en pierre d'un travail élégant, et sur lequel est étendue la statue du comte.

Godefroi, comte souverain d'Arensberg, était le dernier rejeton de sa famille, et marié à Anne, née comtesse de Clèves. Comme les deux époux étaient âgés et n'avaient pas d'enfants, le comte, avec le consentement de ses états et à la réserve de certains revenus et privilèges jusqu'à leur mort réciproque, céda, an 1370, à l'archevêché de Cologne son comté d'Arensberg situé dans le duché de Westphalie, et ses autres seigneuries qu'il échangea contre la ville de Bruhl avec le château et ses environs où il établit sa nouvelle résidence. Depuis cette époque, l'électorat de Cologne porte l'aigle à une tête dans ses armoiries, à cause d'Arensberg. Les deux époux moururent au bout de quelques années et furent enterrés à la cathédrale de Cologne. S'il faut en croire la tradition, les parents exaspérés de ce que le comte les avait dépouillé de toute sa fortune engagée à l'église, s'emportèrent contre le monument et en mutilèrent le nez et les mains, mais qui furent habilement restaurés. Pour empêcher des d'égradations

ultérieures, on entoura la statue d'un grillage étroit en forme
de corbeille, et qui s'y trouve encore aujourd'hui; il fut ôté,
lorsque nous avons dessiné la statue.

Cette statue est exécutée avec un soin et une précision
extraordinaire; ses traits sont absolument ceux d'un homme
mort, de sorte qu'on pourrait croire que la statue a été faite
d'après le cadavre du comte. Quant aux parties principales
de l'armure, nous nous en rapportons à toutes les statues de
chevalier reproduites jusqu'ici d'après les monuments du
XIVᵐᵉ siècle. La cuirasse, d'après l'usage ordinaire, reproduit
l'image des armoiries; c'est une aigle à une tête légèrement
repoussée dans le cuir. Des deux côtés de la cuirasse, derrière les bras, on voit également deux demi-aigles, dont les
autres moitiés se joignent au milieu du dos. Sur le tissu de
mailles qui couvre les bras supérieurs, ainsi que sur celui qui
couvre les jambes inférieures, se trouvent placées des lames
de fer destinées à garantir davantage contre les coups. Ces
pièces, appelées en allemand *Museisen*, devinrent d'un usage
de plus en plus général et formèrent ainsi le commencement
de ces harnais à lames de fer qui ne reçurent leur perfection
que pendant la seconde moitié du **XV**ᵐᵉ siècle. Les lames
placées sur le bras supérieur sont attachées au tissu de
mailles avec de petits cordons passés par des trous, comme
cela se voit plus distinctement en haut à droite, où nous avons
reproduit sur une plus grande échelle une de ces lames
curieuses. La partie postérieure des jambes est revêtue de
cuir, comme on peut le voir dans les reproductions séparées
et plus détaillées du genou et des pieds. Les jambes supérieures et les bras inférieurs sont protégés par des rouleaux
de cuir; ceux qui couvrent les bras inférieurs, sont garnis de
lames de métal. Sur les genoux se trouvent des thuiles de fer.
La plus courte des trois chaînes attachées à travers des

découpures au cuir de la cuirasse, est destinée à retenir le casque à pointe; les deux autres servent à retenir l'épée et le poignard qui sont actuellement brisés, mais qui seront restaurés, avec tout ce qui manque encore, à l'occasion de l'achèvement du dôme, par les soins de M. *Zwirner*, conseiller de gouvernement. Le cordon qui servait à attacher l'épée à la ceinture militaire, a été reproduit sur le côté plus en grand et plus en détail La manière dont le gorgerin est adapté au cabasset, se voit également reproduite à côté sur une plus grande échelle. Il est à remarquer que les rosettes à garniture dentelée se trouvent après le gorgerin, tandis que les anneaux par lesquels passe le fil de fer, se trouvent après le cabasset. L'ecu et le casque à pointe surmonté du cimier composé d'une aile avec un petit coeur, sont placés, avec d'autres ornements, autour du sarcophage

Les couleurs, autant que quelques traces conservées les font reconnaître, sont distribuées de la manière suivante: le cabasset est noir, ainsi que les thuiles sur les genoux; la garniture du gorgerin or; les pièces de mailles couleur de fer; la cuirasse rouge; l'aigle et les chaînes qu'on y voit, et la ceinture or; les rouleaux aux jambes supérieures et aux bras inférieurs couleur de cuir; les garnitures de ces derniers, ainsi que les gantelets, or; les lames que présentent les bras supérieurs et les jambes inférieures, or; les garnitures des éperons, ainsi que les cordons de l'épée, rouges à clous d'or. Le coussin au dessous de la tête rouge à glands d'or.

PLANCHE 60. Paysanne du XV⁰ siècle, dessinée par *l'auteur* et empruntée aux tableaux peints sur les battants des portes qui ferment le trésor de la cathédrale à Aix-la-Chapelle. Les côtés intérieurs de ces battants présentent une suite de tableaux qui se rapportent à la vie de la Sainte Vierge. Cette paysanne ainsi que tous les personnages qui s'y trouvent, offrent exactement, jusqu'aux plus petits détails les habillements de la seconde moitié du XVme siècle. Quant à la conception, à l'ordonnance, au caractère des têtes et des figures, et à l'exécution des accessoires, il est hors de doute que ces tableaux proviennent de l'école de Jean van Eyck; s'il y avait, surtout dans les contours, moins de dureté, on serait tenté de croire qu'ils sont de la main de ce maître. Cette paysanne hollandaise se promène à quelque distance sur la route dans le tableau qui représente la visitation de la Vierge à Sainte-Elisabeth.

Elle porte une coiffure en forme d'un cône tronqué, et par dessus un mouchoir transparent qui descend par dessus le front et retombe par derrière. Pour ménager les manches plates de la robe de dessous, elle porte par dessus des gardemanches un peu plus larges et pareils à ceux dont on se sert encore aujourd'hui, quand on écrit. Le livre d'heures est remarquable par la couverture qui se prolonge d'un côté, et qu'elle tient à la main. Ce genre de reliure était également fort en usage pour les livres d'heures les plus magnifiques des XVme et XVIme siècles.

Les couleurs sont distribuées de la manière suivante: la coiffure blanche; la robe couleur de cinabre, fermée sur le devant avec des lacets blancs, le tablier bleu clair; les gardemanches noirs; le mouchoir blanc; les souliers noirs; le livre d'heure brun à garniture d'or.

Haushofmeister u. Koch a. d. z. W. d. 15. Jahrh.

Explication des Planches.

IIᵐᵉ Division. 11ᵐᵉ Livraison.

PLANCHE 61. Intendant et cuisinier de la seconde moitié du XVᵐᵉ siècle, — dessinés par Madame *Catherine Sattler,* née *Geiger,* au chateau de Mainberg près Schweinfurt dont elle a donné une description fort interessante pour l'art et pour l'histoire — d'après un des quatre tableaux à l'huile qui se trouvent dans l'église paroissiale de Munnerstadt, représentant la mort de St. Kilian. Nos deux figures donnent l'intendant et le cuisinier au moment où ils jurent à Geilane épouse de Gozbert duc de Franconie, d'assassiner St. Kilian.

Quoique le meurtre de St. Kilian remonte à l'année 689, les costumes appartiennent cépendant à la seconde moitié du XVᵐᵉ siècle et se rapportent exactement à l'époque de Michel Wohlgemuth. Cette circonstance et l'ensemble de l'exécution font supposer que ces tableaux sont de sa main.

Les costumes et même les ustensiles qui se trouvent dans ces peintures sont executés avec une telle précision que l'on croit avoir sous les yeux un ménage de cette époque

Les couleurs sont: pour l'intendant cape et chausses rouge cinabre, habit violet clair bordé partout d'une fourrure noire; la petite manche supérieure rouge rose avec bordure verte; celle de dessous violet clair avec parement jaune, ceinture

12

noire garnie en or sac brun avec fermoir et clé couleur de fer, souliers noirs bordés en or. Le cuisinier porte un bonnet blanc, une jaquette bleue, avec revers jaune clair. La pièce de poitrine violette avec bordure noire en haut, chausses vertes, souliers noirs, gaîne de couteau avec ceinturon noirs garnis en or.

PLANCHE 62. Pourpoint français cuirasse du XV siècle. Dessiné par *l'éditeur*, d'après l'Original conservé jusqu'à présent au Museé grand-ducal à Darmstadt.

Le pourpoint est de velours rouge doublé à l'intérieur d'écailles d'acier qui se recouvrent et attachées par des clous de laiton rivés, dont la tête dorée forme à l'extérieur un riche ornement sur le velours rouge. Cette cuirasse était lacie jusqu'en bas pardevant ou l'on peut voir les œillets. Les écailles sont disposées l'une sur l'autre à l'intérieur de manière à donner à la cuirasse toute la souplesse nécessaire sans laisser aucune partie vulnérable; elles courent par rangées qui partent du bas jusqu'on haut, rondes au dos et sur la poitrine, anguleuses sur les cotés, comme on peut le voir sur la planche aux ouvertures du cou et des bras. Elles sont en bon acier, étamées pour les garantir de la rouille et portent presque toutes l'empreinte des Lys de france. On a représenté au bas une écaille de grandeur de l'original. La disposition intérieure des rangées d'écaille se fait voir à l'extérieur par les lignes de bourrelets.

Ce qui fait attribuer une origine française à ce vêtement qui n'appartenait qu'à un homme de qualité c'est l'empreinte des Lys, en remarquant surtout qu'on les voit paraître ainsi dans les ouvrages d'art français et particulièrement dans les miniatures du XV siècle.

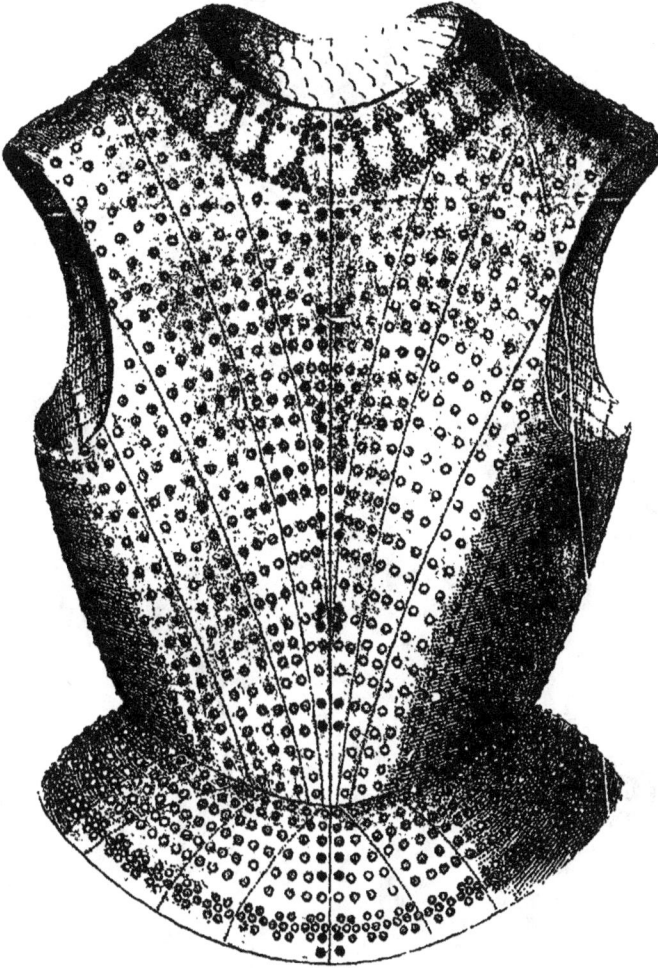

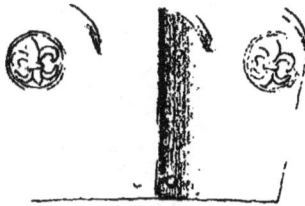

Französische Panzerjacke a. d. 15ᵗᵉⁿ Jahrh.

Anno·dom·m·cccc·lt·vm·ids

Rentſch·iaes·vo n·den·ſunden

Bürgerliche Tracht 1408

91

PLANCHE 63. Costumes de la bourgeoisie de la seconde moitié du XVme siècle — dessinés par *l'éditeur* d'après un tombeau qui se trouve à l'eglise de la Vierge à Francfort sur Main

Ce tombeau est d'un travail très en relief en pierre de grès et repeint des couleurs originaires. Les deux figures vêtues d'un costume bourgeois très répandu à cette époque. L'homme porte un vêtement de dessus très étroit, recouvert d'une robe sans manche à larges emmanchures. Sur l'épaule gauche repose le bonnet; la large baude qui y est attachée enveloppe les épaules et retombe du côté droit dans la meme position que lorsque le bonnet était placé sur la tête. C'était la coiffure généralement adoptée par les hommes au XVme siècle. La femme est entièrement enveloppée dans un large manteau plissé qu'elle relève de chaque coté sous les bras, tel que les femmes avaient coutume d'en porter aux jours de fête et surtout lorsqu'elles allaient à l'eglise. Les femmes de la classe bourgeoise avaient encore de semblables mantelets au XVme siècle comme nous l'avons vu pour une Nurembergeoise III. Division Pl. 25.

L'inscription ne nous donne pas le nom des personnes qu'elle concerne; en haut on lit: anno dom. 1468, et le nom de Jesus; au bas: „Mentsch læss von den sunden": délivre l'homme du péché.

Les couleurs sont: pour l'homme, robe grise, garnie d'une étoffe de laine blanche aux emmanchures, rouge cinabre au bas. Le vêtement de dessous visible au cou, aux bras et aux jambes, noir ainsi que le bonnet et l'étoffe qui y append; les manches découpées à l'avant-bras laissent voir un dessous blanc. Le vêtement de la femme est tout blanc. Le deux figures ont le rosaire rouge cinabre, les souliers noirs. Le fonds est rouge brun, les ornemens d'architecture jaunes,

12*

la bordure du tombeau gris verdâtre; les deux lions avec une seule tête, bruns.

PLANCHE 64. Costumes français du XVme siècle, dessinés par *Charles Regnier* d'après un grouppe des tapisseries qui se trouvent à Nancy à la Tournelle (Chambre Criminelle).

Lorsque Charles le Téméraire, duc de Bourgogne, perit devant Nancy en 1477, on trouva dans sa tente, parmi ses trésors, ces précieuses tapisseries qui tombèrent dans les mains du Duc de Lorraine et depuis Réné II., elles firent longtemps l'ornement du palais Ducal. Aujourd'hui, la plus grand partie se trouve dans la Chambre d'enquête de la Tournelle, dont elle couvre trois côtés. Un fragment plus petit couvre une des parois de la Salle d'audience. Elles appartiennent à ces fameuses anciennes tapisseries flamandes qui étaient tissues de laines fines, rehaussées d'or et de soie. La laine et soie ont conservé leur éclat jusqu'à présent, mais l'or n'est plus visible qu'à quelques places et dans un jour favorable.

Ces tapisseries représentent dans une série d'images allégoriques la bonne chère et ses facheuses conséquences. On voit la „bonne Société" d'abord au diner puis au souper et ensuite à un banquet (tous ces repas sont personnifiés). Après suivent les maladies qui en résultent, personnifiées également. Elles tombent sur la „bonne Société" et sa suite et tuent une grande partie. Les survivans portent plainte devant le juge qui condamne Banquet et Souper.

Tous les costumes de ces tableaux, l'arrangement des chambres et le mobilier portent exactement le cachet de la seconde moitié du XVIme siècle. Nous les avons appelés Français, en tant qu'en raison de quelques particularités on a l'habitude de leur assigner un pays. Mais au moyen âge on ne

mmmmmm mmhhmm m h m Um r mmmh

trouve pas de différence essentielle.   Nous arriverons bientôt à convaincre encore plus par le rapprochement des costumes de divers peuples, que dans tous les pays civilisés, les
costumes au moyen âge étoient essentiellement les mêmes; ce
qui nous a autorisé à dire, que les époques plus que les pays
faisaient la différence de l'habillement.   Parmi le petit nombre
d'objets qui sont tout à fait propres au costume français, nous
indiquerons la coiffure des femmes dans ces tapisseries, bien
qu'elle ne soit pas restée complétement sans imitation dans
d'autres pays.

Les costumes des personnages, comme on peut s'en convaincre en les comparant avec d'autres, tout scrupuleusement
ceux de l'époque où on les a représentés, à l'exception de ceux
qui figurent les suites le l'intempérance, les maladies et les
gardes qui emmènent les prisonniers, dont le costume peut paraître plus ou moins de fantaisie; celui des gardes principalement, dont quelque partie, le casque par exemple, offre un
mélange de romain et de moyen âge.   Des bizarreries de ce
genres n'apparaissent en Allemagne que vers le XVIe siècle.
On les trouve déjà antérieurement en Italie, où l'art cherche
beaucoup plutôt à se rapprocher de l'antique.   Le groupe
que nous avons extrait, nous montre le banquet et la dissipation surprenant la „bonne Société" et la mettant en fuite. Le
Banquet parait sous la figure d'un chevalier couvert d'une
armure de guerre et frappant comme un furieux, la „bonne
Société" sous les traits d'une femme qui d'étonnement se
frappe le front, la Dissipation sous ceux d'un jeune homme richement vêtu qui s'enfuit.   Une autre figure de femme ayant
une signification analogue est sur le point de s'évanouir.

Dans le costume du Chevalier, nous remarquerons comme
particularité que le casque ne se compose pas de deux pièces
séparées, la salade et la mentonnière (voir pl. 45. de cette

94

Division) suivant l'usage du temps, ni n'enveloppe la tête d'une seule pièce comme il arriva plus tard (voir pl. 5. III. Div.) tandis qu'ici l'armet a bien une visière, mais il est totalement séparé du gorgerin. Il faut encore noter que le chevalier a déjà de larges souliers de fer qui ne devinrent que plus tard d'un usage général. — Le jeune homme qui représente la dissipation, porte un vêtement de dessous collant; celui de dessus au contraire très long avec de nombreux plis, ce qui désigne le costume dominant du XVme siècle. En ce qui concerne les femmes, nous donnerons bientôt des exemples de ce genre plus détaillés.

Les couleurs sont: pour le chevalier, l'armure ainsi que la cotte de maille visible en haut et en bas, couleur de fer, l'armure garnie d'or, la cotte d'armes brun clair, la ceinture également; les dessins de l'estoffe brun rouge foncé, les plumes à faibles reflets de couleur. — Le jeune homme porte une robe bleue à ramages bleu foncé, doublée de rouge, la ceinture rouge cinabre, la passementerie au cou et à la poitrine de même. Le vêtement de dessous visible à la poitrine bleu foncé, les crevés au bras droit et la manche étroite de dessous rouge cinabre, pantalons bleu, souliers noirs, coiffure jaune à reflets rouges; le bonnet à la main brun. — Les femmes sont vêtues d'étoffes d'un rouge cinabre à dessins rouge foncé, doublées de bleu avec ceintures blanches. Celle qui leve la main a la manche de dessous bleue, la coiffure jaune à dessins rouges, celle qui tombe a la partie antérieure de la coiffure et celle qui pend derrière d'un rouge cinabre; les deux barbes retombant de chaque coté sont bleues; le mouchoir de dessous blanc.

PLANCHE 65. Coiffure de femme du XVme siècle — dessiné sous trois faces par *l'éditeur*, d'après un buste en

Frauenkopfputz u. d. 3. Artikel

bois de grandeur naturelle qui est conservé dans la sacristie de l'église St. Cunibert à Cologne. La tête et la poitrine qui doivent contenir des reliques d'une des 11,000 vierges, peuvent s'ouvrir.

On ne doute pas que ce buste ne soit fait d'après nature quand on examine le caractère et la précision du travail. Cette sorte de coiffure était fort recherchée pour les jeunes filles au XV⁰ siècle, époque où elle se rencontre fréquemment dans les portraits et tableaux des premiers maîtres. Elle se compose de fortes nattes de cheveux tressés qui retombent sur les épaules et d'un bourrelet enrichi de perles et de pierreries ceignant la tête et dont les extremités relevées en courbe, viennent se réunir sur le front. Il est entortillé des deux cotés par un mouchoir blanc qui passe sous le menton et retombe par derrière.

Les couleurs sont : bourrelet rouge, perles blanches, pierreries vertes; le mouchoir sous le menton, rouge également. Le vêtement à dessins imprimés est en or, le galon qui le borde en or avec pierres rouges; celui qui traverse la poitrine, de même avec pierres vertes; les perles blanches partout, la chaîne en or.

PLANCHE 66. Costumes de milieu du XV⁰ siècle — dessinés par *l'éditeur* d'après une broderie de soie, d'un travail très fini, conservée à la sacristie de la Cathédrale d'Aix la Chapelle.

D'après une tradition orale cette broderie aurait été donnée à la Cathédrale par des pélerins de Hongrie. En voici le sujet : au milieu la Vierge Marie debout, à genoux à sa droite un prince avec sa suite de chevaliers, à sa gauche une princesse accompagnée de ses dames. Les figures agenouillées portent leur costumes habituel et non celui de pélerins; cependant comme indication qu'ils viennent en pélerinage, ils ont en partie des bâtons et des chapeaux de pélerins. La vierge est de taille colossale en comparaison des figures; notre dessin est à l'echelle des ⅔.

S'il est réellement vrai que ce tableau soit d'origine hongroise, nous pouvons hardiment accepter les costumes comme hongrois, bien que nous ayons déjà démontré, combien les costumes des divers pays se ressemblent à cette époque.

Nous n' avons représenté ici que le prince, la princesse et un dame de leur suite, qui nous intéressent plus spécialement. La princesse comme indication de son pélerinage n'a qu'un bâton, la dame y joint encore un chapeau de pélerin. Le costume de prince concorde parfaitement avec celui de l'époque.

Ce qu' il faut remarquer ici ce sont les bottes retroussées qui indiquent qu'il arrive de voyage. De nombreux dessins du temps nous prouvent que l'on portait exclusivement en voyage où cheval de semblables bottes, sur le pantalon ordinaire qui enveloppait le pied et qu'elles pouvaient se relever très haut. Par exception les pieds ne sont pas aussi pointus que le comporte époque.

Les couleurs sont: pour le prince pantalon et jaquette, jaune de cuir à nuances rouges, celle-ci bordée au bas de deux lignes bleues et aux manches d'une fourrure brune; le just au corps visible sur la poitrine en brocard d'or; le manteau bleu à collet et doublure en pelleterie brune; bottes brunes, épée et poignard en or. — La princesse a une coiffure en brocard d'or, l'étoffe qui retombe est blanche; la robe entièrement de brocard d'or, garnie au bas de fourrure brune; le manteau bleu, garni d'une broderie d'or; le collier et le bâton en or. La suivante a un chapeau vert et le médaillon qui y est attaché en or; le bonnet blanc, la robe rouge, le manteau bleu brodé d'or sur les bords, le bâton en or aussi.

hainrich vō gots
genaden kūng
vō castilia ond
vō leon tolet
pabto seuillia
cordua morta
gen alwarbe
algesira et er
vō wegra
molīna

Heinrich III König v. Spanien † 1111

Explication des Planches.

PLANCHE 67. Henry IV. Roi d'Espagne — dessiné par l'Editeur d'après une miniature sur Parchemin tirée du journal du Chevalier Georges de Ehingen conservé à la Bibliothèque de Stuttgart. Né en 1428 dans les environs de Tubingen où son père possédait les chateaux d'Entringen et de Kilchberg le Chevalier de Ehingen partit vraisemblablement vers l'an 1453 pour le St. Sépulchre afin de combattre les Infidèles. A son retour il entreprit un voyage en Portugal et en Espagne où il se battit contre les Maures, et visita la France, l'Angleterre et l'Ecosse pour revenir dans sa patrie où il mourut dans une haute considération en l'an 1508. Il a décrit avec fidélité et clarté toutes ses aventures dans son journal où il a joint les portraits en pied de neuf Souverains parmi lesquels se trouve celui-ci. Ces dessins sont exécutés avec une grande fermeté et les têtes sont tellement caractérisées qu'on ne doit pas douter de leur ressemblance. Les vêtemens sont pour la plupart très simples, et la coupe exactement celle du siècle ou le Chevalier d'Ehingen et les Souverains ont vécu. — L'association littéraire de Stuttgart a publié le journal, mais sans les peintures.

Henry n'était proprement roi que de Castille, l'Espagne d'alors se divisant en Castille, Aragon et Espagne Mauresque. Son gouvernement fut faible; cependant on fit contre les Maures de Grenade quelques expéditions assez heureuses auxquelles prit part le Chevalier d'Ehingen.

Son costume est de la plus grande simplicité, sous le manteau il porte un habit fermé par places avec des cordons, qui laisse voir la chemise en dessous. Devant lui en encre noire sont ses titres que nous avons placés dans le même cadre. A ses pieds l'Ecusson d'Espagne.

Les couleurs sont: bonnet rouge éclatant; Manteau noir, habit noir — peut-être en velours; chemise blanche; bottes brunes ainsi que le baudrier sur la poitrine; la garniture d'épée en bas est en argent. Les armes sont écartelées d'argent au Lion de Sable et de gueule au chateau d'or. Les Lions d'Espagne étant de gueule, c'est sans doute par erreur que le peintre les a faits ici de sable.

PLANCHE 68. Heaume de Tournoi, Cimiers et Ecus du XIV⁰ siècle — dessinés par le Dr. Fellner.

Le dessin supérieur représente en triple les armoiries de Hohenlohe composées de trois cimiers, trois écus et un heaume de tournoi qui sont conservés à un pilier dans l'Eglise de Krelingen sur la Tauber où on les a dessinés. Ces objets sont d'une valeur toute spéciale pour le costume, parceque les originaux de ce temps sont de la plus grande rareté. Les trois écus sont tout à fait dans le genre des petits boucliers de cavaliers des XIII⁰ et XIV⁰ siècles, en bois, recouverts de cuir, la peinture a beaucoup souffert des injures du temps; au revers on voit les anneaux de fer qui assujétissaient les courroies. Le heaume du milieu est de cuir bouilli dans l'huile

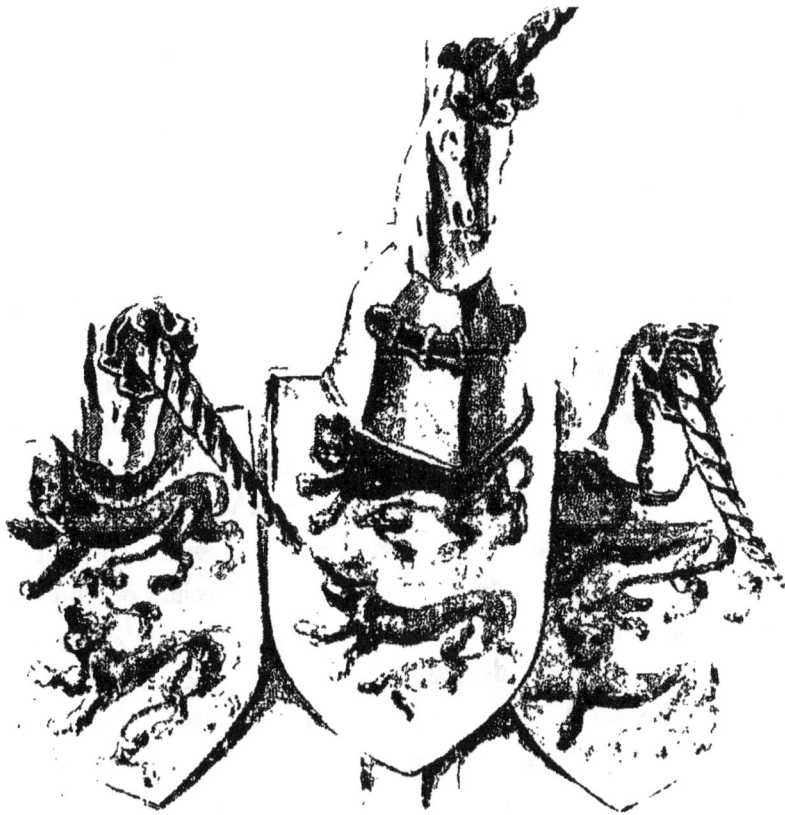

et moulé, la bordure seule de la visière et la grille sont de métal. Le cimier qui le surmonte, consistant en une tête de Licorne couronnée, est également en cuir bouilli moulé, très léger et délicatement travaillé. L'intérieur est garni d'une barre de fer qui maintient la tête droite. La couronne a été faussée et endommagée de vétusté. Les deux écus de chaque coté sont également surmontés de semblables cimiers, mais sans heaume, qui se sont aussi racornis et ployés avec le temps.

Les deux heaumes de dessous avec leurs cimiers sont en pierre sculptée et se trouvent sur les tombes des Sires de Späth dans le cloître de Denkendorf près d'Esslingen. On voit qu'ils ont été très exactement copiés d'après deux véritables heaumes dont la partie antérieure était de fer et la partie postérieure de cuir, ainsi que le dénote la bande de fer qui les réunit toutes deux. Les cimiers laissent voir facilement comment on les fixait sur les heaumes.

La date que l'on peut assigner aux tombeaux surmontés des écus représentés en haut, et à ceux d'où nous avons tiré les dessins du bas, tombe entre 1380 et 1390. Nous pouvons donc admettre que cette espèce de heaumes et d'écus a été adoptée pendant tout le XIVᵐᵉ siècle. Au XVᵐᵉ ils cessèrent d'être en usage à la guerre comme double coiffure, et avec quelques changemens dans la forme ils furent exclusivement employés comme heaumes de tournois. (Voir Division III. planche 54).

Nous avons déjà traité suffisamment cette espèce de heaumes et son emploi aux planches 22, 27, 40, 46, 47, 49 et 53 de cette division, mais ici seulement nous pouvons d'après ces exemples démontrer avec certitude que comme la plupart des pièces de l'armure ils étaient souvent de cuir; car celui du haut est bien réellement de cette matière, et nous pouvons en toute sûreté admettre pour ceux du bas que la partie posté-

rieure était de même ce qu'indique suffisamment la bande de
fer qui la réunit à celle antérieure. Cela s'explique d'autant
plus facilement que la tête étant déjà garantie par la Salade
le visage seul demandait à être plus particulièrement protégé.
Pour les heaumes tout en fer, il faut supposer qu'ils étaient
d'un travail léger et renforcés seulement en avant par un fer-
mail rivé, ordinairement en forme de croix.

Les couleurs sont: en haut, écus d'argent aux léopards de
Sable; casque de gueule avec trace de quelques ornemens de
Sable; la grille de la visière dorée; la tête de Licorne,
d'Argent, couronnée d'Or.

Aux casques en bas: le devant couleur de fer, le reste
couleur de cuir; Cimiers de gueule à Scies d'argent; Lambrequins de gueule à l'extérieur, Argent en dedans.

PLANCHE 69. Costume de femme du XVme siècle —
dessiné par *l'éditeur* d'après l'original tiré d'un jeu de cartes
du XVme siècle. Le jeu tout entier se trouve à la collection
d'antiquités et d'objets d'arts, réunie à la Bibliothèque Royale
de Stuttgart. Le luxe avec lequel il est exécuté fait supposer
qu'il aura été destiné à quelque grand personnage dans une
circonstance toute particulière. Toutes les cartes ont la grandeur et la forme de notre dessin; les couleurs telles que cœur,
trefle, par lesquelles nous les distinguons sont ici remplacées
par divers animaux. C'est en raison de cette particularité que
la Dame a un chien près d'elle. Le caractère des sujets tirés
de la nature animée et soigneusement peints semble dénoter
la main d'un bon maitre de l'école de Van Eyck. Le style, la
composition, l'agencement et le costume de ces figures nous
donnent une image fidèle du gout régnant alors.

Les cheveux enroulés et le mouchoir festonné qui enveloppe la tête étaient à cette époque une coiffure très usitée, avec
des modifications telles que nous en voyons aux planches 58,
65 et 71 et autres de cette division. — Une mode aussi distinctive de cette époque est la manche de dessus, extraordi-
nairement longue et doublée d'une fourrure de prix.

Les couleurs sont: Le mouchoir roulé autour de la tête et
retombant derrière blanc; la robe rouge cramoisi à pois d'or,
la fourrure de la manche longue, blanche; les manches de

Dolch u. Trachten a. d. ... Jahrh.

dessus grises à pois d'or La ceinture est en or, le collier du chien qui est gris, en or également. Tout le fonds de la figure ainsi que le paysage en or; le dos rouge cinabre.

PLANCHE 70. Poignard et Costumes du XIV me siècle — communiqués par Mr. Becker, inspecteur des Contributions en Prusse. L'original se trouve aux Archives de la Ville de Cœsfeld en Westphalie et porte les armes de la famille de Græs qui est de cette Province. — D'après une tradition ce poignard doit avoir appartenu au fameux pillard Cort (Conrad) Kamphues qui avec ses trois fils servit contre les Hollandais dans les bandes du brave chef de Partisans Martin Schenk de Midegg, sous Alexandre de Parme, plus tard fut arrêté à cause de l'embuscade et de l'incendie de Cœsfeld et exécuté en 1580. D'après une autre tradition cette arme venait d'un Baron de Græs qui s'en serait servi pour tuer un Bourguemaistre de Cœsfeld.

Notre dessin est moitié de la grandeur de l'original. La poignée est en ivoire, les six compartimens de la gaine à grandes figures sont également en ivoire; la large bande du milieu, la bordure dentelée, ainsi que les garnitures placées entre les compartimens d'ivoire portant écusson et casque sont en argent; celle du bas manque; nous l'avons complétée dans le style des autres.

En haut de la poignée se trouve un ornement en argent percé à jour, sans doute pour y passer la chaine au moyen de laquelle on attachait le poignard au Lendner comme c'était alors l'usage. — Des quatre figures en saillie deux représentent des têtes d'hommes, les deux autres des têtes de femmes; la coupe de cheveux et la coiffure sont tout à fait de l'époque. A la garniture supérieure de la gaine on voit un heaume de tournoi avec cimier, composé de deux ailes éployées; au milieu se trouve l'écusson des Sires de Græs déjà cité, qui écartele d'argent et de gueule; au bas un second heaume surmonté d'un turban et d'un cimier vu de profil. Des six figures en ivoire que l'on voit sculptées sur la gaine, les deux du haut représentent des dragons, les quatre autres des femmes. La forme de la gaine est en losange comme on peut le voir par la coupe, à droite.

A ce poignard se trouve encore la courroie qui attachait la gaine à la ceinture de Chevalier. Elle a à peu près la longueur du poignard; nous avons dessiné l'un des bouts à gauche avec sa garniture. On la remontait par un Crochet en anse horizontal, fixé en haut au dos de la gaine et on l'entortillait à la ceinture; nous pouvons en voir un exemple à la planche 59 de cette division.

Les garnitures d'argent portent des traces d'or, ce qui fait conclure qu'elles étaient originairement toutes dorées.

Les deux figurines de chaque côté — dessinées par l'éditeur sont tirées d'un fragment de livre de prières qu'il possède et se trouvent dans les ornemens du bord. Nous avons ici ajouté ces figures dessinées avec finesse et précision pour donner une idée exacte du costume d'intérieur de cette époque.

Les couleurs sont pour l'homme; pèlerine verte, juste-au-corps violet, chausses rouge cinabre; la ceinture et la poche noires. La femme porte une robe grise à longues manches pendantes, doublées de blanc; les manches de dessous rouge cinabre; ceinture noire garnie d'or; souliers noirs.

PLANCHE 71. Costumes du XVme siècle — dessinés par *l'éditeur*, d'après des miniatures contemporaines. L'homme à droite se trouve dans l'original près des dames que nous avons données planche 58 et porte cette légende „Costume des jeunes gens de la Noblesse." La dame est prise d'après un dessin à la plume colorié qui appartient à *l'éditeur*.

Tous deux portent pour coiffure le turban tordu orné de plumes ainsi que des ornemens à grelots que l'on variait de plusieurs façons. Nous avons déjà montré en plusieurs occasions combien ils étaient recherchés et répandus au XVme siècle. La robe collante de la femme a sur le devant des plis cousus réguliers, ce qui est tout à fait distinctif pour le costume féminin de cette époque. Les manches pendantes, comme nous en avons vu planche 69, sont ici portées d'une autre manière. La main gauche sur laquelle est le faucon, est couverte d'un gant de fauconnerie. Du XIVme au XVIme siècle ce fut une espèce de parure, une mode pour les hommes comme pour les femmes de sortir constamment avec un faucon; on en trouve même ainsi jusque dans les églises. —Il faut remarquer

Trachten a. d. 15ᵗᵉ Jahrh.

Französische Trachten a. d. ......

chez l'homme l'ampleur des manches, et les bandes déchiquetées — Zattel — que l'on voit fréquemment avec le just-aucorps; l'exagération dans cette partie du vêtement ainsi que dans l'emploi des grelots indique un habit de fête et la haute condition de l'homme.

Les couleurs sont: pour l'homme turban bleu à torsade blanche; avec agrafe d'or, panache rouche et blanc. L'habit à déchiquetures noir, les points en or; les manches larges blanches; les chausses rouges; les souliers noirs, bordés de blanc; le ruban autour du cou rouge; celui mis en sautoir, ainsi que les grelots sont en or; pierreries rouges. — La dame a le turban bleu et blanc, à points d'or sur la torsade bleue; agrafe d'or; aigrette blanche; robe violet clair, les manches longues en fourrure blanche extérieurement, jaunes à l'intérieur; les manches de dessous rouges; le ruban avec grelots en or; les pierres bleues, chaine de cou en or; souliers et courroie autour du corps, noirs; gant de fauconnerie, brun clair.

PLANCHE 72. Costumes français du XV°° siècle — dessinés par Charles Regnier d'après les tappisseries que nous avons décrites à la planche 64.

La dame assise sur un trone est l'Expérience; les femmes qui l'entourent sont des personnages allégoriques, représentant l'Assistance, la Sobriété, l'Ordonnance, la Diète. Les figures agenouillées en avant sont les anciens partisans de l'Intempérance, qui instruits par les Suites facheuses comparaissent devant l'Expérience pour accuser le Banquet et le Souper.

L'Expérience est représentée sous le costume d'une princesse, dont l'ajustement ne se distingue de celui des autres femmes que par une plus grande magnificence. Dans ce dessin on trouve toutes les formes principales des coiffures de femmes qui dominaient alors; et parmi lesquelles le bonnet pointu à ailes pendantes de la dame placée à gauche du trône jouait le role le plus marquant. On le voyait aussi fréquemment sous la forme d'un cone du sommet duquel retombait un long voile.

Nous trouvons tout aussi caractéristique pour le Costume français, le corsage découpé sous les bras jusqu'aux hanches qui laisse appercevoir la robe de dessous, tel que le porte la dame assise devant l'échiquier.

Quelques unes d'elles portent un collier à grelots de forme ovale, aussi en usage à cette époque que les colliers ronds de la planche précédente.

Les couleurs sont : pour la dame sur le trone coiffure en turban bleue, à ornemens d'or; voile tombant derrière, blanc; vêtement blanc à dessin vert; manteau brun clair doublé de rouge et garni d'une bordure blanche et de broderies d'or. A droite du trone la première dame à perles d'or; bandeau noir, mentonnière rouge; robe bleue, à bordure blanche enrichie de perles d'or et d'enlacemens pleins, bleus à la partie inférieure rouges en haut. La dame placée sur le second plan derrière a la même coiffure, robe brun clair. — A gauche du trone, la première dame a une coiffure en or les ailes sur le coté noires, corsage d'hermine, robe bleue, manches brun clair à parement rouge; collier en or. — Celle du milieu coiffure en turban bleue à passementerie d'or enroulée; robe rouge; collier en or — la dernière, coiffure en or avec fichu blanc à l'entour; robe bleue bordée de blanc; collier et ceinture d'or. — L'homme sur le premier plan, surtout rouge à dessins d'or tissus, bordé d'un galon blanc et de perles d'or; dessous bleu foncé; chapeau noir, avec ornemens en or. La figure agenouillée derrière lui, surtout blanc bordé de bleu, manches de dessous rouges; bonnet bleu avec broderie d'or; celle du milieu habit blanc à ornemens bleus; là plus rapprochée du trone, habit rouge à bordure blanche et perles d'or. Des trois autres la première porte un vêtement bleu; la seconde un rouge avec galon d'or et pierres de couleur; la troisième un vert. — La dame à l'échiquier a une coiffure rouge à broderies d'or; voile gris, corsage d'hermine; robe en brocard d'or. — Celle de droite, coiffure d'or à pierres bleues, robe rouge et parure d'or; — celle de gauche, coiffure d'or, robe brun clair, ornement au cou, blanc à perles d'or — Les draperies du trone sont rouges avec bordure et crépine en or.

Frauentracht a. d. 15.ten Jahrh.

Explication des Planches.

PLANCHE 73. Costume de femme du XVe siècle — dessiné par *l'éditeur*, d'après une figure du jeu de cartes que nous avons décrit à la Planche 69 de cette Division.

La coiffure en turban est entourée de feuilles dont les tiges et le contour sont en perles. De chaque côté les cheveux sont enfermés dans un réseau. Ce genre de coiffures se rencontre fréquemment à cette époque surtout dans les Pays-bas. La longue manche pendante est abondamment garnie de festons, un des ornemens favoris du temps.

Les couleurs sont: Coiffure gris-clair, dont les perles et les feuilles sont blanches, réseau en or. La robe est bleue, les festons blancs à réflet rose, les pois qui s'y trouvent sont en or ainsi que sur la robe; la ceinture et la bordure du cou sont en or également; la doublure et les manches de dessous, blanches; le fonds de la carte est en or.

PLANCHE 74. Epée du duc Christophe de Bavière († 1493) dessinée par *Frédéric Hoffstadt*, d'après l'original qui est conservé à Munich et sert actuellement d'épée de cérémonie de l'ordre de St. Georges.

II.   14

Le duc Christophe était fils du duc Albert qui mourut en l'an 1460. Il était doué d'une agilité et d'une force extraordinaire et se distinguait dans tous les exercices chevaleresques. Il livra plusieurs combats à son frère Albert IV. duc régnant, fut retenu par lui quelque temps en captivité, et ne fut relâché que lorsqu'il eut juré une trève et donné pour caution 30 chevaliers. Son esprit aventureux le poussa à un pélerinage en Terre Sainte; il mourut à Rhodes, à son retour, en 1493.

La poignée et le fourreau sont d'argent; les ornemens en feuillage sur la branche de garde et le fourreau sont en argent mat sur un fonds poli. La poignée est ornée de rubis enchâssés dans des espèces de rosettes en or; sur le pommeau on voit les armes du Palatinat et de Bavière qui sont un lion d'or sur champs de sable, en émail, et losangé d'argent et de sable en émail. Comme les losanges de Bavière sont d'azur et d'argent, il est possible que la couleur noire soit le résultat d'une réparation postérieure. Au dessous de la poignée on retrouve encore deux écussons; celui de Bavière comme plus haut, et un autre d'argent à la croix de sable. Les deux faces de la poignée sont semblables. Les figurines dans les niches et les lions des écussons ont les têtes opposées parceque l'épée présente deux sens différens dans la main ou dans le fourreau. Quelque richement ornée que soit cette épée, sa forme cependant correspond essentiellement à toutes celles dont on se servait habituellement dans ce siècle; il suffit de la comparer avec l'épée simple de la Planche 9 de cette Division. La poignée a en réalité 11 pouces et 2 ligues; la lame trois pieds, trois pouces.

PLANCHE 75. Charles VII. Roi de France, mort en 1461 — copié par *l'éditeur*, d'après un dessin du journal de Chevalier Georges de Ehingen, que nous avons décrit à la

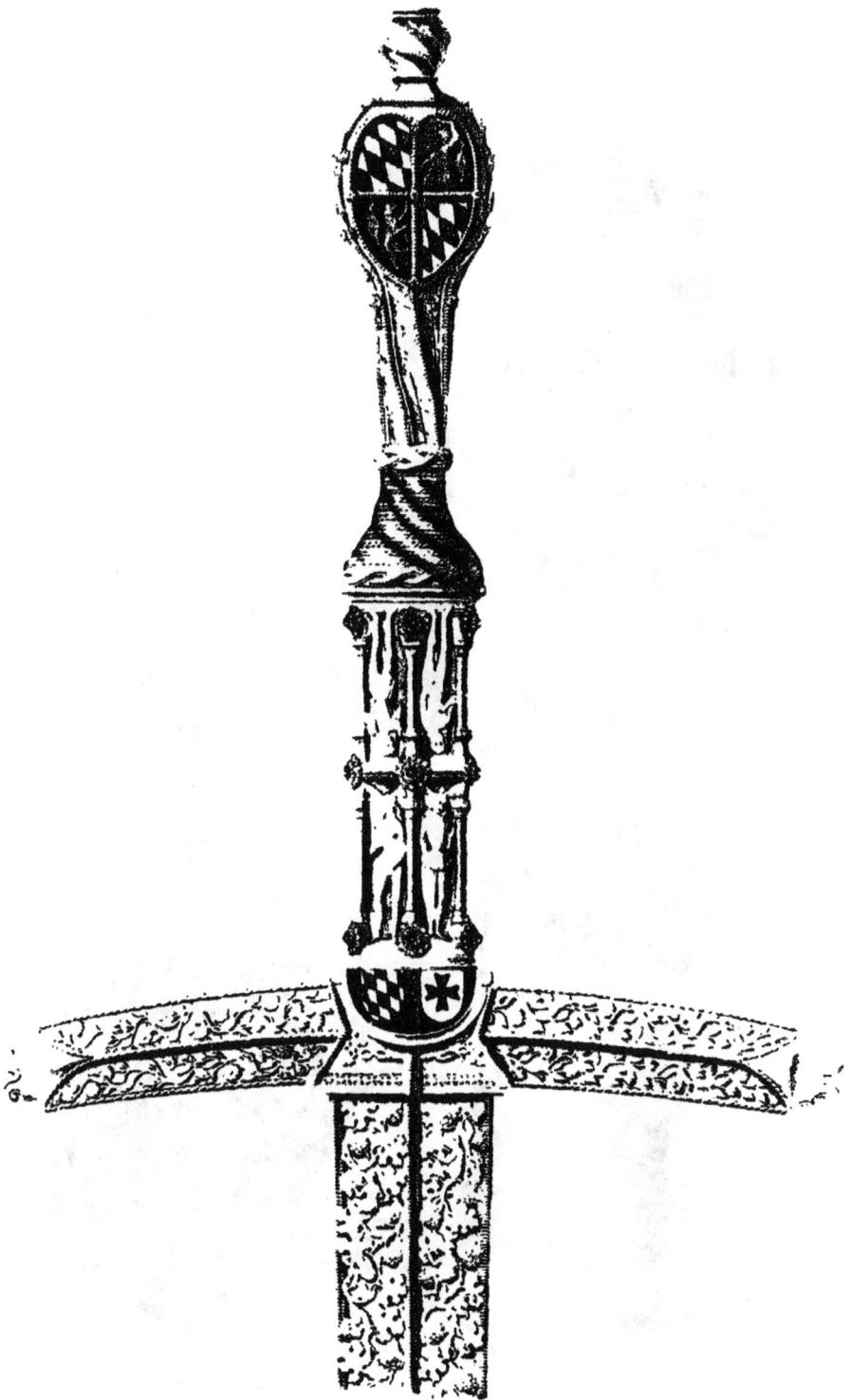

Schwert Herzog Christoph v. Bayern ɫ. 15ᵗᵉ.

Carl VII. König von Frankreich 1440.

Planche 67 de cette Division. Charles VII. succéda sur le trône à son père Charles VI. C'est de son temps qu'eurent lieu les dernières luttes de l'Angleterre pour la couronne de France. Les Anglais avaient dans le fait déjà conquis la plus grande partie du royaume, lorsque Jeanne la Pucelle d'Orléans surgit tout à coup, et par son enthousiasme elle ranima le courage des Français tellement qu'ils enlevèrent aux Anglais toutes leurs possessions en France, jusqu'à Calais.

Le costume du roi est tout à fait conforme à l'habillement familier du XVme siècle. Il se composait d'une coiffure avec cette longue pièce d'étoffe que l'on adopta surtout en France; d'une cotte ou jaquette très courte et de souliers à la poulaine. Le poignard long se portait à la ceinture. L'ange agenouillé devant le roi et qui soutient les armes de France porte un costume de choeur dans la coupe et le goût de cette époque.

Les couleurs sont: pour la coiffure, rouge cramoisi foncé; jaquette brune avec collet vert foncé, ainsi que les chausses; les souliers noirs à revers bruns. Le manche du poignard est rouge avec enroulement et cloux en or; le fourreau noir, garni d'or également, la ceinture noire. L'écusson est bleu, les fleurs de lys et la couronne sont en or. La robe de l'ange est blanche, le manteau rouge, avec agrafe et bordure d'or, les perles blanches. Les ailes sont en or extérieurement, et grises en dedans.

PLANCHE 76. L'empereur Henri VII († 1313) communiqué par *Ph. Veith*, d'après le monument en marbre blanc, qui lui est érigé dans la Cathédrale de Pise.

Henri VII, de la maison de Luxembourg, fut un des empereurs d'Allemagne les plus énergiques et les plus entreprenans, et une mort prématurée s'opposa seule à l'accomplissement de ses vastes projets. Peu de temps après son avénement au trône, il passa en Italie pour y renouveller les droits presqu'éteints des Empereurs d'Allemagne sur ce pays. Depuis Frédéric II. pas un n'avait visité l'Italie. — A Milan il prit la couronne de roi de Lombardie, et de là il se rendit à Rome où il se fit couronner empereur. A son retour il trouva les hostilités déjà commencées entre les Guelfes et les Gibelins dans la haute Italie. A la tête d'une armée composée d'Allemands et d'Italiens il marcha contre les Siennois et les Florentins et il se préparait à une expédition contre Robert, roi de Naples, lorsqu'il se sentit pris d'un mal subit et le 24. Août 1313, il mourut empoisonné, dit-on, par une hostie. Les Pisans auxquels il avait déjà donné antérieurement des preuves de sa bienveillance, profondément affligés de sa mort, prirent ses restes et lui élevèrent un tombeau magnifique dans le grand Choeur de leur Cathédrale, où ils les deposèrent solennellement deux ans plus tard. Aujourd'hui le Sarcophage dépouillé de tous ses ornemens architectoniques et de ses sculptures se trouve au-dessus de la porte de la Sacristie; c'est là que repose la figure de l'empereur que nous donnons dans notre Planche. On en fit l'ouverture le 27. Mai 1727 au rapport de Flaminio di Borgo et l'on visita les restes qu'il contenait. Un procès-verbal authentique constate que l'on trouva encore quelques fragmens du manteau impérial brodé en or et parsemé d'aigles et de lions, emblèmes des Guelfes et des Gibelins. On les retrouve sculptés dans le vêtement de la figure de marbre qui repose sur le Sarcophage.

De ce qui précède il résulte que les cadavres étaient inhumés dans le costume avec lequel on les exposait et qu'ils servaient ainsi de modèles pour les figures que l'on rencontre fréquemment sur les tombeaux.

Tyll Eulenspiegel in Tracht des 15. Jahrh.

109

PLANCHE 77. Tyll Eulenspiegel en costume du XV⁵ siècle — copié par *l'éditeur*, d'après un journal de voyage, qui se trouve en sa possession. Ce journal a été rédigé par un certain Frédéric Stadalmann qui avait été architecte et avait exercé d'autres emplois. De 1607 à 1610 il accompagna dans un voyage le baron Gotthard de Herberstein, Neuperg et Guttenberg, et nota tout ce qui lui avait paru remarquable dans les pays qu'il avait parcourus. A Moellen, dans le Lauenbourg, il trouva, à l'hôtel de ville ce dessin qu'il reproduisit dans son livre, comme l'indique l'observation suivante: „Dans le cimetière repose Tyll Eulenspiegel dont on voit ici le portrait, que le Conseil de Moellen a fait peindre et conserve avec grand soin à l'hôtel de ville à cause de ses nombreuses friponneries. Et quiconque veut le dessiner, doit en prévenir le secrétaire de la ville pour obtenir l'autorisation d'en prendre une copie, ce qui lui sera accordé.

Tyll Eulenspiegel (dont nous avons fait le mot Espiègle) connu par ses mauvais tours et ses plaisanteries qui se sont répandus par de nombreuses traditions et des livres, mourut en l'an 1350, tandisque le portrait cité, ne remonte comme l'indique son costume, qu'au XV⁵ siècle, environ 100 ans après sa mort. Cette figure n'est pas destinée à donner une idée du personnage lui-même; nous ne la reproduisons que comme modèle de costume du milieu ou de la fin du XV⁵ siècle. Bien que l'idée d'Eulenspiegel porte à considérer ce travestissement bizarre comme celui d'un fou ou d'un bouffon, ce n'est rien moins cependant que le costume ordinaire d'un jeune homme de cette époque. Le pourpoint collant, le petit manteau extrêmement court, les souliers à la poulaine, et le mi-parti adopté dans la coupe et la couleur, se trouvait dans le XV⁵ siècle, poussés jusqu'à la dernière exagération.

Ce qui dans ce portrait caractérise Eulenspiegel, sont les

attributs qu'on lui a donnés: un panier et un gobelet rempli de
fous, le chien avec un bonnet à grelots, et les armes d'Eulenspiegel (Miroir des hiboux) qui sont un bonnet de fou vu par
derrière, surmonté d'un hibou (Eule) et d'un miroir (Spiegel). On les trouve aussi sur son tombeau qui n'a été placé
que bien longtemps, il est vrai, après sa mort.

Les couleurs sont: Bonnet vert, manteau bleu clair doublé
de violet; pourpoint vert ainsi que la manche droite supérieure;
le justaucorps visible sur la poitrine, à la fente de la manche
de dessus et au poignet, rouge cinabre; ainsi que la manche
gauche avec parement vert; la garniture des hanches alternativement rouge et blanche. La jambe droite se compose de
raies en rouge cinabre, blanc et bleu clair; à la jambe gauche,
la moitié supérieure blanche à ornemens rouges dans le haut,
bleus dans le bas; le reste rouge cinabre. Ceinture avec poche,
et souliers noirs. La manche du poignard et les grelots sont
d'or. Le bonnet du chien est bleu, le collier rouge et blanc, les
petits fous de diverses couleurs; le bonnet de fou jaune à
gauche, rouge à droite.

PLANCHE 78. Heaumes de la fin du XVme siècle —
dessinés par *l'éditeur* — appartenant à M^r le Capitaine Muller
à Bamberg. Cette espèce de heaumes pour le développement
des formes fait la transition de la simple salade, qui ne consistait
qu'en une coiffe de fer munie d'une visière (v. planches 44 et
45 de cette division) à la Bourguignonne enveloppant toute la
tête qui parait au XVI. siècle. (Voir IIIme Division pl. 5. 29
et 40.)

Ces heaumes ont une visière; mais elle ne peut couvrir que
le haut du visage jusqu'au nez: on y ajoutait comme au bassinet
ou salade, une mentonnière de fer ou de cuir pour préserver
le cou et le bas de la figure. Celui du haut est très simple; mais
l'autre est plus riche; la partie qui couvre la nuque est mobile,
garnie de clous et ornée de lignes et de cercles gravés.

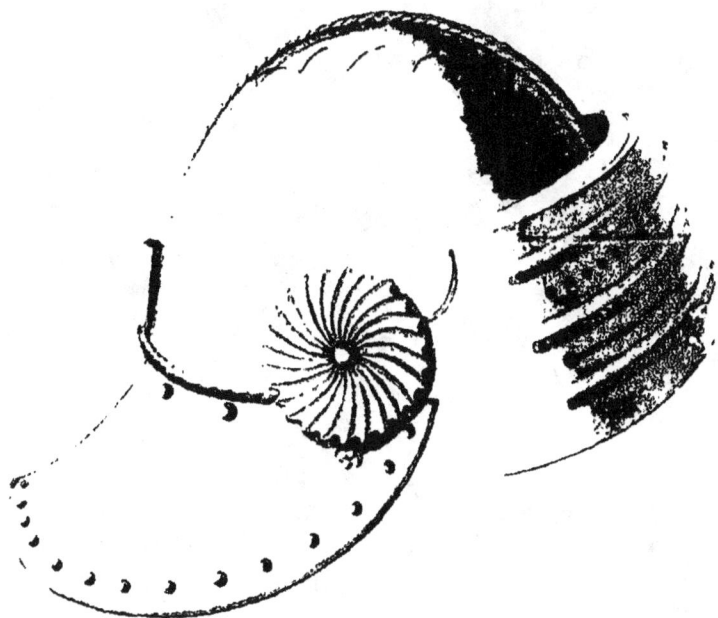

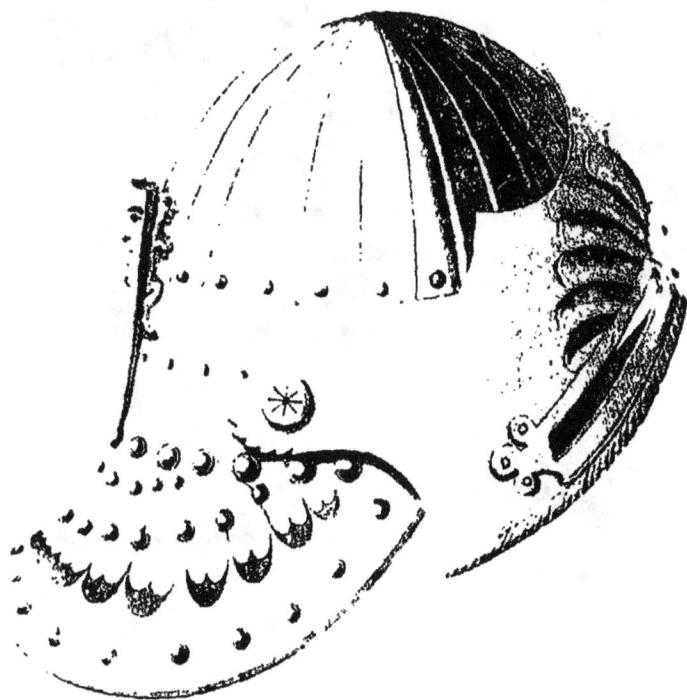

Tranchet a. d. 15me Siècle

Explication des Planches.

PLANCHE 79. Costume du XVme siècle — dessiné par *l'éditeur* d'après une figure du jeu de Cartes que nous avons déjà décrit Planche 69 de cette Division.

Cette figure est celle que nous appelons le Valet dans nos cartes actuelles, et il est représenté par un écuyer en costume de fête. Dans ce genre de costume on employait les festons déchiquetés sans limite ni raison, comme on peut en juger par la profusion exagérée de ceux-ci. Les grand chapeaux, en-tièrement en étoffe, commencent a paraître très fréquemment à cette époque; les mêmes formes, en plus petite dimension et semblables à ceux que nous portons aujourd'hui ne se ren-contrent que dans la première moitié du XVIme siècle comme le témoignent plusieurs ouvrages d'A. Durer. Le lien de la jambe gauche est la marque d'un service plus relevé; on le portait souvent aussi au bras gauche.

Les couleurs sont: chapeau bleu, à larges rebords bruns; le col et les longs festons au bras droit sont bleus à points d'or; le pourpoint avec les festons, rouge cinabre, la ceinture en or; les chausses bleues; la jarretière à la jambe gauche, en or; les bottines rouge brun. Le fonds de la carte est or.

PLANCHE 80. Costume de Chevalier du XVme siècle — dessiné par *l'éditeur* d'après le manuscrit du poëme des Echecs moralisés (Schachzabelbuch) de Conrad de Ammenhusen à la bibliothèque Royale de Stuttgart. Ce livre renferme des dessins à la plume coloriés, qui, bien qu'exécutés grossièrement, sont cependant fort instructifs pour les costumes et les usages du XVme siècle. Il contient des fables et des préceptes d'après lesquels on doit se diriger dans la vie. Notre dessin se trouve sur un des premiers feuillets et représente un chevalier en armure complète. (Sur ces armures voyez les descriptions des Planches 44, 45, 82 et 83 de cette Division). La figure a pour nous une valeur particulière par le passage suivant qui l'accompagne dans le manuscrit.

Puisque je vous ai parlé des anciens, je veux aussi vous dire quelque chose de l'équipement d'un chevalier. Un chevalier doit porter une armure cuirassée et tout ce qui s'y rattache; cela lui sied bien; je vais le détailler, si vous voulez le lire; un haubert, une capeline de fer; vous le savez, car cela est connu, des cuissards aux jambes; quelque chose de plus encore, je pense, un gorgerin, un bassinet et un heaume avec cela; aux mains il doit avoir des gantelets; il porte l'écu derrière le dos; une lame dans sa main gauche, comme l'indique ce livre; à son côté gauche une épée; deux éperons; une couverture de fer doit couvrir, dans une juste mesure, son cheval qui est dressé à obéir à ses ordres. Joignez-y une cotte, et avec cela un cœur d'homme, voilà un chevalier complet.

Les couleurs sont: armure en argent; les boutons sur le heaume, les épaulières, coudiers, genouillières et tuiles au haut de la jambe en or; les souliers ainsi que la plume, rouges, l'écu est jaune avec ornemens rouge cinabre; l'écusson du milieu porte de gueule à la fasce d'argent; ces couleurs se reproduisent au pennon. Le chanfrein est en argent, le panache vert bleu et brun; la large bride, rouge cinabre avec bordure et feuillage jaune; les rênes noires garnies d'or; la housse du cheval qui est blanc, rouge, doublée de vert.

Fernere durchlaucht ... (illegible handwritten caption)

Henricus III Kinng of England ...

PLANCHE 81. Henri VI., Roi d'Angleterre, † 1471 — copié par *l'éditeur* d'après le dessin du journal de Voyage du Chevalier Georges de Ehingen que nous avons décrit à la Planche 67 de cette Division. Henri, né en 1422, fut couronné roi de France, à l'âge de neuf mois seulement; mais la valeur héroïque de la Pucelle d'Orléans lui enleva cette couronne. Plus tard, dans les luttes de la Rose rouge et de la Rose blanche en Angleterre, il fut fait plusieurs fois prisonnier et enfin renfermé à la Tour, où on le fit périr en 1471.

Le roi est représenté ici avec le costume habituel, et plus particulièrement celui des hommes murs, dans ce siècle; ils portaient en effet la longue robe, tandisque les jeunes gens avaient adopté la jaquette ou tunique courte. Nous connaissons déjà par des exemples antérieurs le chaperon à longs pendants.

Les couleurs sont: Chaperon et pendants rouge foncé; robe bleue, avec collet et ceinture rouge cinabre; garnitures, bourse et cordons en or, souliers noirs. L'écusson représente les armes de France et d'Angleterre, écartelé aux 1 et 4 d'azur à trois fleurs de lys d'or, qui sont de France; aux 2 et 3 de gueule à trois Léopards d'or; les griffons des supports sont bruns à la partie inférieure, noirs en haut.

PLANCHE 82. Armure du XV⁻ siècle — dessinée par *l'éditeur* d'après l'original qui se trouve dans sa collection.

Cette armure offre les pièces et les formes qui constituent essentiellement toutes celles du XV⁻ siècle; et l'on peut considérer ce modèle comme une des premières armures plattes complètes, puisque ce sont les premières qui couvraient le corps entier de bandes de fer, tandisque jusqu'au commencement du XV⁻ siècle, on le protégeait par des tissus de maille et de châinons ou de cuir. On peut voir une description détaillée de ces armures à la Planche 14, et pour ce qui concerne la coiffure, Planche 45 de cette Division.

Toute l'armure est en acier poli, tellement dur que la lime la plus mordante ne peut l'attaquer; les clous et boucles sont en laiton et portent des traces de dorure. Le poids total est de 35 livres; les formes s'adaptent parfaitement à celles du corps; le jeu des pièces est doux et facile. Les ornemens très simples se composent de cannelures et d'échancrures délicates des bandes, dont nous avons donné le dessin de grandeur naturelle de chaque côté. Ce genre d'armure comporte deux coiffures de rechange, comme on les rencontre souvent à cette époque; le chapeau de fer à larges rebords dont nous avons parlé à la Planche précédente et la salade si souvent mentionnée qui gît à terre. Bien que l'on voie déjà paraître à cette époque la mentonnière qui couvre le bas de la figure, (voir Planche 45 de cette Division) il arrive aussi très fréquemment que cette partie reste libre comme ici, ou qu'elle soit enveloppée d'une capuche, dont nous voyons de nombreux exemples dans le livre du Concile de Constance d'Ulrich de Reichenthal. Ce qui prouve que cette armure n'a jamais eu de mentonnière, c'est qu'on ne trouve sur la poitrine aucune trace de pièces pour la fixer ou la boucler. Le plastron se compose de deux pièces mobiles, rabattues, et le dos de trois; souvent aussi on en trouve trois et quatre qui disparaissent dans les armures du XVI° siècle, où au contraire les pièces mobiles se placent aux ouvertures des bras. Sur le côté droit de la poitrine l'on voit les trous où l'on fixait le crochet de la lance. — A cette époque on voit les pieds chaussés tantôt de souliers d'acier, tantôt de cuir, rouge ordinairement, munis en dessus d'une bande d'acier flexible; mais toujours à longues pointes exagérées. Nous parlerons plus en détail à la Planche sui-

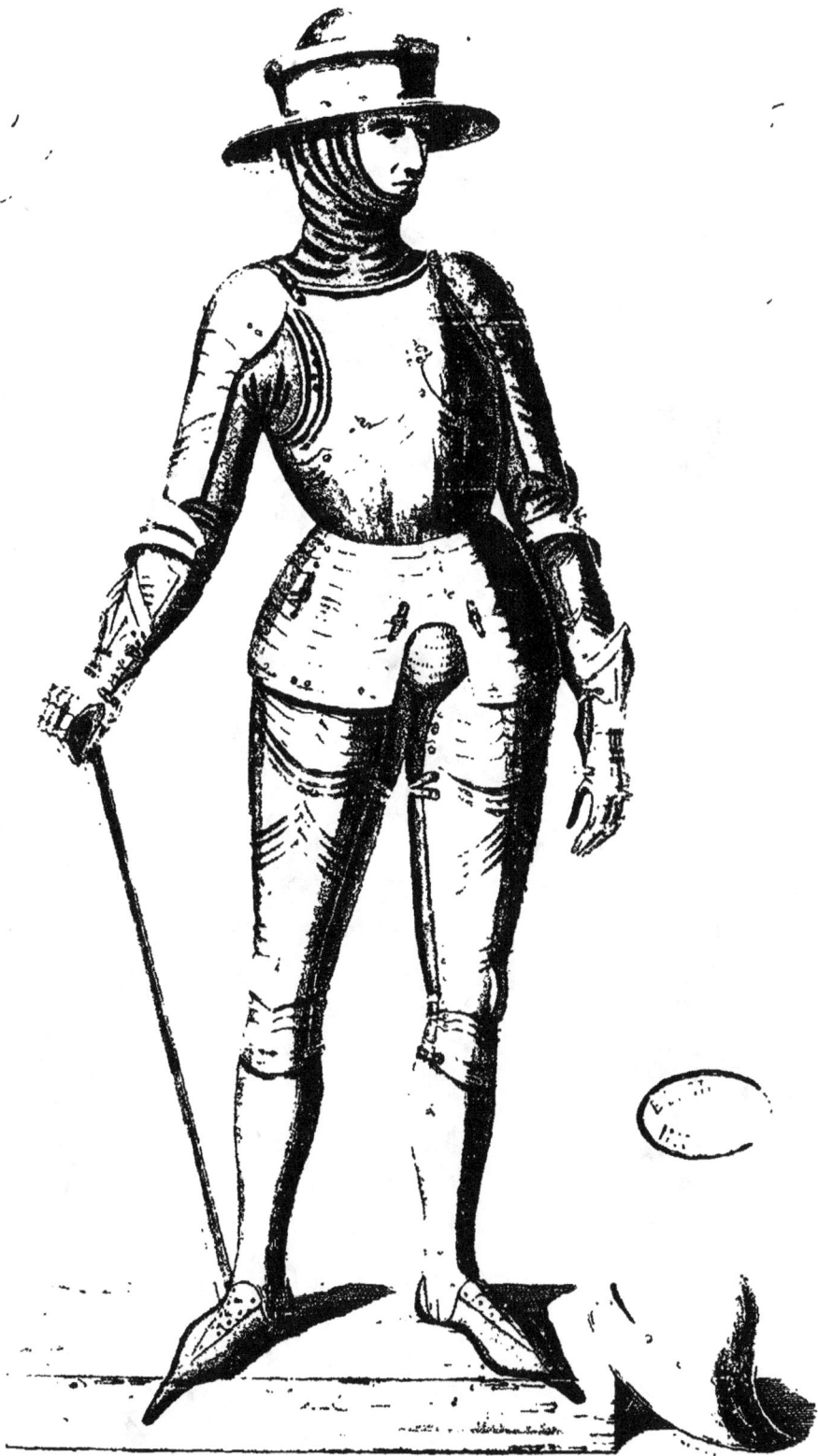

Harnisch a. d. 15ᵗᵉⁿ Jahrh.

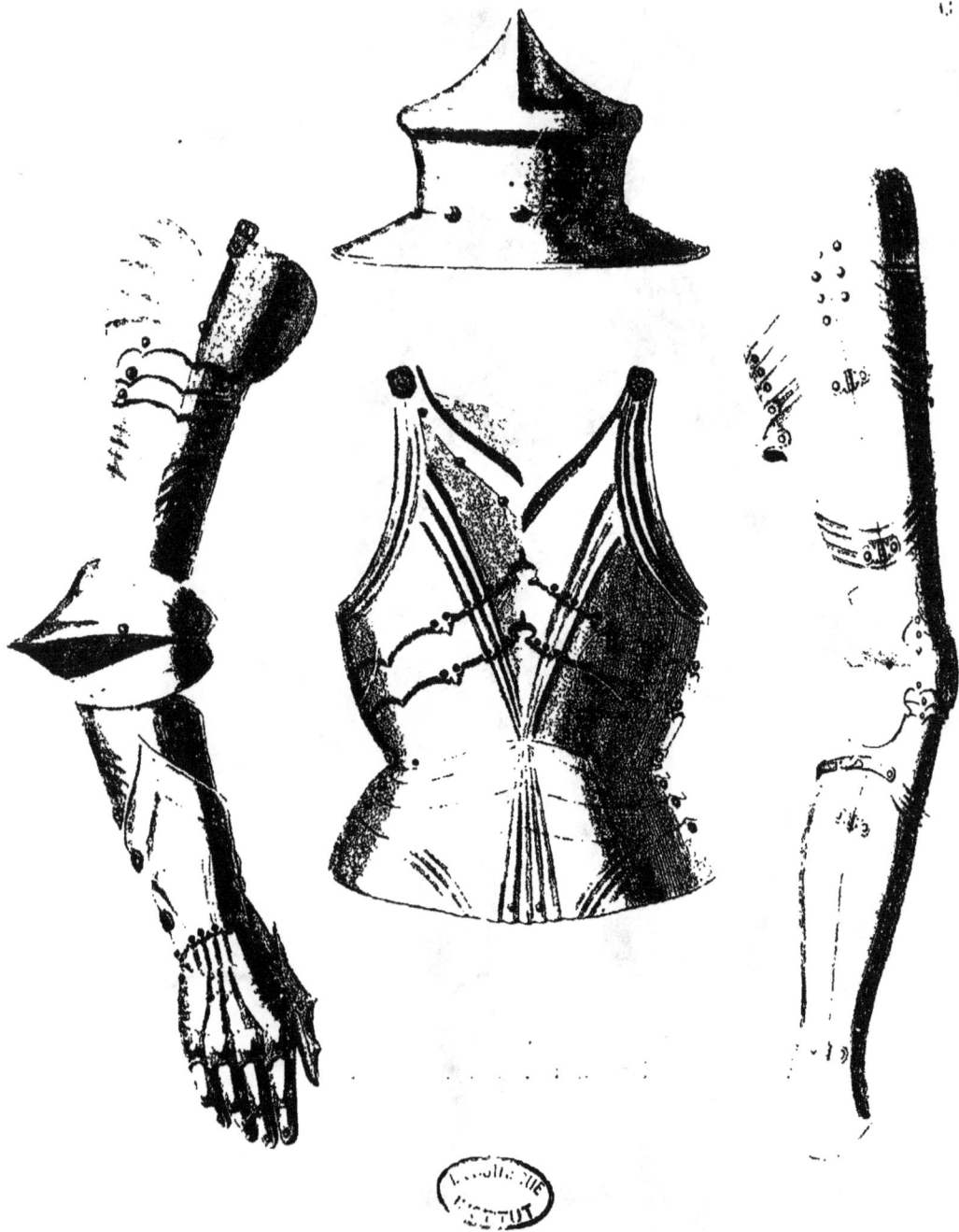

Harnischteile a. d. 15ᵗᵉⁿ Jahrh.

vante des pièces isolées. La gorge, le collet et les souliers ont été garnis à neuf en étoffe rouge suivant l'ancien usage.

PLANCHE 83. Pièces d'armure du XV™ siècle — dessinées par *l'éditeur* d'après l'armure de sa collection, décrite à la Planche précédente.

La figure du milieu représente un dos de cuirasse avec le tablier; sur ce dernier comme sur la poitrine les bandes se rabattent de bas en haut, tandisque sur le dos elles sont en sens contraire. Comme tout le reste de l'armure, ces deux pièces sont pleines de goût et se prêtent à chaque mouvement; elles pèsent ensemble 5 livres et demie.

En haut dans le milieu se voit le casque ou capeline de face; il est d'une seule pièce de fer, d'un travail fort remarquable; au sommet s'élève du devant à la nuque en forme de croissant une lame destinée à détourner ou faire glisser les coups; il pèse 4 livres et demie. Autour de ce casque on portait fréquemment le bourrelet à deux couleurs; ce qui le relevait singulièrement. En considérant le contour seul, dans la position où nous le donnons ici, il ne reste aucun doute que les capelines héraldiques que l'on rencontre encore aujourd'hui dans les armoiries, ne proviennent de là. (Voyez par exemple les armes des Comtes de Pappenheim et des Comtes de Kronenberg.)

A gauche est le brassard avec le gantelet du bras droit; le premier ne couvre que la partie extérieure du bras, quoiqu'on en trouve déjà à cette époque qui l'enveloppent entièrement; le coudier est d'une seule pièce; il s'allonge en pointe et se recourbe par derrière. Le gantelet très délicatement travaillé, porte sur le côté opposé une pièce qui sert à le boucler au poignet; ce qui est caractéristique pour l'époque, c'est que toutes les jointures des doigts se trouvent surmontées de pointes très saillantes; sur le côté extérieur du poignet on en voit également une, qui s'est conservée, avec très peu de modification, comme ornement, aux gantelets que l'on portait encore dans la guerre de trente ans.

A droite est le cuissard, vu du côté droit: il est souple, d'un jeu facile et s'adapte parfaitement aux formes du corps. La partie supérieure se compose de deux pièces, d'ont l'une de côté fixée, par des charnières, enveloppe exactement la cuisse et ne laisse de libre que ce qu'il en faut pour l'enfourchure. La partie inférieure s'étend du genou au pied. Le soulier pointu que l'on portait quelquefois en acier (il s'appellait alors solleret) en sortait. Au XVIᵐᵉ siècle on voit disparaître la seconde pièce de la cuisse, et le large soulier se réunit à la jambe.

PLANCHE 84. Donna Laura † 1348, dessinée par *Wittmer*, peintre à Rome, d'après une fresque sur un pilier de l'église inférieure de St. François à Assise. Tout le monde sait qu'elle fut l'amante du célèbre Pétrarque. Cette figure de grandeur naturelle, est attribuée à Simone di Martino, nommé à tort Simon Memmi, et ami de Pétrarque. C'est à la demande du poëte que ce maître peignit Laure, comme l'indiquent deux sonnets de Pétrarque, Nᵒˢ 56 et 57 de l'édition de Rome. Cette figure offre la plus grande ressemblance avec tous les autres portraits de Laure, notamment celui de la galérie Leuchtenberg à Munich. Le costume rappelle le goût antique des Grecs et des Romains, surtout par la tunique courte sans ceinture. Il ne faut pas s'en étonner, car à cette période du moyen-âge le goût antique commença à reparaître dans le costume en Italie, tandisqu'en Allemagne et dans les autres contrées celui du moyen-âge persista encore longtemps à se développer dans toute son originalité.

Les couleurs sont: la tunique courte à larges manches rouge cinabre, avec une large bordure blanche au bas, et garnie dans toute la hauteur de galons d'or. La robe de dessous à manches étroites est vert sale à raies rouges; le manteau bleu foncé avec galon d'or et doublé d'hermine; le soulier de cuir jaune.

Donna Laura

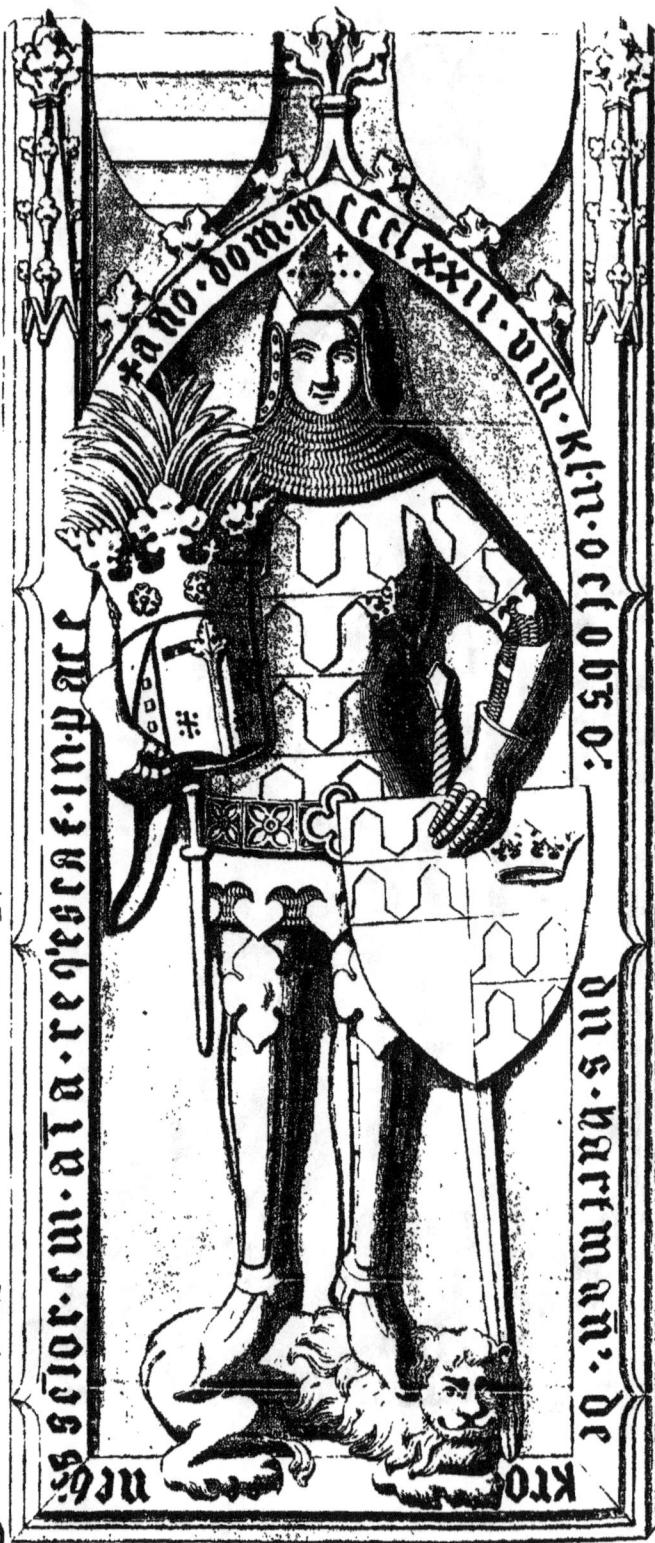

Hartmann v. Kronberg † 1372

Explication des Planches.

PLANCHE 85. Hartmann de Kroneberg † 1372 — dessiné par *l'éditeur* d'après le tombeau qui se trouve dans l'antique chapelle du château de Kroneberg dans les monts Taunus. Ce monument en gré rouge a été trois fois badigeonné et recouvert a moitié de planches qu'on y avoit clouées. Il a fallu faire disparaître le tout avant de le dessiner et c'est ce qui explique pourquoi les vues qu'on en a données jusqu'à ce jour sont si inexactes. Les Sires de Kroneberg se sont signalés par leurs fréquentes expéditions contre les bourgeois de Francfort; dans l'une desquelles notamment ils firent prisonnier un bourguemestre de cette ville. Hartmann de Kroneberg prit part à ces combats et y figure comme un vaillant chevalier.

Notre dessin donne une image du costume chevaleresque de cette époque dans sa plus grande splendeur. Le chevalier porte la Brigandine collante en cuir, avec ses armoiries imprimées qui sont de vair, et par dessous la cotte de mailles. Le pli du coude démontre que la pièce bouclée sur le bras pour le garantir était en cuir fort et non en fer. La genouillère consiste en une pièce de fer arrondie (le gousset) sur laquelle est placée une fleur à quatre feuilles, en cuir. La défense des jambes se compose déjà de bandes de fer réunies et liées par une courroie, qui plus tard formèrent les jambières completes. Le heaume de tournoi que le chevalier tient à la main avec la partie antérieure en fer et l'autre en cuir, est analogue à ceux de la Planche 68 de la même série. A la chapeline il porte la visière qui paraît fréquemment à cette époque et sur laquelle on trouvera des notions complètes au sujet du heaume que nous avons donné à la Planche 50. Les motifs pour lesquels le chevalier porte avec la chapeline le heaume de tournoi, sont suffisamment indiqués à la Planche 49 de cette même série. Bien que le tombeau ne soit pas peint, on peut cependant indiquer les couleurs principales d'après les armoiries des Kroneberg qui portent au 1. et 4. de vair (azur et argent); au 2. de gueule à la couronne d'or; au 3. de gueule. L'ornement du heaume consiste en une touffe de plumes noires.

L'inscription est ainsi conçue: Anno domini 1372 octavo calendas octobres obiit dominus Hartmann de Kroneberg senior, cujus anima requiescat in pace.

PLANCHE 86. Dame Italienne du XVme siècle — dessinée par *Wittmer*, peinte à Rome, d'après une tenture en tapisserie qu'on expose une fois par an dans cette ville pour la fête du St Sacrement. Il existait antérieurement une suite de ces tapisseries dont l'ensemble représentait des fêtes de cour et les cérémonies d'un mariage; il n'en reste plus que deux complètes, et la moitié d'une autre qui a été déchirée, de sorte que le sujet ne comporte plus d'explication possible. Ce n'est que par la comparaison d'autres peintures du temps que l'on peut énoncer avec quelque certitude que cette dame porte le costume du XVme siècle, époque où la tapisserie a été confectionnée. On avait pris sans doute pour modèle quelque dame de la cour.

En comparant ce costume avec celui des autres dames que nous avons donné dans notre ouvrage, on verra combien d'une part il se rapproche des modes générales de ce siècle, tout en décelant d'ailleurs le cachet particulier du goût italien. Les

Baiunesche Dame d. d. . Iter.

Albrecht v. Hohenlohe. 1319.

couleurs sont: chaperon rouge avec passe relevée en or, broderies de même; robe bleue, doublée de blanc avec ceinture et broderies en or; manches de dessous blanches; jupe de dessous rouge avec bordure en or.

PLANCHE 87. Albert de Hohenlohe † 1319 — dessiné par *l'éditeur* d'après le tombeau dans l'église claustrale de Schoenthal sur la Jaxt où il fut transféré lors de la démolition de l'ancienne église en 1710. Il est en gré gris et n'a jamais été peint; bien qu'il ne porte pas d'inscription, les armes des Hohenlohe (deux Léopards) indiquent suffisamment la famille à laquelle il appartient. Plus loin on lit sur une inscription ajoutée postérieurement: *Albert de Hohenlohe surnommé de Meckmuhl.* D'après la généalogie de cette famille on ne trouve dans la branche des Meckmuhl que deux Albert, dont l'un mort en 1277 et le second en 1319. Le costume et l'exécution artistique nous font adopter cette dernière date avec quelque certitude. Ce costume a encore une grande affinité avec celui du XIII⁰ siècle, il fut adopté généralement au commencement du XIV⁰ et disparut vers le milieu ainsi que nous l'avons vu à la Planche 53 qui représente Ulric de Landschaden; la cotte de mailles y domine encore et la chapeline ne couvre pas les oreilles; alors seulement vient à paraître le costume plus recherché que nous avons vu à Gunther de Schwarzbourg, au Comte d'Arenberg, au chevalier de Kroneberg et quelques autres de cette série.

PLANCHE 88. Louis de Hutten † 1414 — dessiné par *l'éditeur* d'après le tombeau qui se trouve dans le cloître de l'ancien monastère de femmes à Himmelspforte près Wurzbourg. Le nom de ce Louis de Hutten reparait souvent dans des chartes de 1393 à 1407. Son épouse était Agnès de Rechenberg.

Les parties essentielles de son costume étaient principalement en usage à la fin du XIV⁰ et au commencement du XV⁰ siècle. La poitrine est couverte par une pièce de métal ou plastron qui ne va pas jusqu'aux hanches; aux genouillères de fer sont jointes des bandes de métal pour garantir les jambes, et réunies par des pièces de cuir pour laisser les mouvemens libres. Le baudrier qui va bientôt disparaître n'est plus porté aussi bas. Les grelots qui y sont suspendus formaient comme nous l'avons souvent répété, un des principaux ornemens pour toutes les classes aux XIV⁰ et XV⁰ siècle. Parmi la suite des chevaliers de Berlichingen que l'on voit dans l'église claustrale de Schoenthal sur la Jaxt, il s'en trouve un de la même époque qui porte un costume exactement semblable avec la seule différence que l'espace entre la cuirasse et le plastron est protégé par une pièce de mailles. L'inscription du tombeau porte: L'an du Seigneur 1414, le jeudi saint dans la nuit est mort Louis de Hutten.

Les couleurs autant qu'on en peut juger d'après quelques vestiges sont: Chapeline noire; la pièce de fer qui fixe la brogue est dorée; celle-ci de même que le jupon de mailles, couleur de fer. Le plastron, le baudrier avec les grelots, les jambières et garde-bras en or. La cotte à larges manches visible aussi entre le plastron et le baudrier, rouge cinabre avec bordure d'or; doublure des manches blanche; genouillières en fer; la pièce de cuir en dessous et les courroies des éperons, rouges; souliers noirs. Le heaume de tournoi, noir avec bordure d'or; les volets ou lambrequins rouges, doublés d'or. Pour cimier, une tête avec une couronne d'or. L'écu est de gueule à deux bandes d'or.

ludwig v. Hutten

PLANCHE 89. Costume du XVme siècle, dessiné par *l'éditeur* d'après le jeu de cartes que nous avons déjà décrit Planche 69 de cette série.

La coiffure consiste en une espèce de turban, du milieu duquel sort une pièce à nombreux festons. De même que les manches de la robe de dessus qui descendent en longs festons jusqu'à terre; celles de dessous plus richement déchiquetées retombent par devant, sur les pieds.

Les couleurs sont: coiffure blanche avec reflet rouge; les pois et les ornemens en or; la robe bleue à pois d'or; les petites raies transversales, blanches; la bordure des festons blanche, ainsi que la doublure de la robe; festons de dessous blancs, à reflet rougeâtre avec pois d'or. Le fonds du dessin est en or.

PLANCHE 90. Conrad de Weinsberg † 1446 et Anna de Hohenlohe son épouse, dessinés par *l'éditeur* d'après le monument sépulchral qui se trouve dans l'église claustrale de Schoenthal sur la Jaxt. Les deux figures sont coulées en bronze, hautes de 5 pieds et placées aux deux côtés de l'entrée principale dans deux niches qui ne leur étaient pas destinées; on leur a enlevé les accessoires qui s'y trouvaient dans l'origine à l'exception de leur écu fixé dans le mur au dessus d'eux.

La coiffure de l'homme est assez curieuse en ce qu'elle ne consiste pas en un casque comme habituellement, mais elle emboîte toute la tête. La mentonnière et le gorgerin étaient sans doute en cuir; on y voit les armoiries du chevalier. Il est à supposer que la chapeline était de cuir et qu'on plaçait dessus le heaume qui couvrait le visage. Il faut remarquer également les épaulières et la large braconnière où est passée l'épée.

Les gantelets ont conservé la forme ordinaire du XIVme siècle. Sur la poitrine le chevalier porte la décoration du dragon, consistant en un dragon roulé en cercle, dont le dos est surmonté d'un écu avec une croix. Au dessous des figures, nous en donnons le dessin sur une plus grande échelle d'après une magnifique broderie en relief, fort ancienne qui appartient à Mr. de Reider, professeur de dessin à Bamberg. Le dragon est d'or chatoyant, tirant au vert sur le dos et au jaune sous le corps; l'écu est d'argent avec une croix de gueule. — Cet ordre fut fondé en 1387 par l'empereur Sigismond. Son but était la destruction des infidèles et l'extirpation de l'hérésie; ce qu'indique symboliquement l'insigne de l'ordre. A la mort de l'empereur il déchut et s'éteignit complètement avec les membres qui le composaient.

La coiffure de la femme comme toutes celles du temps, enveloppe complètement la tête, mais ici d'une manière assez originale. La main tenait primitivement un crucifix d'argent qui a disparu ainsi que la lance du chevalier que nous avons suppléée. Aux jours de fêtes les gens du pays y placent des fleurs comme nous l'avons indiqué pour la femme.

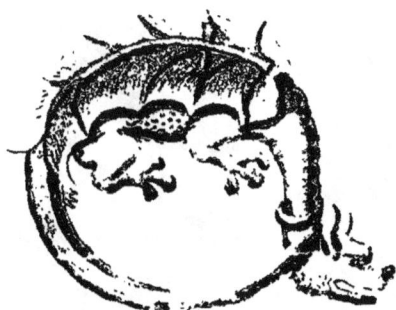

Römischer Soldat
Ende d. 15 ten Jahrh.

Explication des Planches.

PLANCHE 91. Soldat romain de la fin du XVme siècle, dessiné par *Wittmer*, peintre à Rome, d'après des fresques qui se trouvent à la bibliothèque (Libreria) de la Cathédrale de Sienne. Ces fresques représentent les événemens les plus remarquables de la vie du célèbre Aeneas Sylvius Piccolomini, plus tard pape sous le nom de Pie II., elles sont de la main de Pinturicchio (1454 — 1512) d'après les cartons de Raphael agé de 20 ans.

Notre dessin dans lequel on ne peut méconnoître son style représente un jeune soldat de la garde papale suisse, qui portait alors le costume simple que nous lui voyons ici. Plus tard, lorsqu'au XVIme siècle, une garde suisse fut introduite dans toutes les cours elle en adopta un autre plus riche et bariolé qui est généralement connu.

Les couleurs sont: barette noire avec agraffe d'or et panache blanc, veste rouge à large bordure noire sur l'épaule: courroie en cuir noir autour de la taille et du cou: manches de dessous jaunes: chausses jaunes jusqu'aux pieds avec une pièce rouge sur la cuisse: jarretières noires: souliers bruns.

PLANCHE 92. Jean Comte de Wertheim, surnommé le Barbu — dessiné par *l'éditeur* d'après son tombeau dans l'église Collégiale de Wertheim qu'il avait fondée. Ce monument se trouve dans le choeur exhaussé contre la muraille:

tout près de celui-ci on trouve un autre tombeau magnifique où on voit le comte entre ses deux femmes; nous le donnerons dans la suite de notre ouvrage. Ce chevalier a été un des plus distingués de la famille de Wertheim, dont le Dr. Aschbach a donné une histoire détaillé qu'accompagnent des planches malheureusement inexactes. — Le monument est en gré gris et n'a jamais été peint; c'est un des plus complets et des plus achevés de son époque.

Le chevalier porte le timbre des Comtes de Wertheim non seulement sur le heaume de tournoi; mais encore sur le bacinet dont on pouvoit sans doute l'enlever lorsqu'on mettait le heaume. Par les ouvertures du plastron qui est déjà passablement ouvragé, sortent deux longues manches pendantes déchiquetées à festons. Sous les hanches il porte la ceinture de chevalier qui disparaît peu de temps après. Les écussons sont arrondis par le bas, tandisq' antérieurement ils étaient triangulaires. Le pennon qu'il tient à la main ainsi que celui du timbre sont raides comme presque tous ceux du XV⁵ siècle, terminé à la partie supérieure par une banderolle volante. L'inscription porte: Anno Domini **1407** in vigilia sancti Johannis baptistae obiit Johannes comes in Wertheim, cujus anima requiescat in pace.

PLANCHE 93. Marguerite de Fuchs, née de Hutten, † **1403** — dessinée par *l'éditeur* d'après le tombeau qui se trouve dans le cloître de l'ancienne abbaye de Himmelspforte près Wurzbourg.

Cette dame porte le costume simple des femmes mariées que l'on voit si fréquemment à la fin du XIV⁵ siècle. La chevelure est entourée d'une fraise sur laquelle repose un double mouchoir dont les bouts reombtent par derrière; le cou et le

Around the figure (border inscription):

Anno ∙ dom ∙ m | ccc ∙ lxxxxiiii | m ∙ wertheim ∙ cuius ∙ anima ∙ requiescat ∙ in ∙ pace ∙ amen | sancti ∙ iohannis ∙ baptiste ∙ obi

Below the figure:

Johannes ∙ comes

xxxxx xxxx ∙ xxxxxxx xxxx

areta · de · butten ...

anno · dni · m · cc · lxxxxii · laurencie · mo

apodoli · thus · eu · era traului

... pet · jed ...

menton sont enveloppés d'un autre mouchoir dont le bas est garni tout autour d'une épaisse fraise. La robe est très longue, sans ceinture: le manteau à plis nombreux avec bordure découpée en forme de feuilles. — L'inscription porte: Anno Domini 1403 in die sancti Laurentii obiit Margaretha de Hutten uxor Appollonii Fuchs, cujus anima requiescat in pace amen.

Les couleurs autant qu'on peut les rétablir d'après les faibles vestiges de l'ancienne peinture sont: pour la coiffure et le cou, blanc: le manteau bleu: la bordure déchiquetée blanche: la bande qui la sépare, rouge: la robe rouge avec boutons d'or aux manches: souliers noirs: rosaire rouge. En haut à gauche les armes de la famille Fuchs: d'or à un renard (Fuchs) de gueule: à droite celle des Hutten: de gueule à deux bandes d'or; en bas à gauche: les Ronnenbourg de gueule au château d'argent; à droite, les Erbach: coupé des gueules et d'argent à 3 étoiles de l'un en l'autre deux et une. — La grand-mère de Marguerite Fuchs était une Ronnenbourg et sa mère une Erbach.

PLANCHE 94. Elizabeth d'Erbach † 1368 et Ulrich d'Erbach † 1369 — dessinés par *l'éditeur* d'après le tombeau qui se trouvait originairement dans le monastère de Steinbach, et transféré dans la chapelle ou Crypte restaurée, attenante à la célèbre salle des chevaliers à Erbach.

Elizabeth et Ulrich qui moururent tous deux dans un âge tendre étaient enfans du Comte Eberhard Echanson (Schenk) d'Erbach † 1377 et d'Elizabeth fille du comte Jean de Katzenellenbogen † 1381. Le costume des deux figures indique des jeunes gens au XIVme siècle. La tête nue entourée tout au plus d'un simple cercle ou d'une torsade était le signe distinctif des vierges. Le jeune homme ne porte ni la ceinture ornée ni l'épée, preuve qu'il n'était pas encore en état de porter les armes. Un ornement assez bizarre, c'est cette espèce de guirlande pendant aux manches. L'inscription porte pour Elizabeth: Anno Domini 1368 in die beati Jacobi apostoli obiit Elizabeth pincerna (Schenk, Echanson) de Erbach (Puer au lieu de puella: faute du sculpteur sans doute). Celle d'Ulrich est ainsi conçue: Anno Domini 1369 in die ascensionis Domini obiit Ulericus Pincerna de Erbach puer. — Le monument est en grès rouge; à relief peu élevé et ne porte aucune trace de peinture antérieure.

PLANCHE 95. Cassette avec costumes du XVᵐᵉ siècle dessinée par *Schütze*, peintre, d'après l'original qui se trouve dans la collection Royale d'objets d'art à Berlin.

Cette cassette dont nous donnons quelques parties de grandeur originale dans cette Planche et la suivante, est en bois revêtue d'une espèce d'enduit sur lequel on a légèrement imprimé les sujets qui ont été ensuite peints et dorés. Le couvercle est bombé, le pied sculpté de tous côtés dans le style gothique. Dans ce sujet, Eckart, dans son ouvrage intitulé: Explication d'une cassette à Joyaux etc. Nuremberg 1725, veut voir la représentation d'une prétendue union romanesque entre Agnes de Hohenstaufen, nièce de l'empereur Frédéric Barberousse, avec Henri, fils de Henri le Lion, union qui aurait mis fin aux longues et funestes dissentions des Hohenstaufen et des Guelfes. Nous ne pouvons admettre cette opinion parcequ'il n'était pas d'usage à cette époque; les événemens historiques n'étaient pas encore passés dans le domaine de l'art l'artiste ne choisissait en général que des sujets religieux ou des scènes de la vie journalière telle qu'il les avait sous les

der leben mit drucklen ... geheit

yeux. Nous ne pouvons voir non plus dans notre dessin que le thème favori, qui se reproduit si fréquemment comme décoration dans ce temps, un jardin d'agrément orné de fontaines, d'oiseaux, de plantes où un cavalier s'entretient avec une dame.

Bien que le dessin des figures humaines de même que les autres objets s'écartent des formes naturelles et soient traités dans le goût phantastique de l'ornementation, on ne peut méconnaître dans les costumes les modes régnantes du XVe siècle que reproduisent une foule de peintures de cette époque. On retrouve dans l'habillement de l'un et l'autre sexe, les longues manches, les écharpes à grelots et roulettes, les souliers pointus et le mi-parti. Ce qu'il y a de plus remarquable, est le surtout de la dame de droite, dont le capuchon bizarre se montre de l'autre côté à la Planche 96. Ici le dessin d'en haut reproduit celui qui se trouve sur le couvercle bombé, au bas, le dos de la cassette.

Les couleurs sont: pour la dame de gauche: coiffure blanche; tunique à longues manches, bleue, doublée de rouge et brodée de points d'or; l'écharpe à rondelles suspendues, en or; robe de dessous, rouge à points d'or. L'homme porte un bonnet bleu à points d'or, et bordure rouge et blanche; habit bleu avec points d'or et doublure verte; bordé de rouge au cou et de blanc aux manches; chausses et souliers rouges. L'autre dame porte une tunique rouge à points d'or, doublure bleue, ainsi que les manches de dessous; robe blanche ornée de feuillage rouge et de perles d'or. Le fonds pointillé sur toute la cassette ainsi que les fontaine, oiseaux, plantes etc. en or. L'espace entre les arcades du bas, ainsi que les fleurs et quelques ornemens est peint alternativement en bleu et rouge.

PLANCHE 96. Cassette avec costumes du XV⁻ siècle, dessinée par *Schütze,* d'après l'original qui vient d'être décrit plus haut. Cette Planche représente le devant avec les deux côtés et la courbure du couvercle.

Les trois personnages sont les mêmes que précédemment, mais dans une autre situation. Les couleurs sont également semblables ainsi que pour toutes les parties de la cassette, sauf quelques exceptions que nous allons indiquer. L'homme a la jambe gauche blanche, entourée de perles vertes; la dame de droite porte à la tunique de dessus des manches rouges avec bordure blanche et doublure verte.

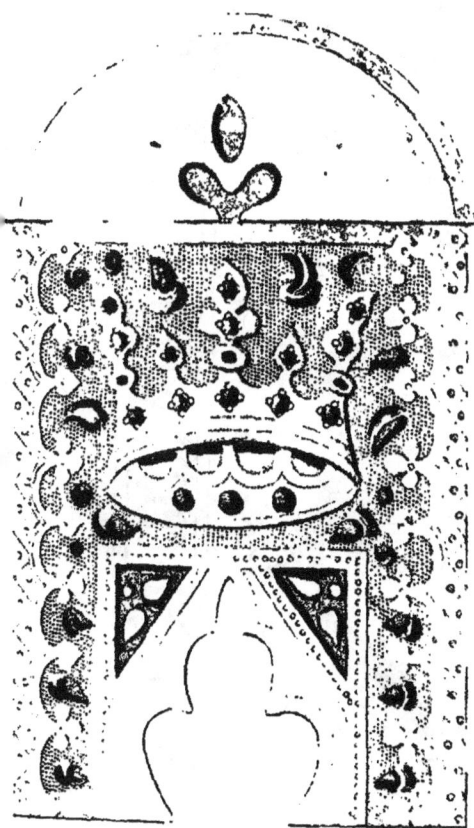

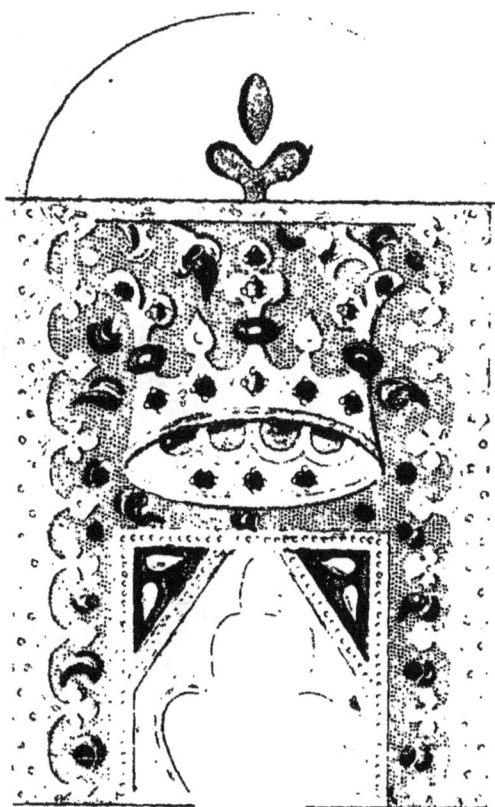

Menschen met trachten a d. haren

Explication des Planches.

IIᵐᵉ Division. 17ᵐᵉ Livraison.

PLANCHE 97. Pierre de Stettenberg † 1428 — des-
siné par *l'éditeur* d'après le tombeau qui se trouve dans l'église
abbatiale de Brombach. Pierre de Stettenberg de Gamberg,
surnommé le Vieux, était bailli de Wertheim. Il avait épousé
Anne d'Ehrenberg. La maison de Stettenberg s'est éteinte au
XVIIᵐᵉ siècle. Le costume de ce chevalier et celui de son
fils à la planche suivante nous offrent les parties d'armures les
plus essentielles de la première moitié du XVᵐᵉ siècle qui font
la transition de la cotte de maille à l'armure plate qui n'a com-
mencé à être d'un usage général que dans la seconde moitié
du XVᵐᵉ siècle. La braconnière est une des premières qu'on
ait faite à lames mobiles; elle est échancrée sur les hanches,
parceque dans l'origine on n'était pas arrivé à rendre les
lames mobiles sur toute la circonférence du corps. Le heaume
de tournois qui selon l'usage était placé sur l'épaule gauche, a
été raclé. L'épée est brisée. — Le monument est en grès gris,
couvert d'une couche de badigeon; il n'a jamais été peint.
L'inscription porte: Anno domini 1428 in die sancti Marci
Evangelistae obiit strenuus vir Petrus de Stettinberg Miles
(chevalier) cujus anima requiescat in pace. Amen.

II.

22

130

PLANCHE 98. Pierre de Stettenberg † 1441 — dessiné par *l'éditeur* d'après le tombeau dans l'église abbatiale de Brombach. Il était fils du précédent Pierre de Stettenberg et avait épousé Anne Echter de Mespelbrunn. — Il porte encore la brigandine qui devient toujours plus rare vers cette époque et sur laquelle sont empreintes les armes de sa famille. Contre l'usage du temps ce chevalier porte de la barbe. Sur le côté droit du monument se trouve l'esquisse des grèves avec la genouillère, vues en dehors, et vues en dedans sur le côté gauche. — Le heaume de tournois qui se trouvait sur l'épaule gauche, a été raclé comme le précédent; la main gauche qui tient l'épée, a été également mutilée au ciseau; nous l'avons rétablie selon la forme primitive. Le monument est de grès gris. L'inscription porte: Anno domini 1441. 11. calendas aprilis obiit Petrus de Stettinberg, filius Petri de Stettinberg, militis de Gamburg cujus anima requiescat in sancta pace. Amen.

PLANCHE 99. Tapisserie avec costumes du XV siècle, dessinée par *l'éditeur* d'après original qui se trouve dans sa collection. Elle a 15 pieds de Paris de long, sur 2 pieds 1 pouce de large. La Planche 99 n'en contient qu'un quart; les 3 autres sont reproduits sur les suivantes. — L'ensemble représente une série de jeux et de divertissemens. Les personnages offrent les différens costumes qui étaient en usage pour les deux sexes vers le milieu du XV** siècle, époque de la confection. On y voit les festons, les déchiquetures, les manches en sac, les doublures en fourrures, les bourrelets ou tortils en forme de turbans, le mi-parti etc. Quoique les figures ne soient pas exemptes de raideur, on remarque cependant de l'action et de la vivacité dans les groupes. Le paysage est traité dans le goût de la tapisserie plutôt qu'il ne

spricht mit . brachten und die . . . . . Jahrh.

vise à l'imitation de la nature. Le dessin représente d'abord un jeune homme jouant aux échecs avec une dame; ensuite une scène de chasse où un chevreuil se réfugie près d'une dame tandisqu'un chasseur abat un cerf.

Les couleurs sont: pour la dame à l'échiquier, coiffure blanche, robe bleue doublée de vert à festons bordés de rouge, ceinture jaune, souliers noirs. L'homme porte un sayon brun avec bordure jaune et brune, ceinture bleue, chausses blanches, bottines rouges. — La dame au chevreuil: robe verte avec bordure blanche, ceinture jaune, manches de dessous rouges; le chasseur porte le chaperon à guimpe violet, sayon rouge, ceinture bleue, bourse blanche; la jambe droite bleue avec bottine rouge; la gauche rouge avec bottine bleue.

PLANCHE 100. Tapisserie avec costumes du **XV**ᵐᵉ siècle — deuxième compartiment de la tapisserie décrite ci-dessus. Elle représente un homme et une femme à cheval avec un faucon, appartenant à la scène de chasse décrite plus haut; puis un jeune homme prenant de rafraîchissemens avec des dames chez un marchand. L'inscription est devenue illisible par suite de vétusté. — Les couleurs sont: pour la dame à cheval, robe rouge, manches festonnées jaunes, coiffure bleue à tortil rouge et jaune. Le cavalier a les bottes et le sayon bleu, les chausses rouges. L'homme au collier de grelots a une coiffure bleue à franges jaunes, vêtement bleu, bordure des manches et collier jaune, chausses et sous-manches rouges, bottes blanches; la dame dont il tient le bras, a une coiffure rouge à bordure bleue, robe violette à festons bordés de jaune, ceux de dessous, bleu clair; la dame près de la table: coiffure bleue, robe verte, ceinture jaune; le marchand porte une coiffure à bandes rouges et bleues avec points jaunes, habit rouge

avec bordure et ceinture blanche, chausse droite rouge et
botte bleue, l'autre bleue avec botte rouge.

PLANCHE 101. Tapisserie avec costumes du XV*ᵐᵉ*siècle
— troisième compartiment du No. 99. Les personnages représentés sont occupés à un jeu nommé: *Le roi ne passe pas le
ruisseau.* Le roi doit prendre ceux qui le touchent, sans fran-
chir le bâton placé entre lui et les joueurs. Celui qui se laisse
prendre, devient roi à son tour. — Voici l'indication des couleurs: pour la première dame de gauche, coiffure noire tortillée de rouge et de blanc, robe bleue garnie de blanc, ceinture
jaune, sous-manches rouges; celle qui la prend par le corps, a
une coiffure rouge et bleue, tortillée d'une bande jaune, robe
violette; l'homme qui suit immédiatement: coiffure rouge, vêtement rouge à bordure jaune, ceinture blanche, chausses blanches, bottes rouges; la dame placée dans le fonds a une robe
verte, garnie de blanc, ceinture jaune. Le roi du jeu porte un
bonnet bleu à retroussis jaunes, sayon rouge garni de jaune et
de brun, chausses et sous-manches bleues, bottes blanches; la
dame en face: coiffure bleue et rouge à raies jaunes, robe
bleue garnie de blanc, ceinture jaune, manches de dessous à
raies vertes et rouges; l'homme placé derrière, habit blanc,
manches, chausses et bottes rouges; le suivant, au second
plan: coiffure blanche, sayon violet à bordure jaune; enfin la
dernière dame à droite: robe jaune à reflets rouges, garnie de
blanc, les manches en sac vertes, les sous-manches bleues,
ceinture blanche.

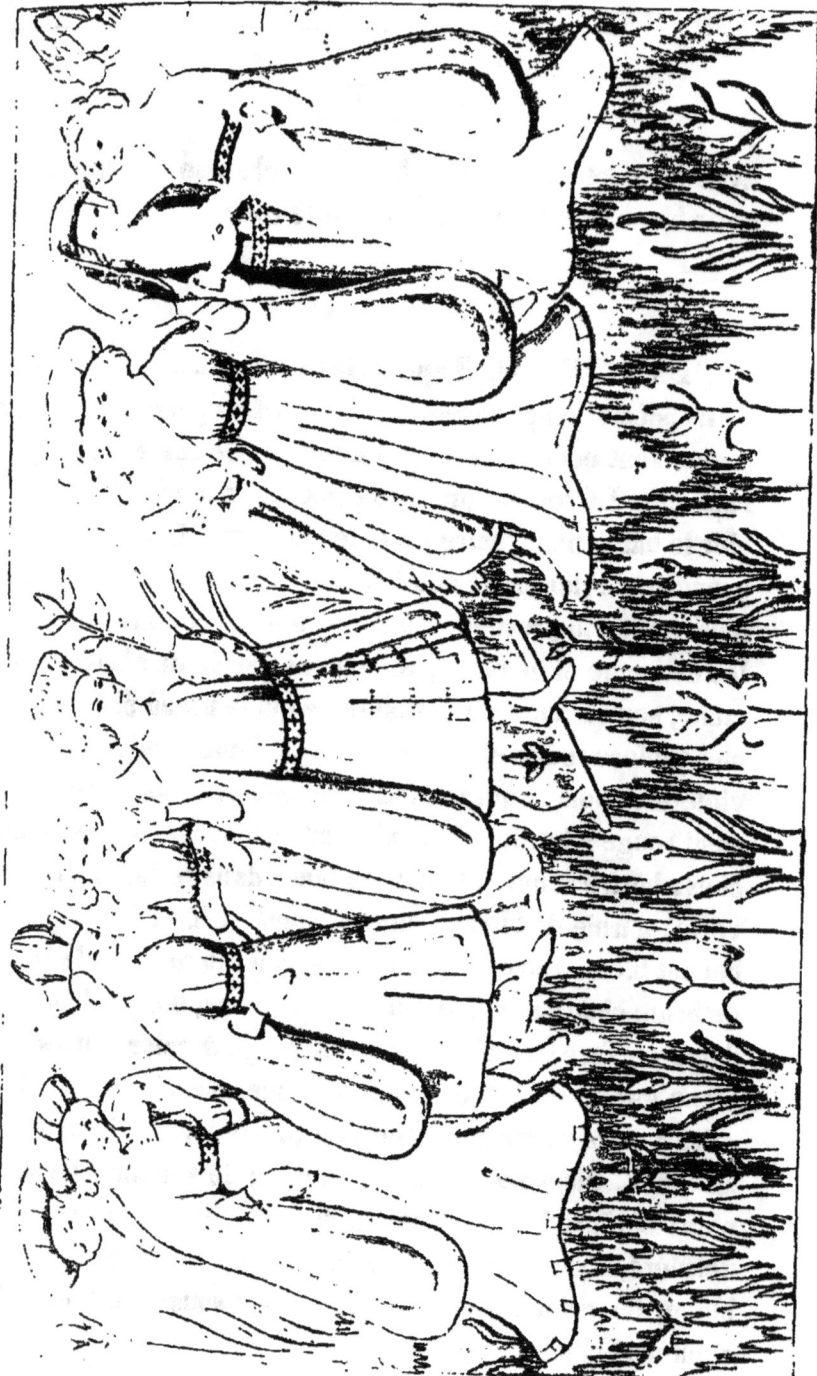

Spiele auf dem ... Lustschlein ... ...

PLANCHE 102. Tapisserie avec costumes du XVme siècle — quatrième et dernier compartiment du No. 99. Le dessin représente d'abord le jeu de la main chaude (où un des joueurs, les yeux bandés, doit deviner qui l'a frappé) et celui du ballon. — Indication des couleurs: la première dame de gauche coiffure bleue et rouge à points blancs et jaunes, robe rouge à bordure blanche, manches bleues, ceinture blanche; pour l'homme assis: chaperon bleu avec pendant violet, sayon bleu bordé de blanc, manches, chausses et bottes rouges; la dame debout derrière: coiffure violette et verte à raies jaunes, robe blanche, manches rouges, ceinture jaune; l'homme dans le fonds: sayon rouge, manches et chausses bleues, bottes blanches; celui qui a la main levée: chapeau violet, sayon vert bordé de jaune, ceinture blanche, manches rayées de bleu et de rouge, chausse droite blanche, rouge à gauche, bottes bleues. La dame qui lance le ballon, a une robe rouge garnie de blanc, ceinture jaune, manches rayées de rouge et bleu; l'homme qui joue avec elle: sayon bleu, garni de jaune, manches a raies vertes et rouges, ceinture blanche, chausses rouge à droite, bleue à gauche, bottes blanches; celui qu'on apperçoit au dessus, dans le dernier plan a un vêtement violet; celui du milieu: sayon vert garni de jaune, ceinture jaune; la dernière dame à droite: coiffure bleue, robe rouge garnie de blanc, manches bleues, ceinture jaune.

ANNO DNI M CCC LIIII E DNS

CVNRADVS DE BIKENBACH MILES OBIIT

MCCXLIIII PETRIN

Conrad v. Breitenbach ...

Explication des Planches.

IIe Division. 18e Livraison.

PLANCHE 103. Conrad de Bickenbach † 1354 —
dessiné par *l'éditeur* d'après le tombeau qui se trouve dans
l'église claustrale de Himmelthal, non loin de Klingenberg,
d'où l'on apperçoit encore les ruines du château qu'habitaient
les Bickenbach. Ce chevalier est probablement le père de ce
Bickenbach que nous avons donné Planche 57.

Le costume offre cette particularité qu'il présente les insignes de la chevalerie, c'est-à-dire, le heaume avec timbre,
l'écu et l'épée, avec le vêtement journalier. L'inscription
d'après ce qu'on peut la lire porte: anno domini MCCCLIIII
obiit dominus Cunrad ab Bikenbach.

Les couleurs, autant qu'on en juge par les traces qu'on
retrouve sous le badigeon sont: pourpoint violet avec collet
noir, chausses rouge sale, souliers noirs; l'écu de gueules
losangé d'argent; le heaume couleur de fer à garnitures d'or,
timbré de deux cornes de gueule losangées d'argent; le lambrequin rouge en dehors, argent en dedans, poignée d'épée
en or, fourreau noir.

PLANCHE 104. Jean d'Eschbach et son épouse Anne
de Pallant † 1406 — dessinés par *l'éditeur* d'après le tombeau qui se trouve dans l'église de Lorch sur le Rhin.

n.   24

Cette église peut être considérée comme un musée du moyen-âge en raison de son merveilleux grand autel et des nombreux monumens qu'elle renferme encore, quoique l'on ait employé la plupart des pierres tombales à paver les rues et que les magnifiques vitraux soient passés dans la collection de Mr. de Zwirlein qui les a fait remplacer par des verrières blanches.

Le tombeau est de grès rouge et n'a jamais été peint; la partie inférieure de l'inscription portant la date du décès de Jean d'Eschbach a été probablement murée; ce qui en reste porte: vaillant Jean d'Eschbach, la grâce de Dieu Amen.... 1496 mourut chaste Anne d'Eschbach, née de Pallant.

Il est tout à fait remarquable que cette dernière contre la coutume générale du moyen-âge n'ait pas été représentée les mains jointes, tenant un rosaire, la tête enveloppée; mais en costume de fête, les mains libres ainsi que la démarche. On ne retrouve pas non plus ici les animaux symboliques: le lion sous les pieds du mari, le chien sous ceux de l'épouse. Le guerrier porte l'armure ordinaire du XVᵐ siècle dont nous avons déjà parlé fréquemment; sa femme, la coiffure haute, blanche, brochée d'or. Les cheveux sont tressés avec des gances et forment par derrière une espèce de houppe. La robe de dessus très décolletée, dont les plis sont retenus devant par un élégant bouton, était relevée sur le côté par une ceinture et laissait appercevoir ainsi la jupe de dessous.

PLANCHE 105. Costumes italiens du XVᵐ siècle — dessinés par le peintre *Wittmer* à Rome. La figure de gauche est tirée d'une peinture représentant la Vierge Marie entourée de plusieurs Saints, laquelle se trouve dans l'église St. Dominique à Sienne. Cette figure est sur le premier plan et

Johann Graf v. Wertheim † 1407

représente le gentilhomme italien qui a donné le tableau; c'est donc un portrait de l'époque; au dessous on lit ces mots: opus Matei di Senis (da Sienna) MCCCCLXXVIII.

Le jeune Italien de droite est tiré d'une peinture à fresque qui se voit dans l'église Ste. Cathérine d'Assise.

Les couleurs sont: pour le personnage de gauche, bonnet rouge, tunique jaune avec fourrure brune; paremens blancs aux manches, ainsi que le dessous de la fente, chausses rouges, bottes brunes, ceinture rouge à franges d'or, manteau brun. — Personnage de droite, pourpoint à manches violet, garni de fourrure brune, chausses brunes, souliers brun foncé, ceinture bleue à franges d'or, surtout vert, à revers jaunes.

PLANCHE 106. Jean, Comte de Wertheim † 1408 avec ses deux femmes — dessiné par *l'éditeur* d'après le tombeau de l'église collégiale de Wertheim. — Ce Comte a dans la même église deux monumens. Sur le premier que nous avons donné Planche 92 de cette Division, il est représenté seul, dans le costume de chevalier; sur celui-ci il est entouré de ses deux femmes; à droite est la comtesse Marguerite de Rieneck; à gauche la comtesse Jutta de Teck. La grande ressemblance qui existe entre les traits de l'une et de l'autre, a sans doute donné naissance à la croyance populaire que le Comte après la mort de sa première femme avait fait le serment de n'en prendre une seconde, que s'il en trouvait une tout à fait semblable à l'autre.

Ce tombeau appartient incontestablement aux plus beaux monumens du moyen-âge en Allemagne; les figures de grandeur naturelle sont presqu'entièrement dégagées. Il est exécuté en grès rouge, parfaitement conservé et n'a jamais été peint; il se termine par trois clochetons gothiques que nous n'avons pu placer dans la gravure.

Le comte porte la brigandine où sont empreintes les armes des Wertheim. La poitrine bombée et les pièces plates aux bras et aux jambes décèlent le commencement du XV⁰ siècle.

PLANCHE 107. Costumes de femmes du XV⁰ siècle — dessinées par *l'éditeur* d'après les peintures de la Cathédrale d'Aix la Chapelle, dont nous avons déjà parlé Pl. 60 de cette Division. Elles représentent les évènemens les plus importans dans la vie de la Vierge Marie; ici ce sont des femmes apportant les offrandes lors de la présentation au Temple; elles sont dans le goût de l'époque de Jean d'Eyck et sous le costume de ce temps. Celle de droite, portant la cire, est une jeune fille, d'après son vêtement; les deux autres sont des femmes mariées. Il faut remarquer la coiffure garnie d'une gaze ou dentelle transparente que l'on voit fréquemment en France et dans les Pays-bas vers cette époque.

Les couleurs sont: pour celle de gauche, robe de dessus verte avec doublure, paremens et garnitures en blanc, jupe de dessous brun rouge bordée de blanc, ceinture noire à éguillettes d'or; sur la poitrine à l'échancrure de la robe une pièce de brocart d'or; les tresses sont enroulées d'un ruban rouge; les semelles épaisses sont attachées par des courroies blanches sur un soulier noir. Celle de droite a une coiffure rouge clair, brodée de perles blanches et recouverte de gaze blanche; la tunique à manches fendues rouge clair, garnie de blanc, jupe de dessous vert sale à dessins jaunes bordée de blanc; la pièce d'estomac à festons en brocart d'or, souliers noirs; celle du milieu, coiffure violette avec un large galon d'or, brodée de perles et de pierres bleues, enveloppés ainsi que le cou d'une gaze blanche, robe violette, bordée de blanc.

PLANCHE 108. Costume italien du XVme siècle — dessiné par le peintre *Wittmer* à Rome, d'après une fresque de la Cathédrale de Sienne dont nous avons parlé à la Planche 91 de cette Division. — Cette figure qui occupe le premier rang au milieu des gardes et de la foule du peuple représente un Italien de distinction. Raphaël et presque tous les grands artistes contemporains portent ce costume.

Les couleurs sont: barette noire; le pourpoint court, garni en haut de deux bandes noires, est brun rouge ainsi que les chausses; les manches jaune à reflet violet, le manteau brun foncé, la chaîne et la ceinture en or.

Lamentation de la .... Imbert

Scharf Rennen 1487.

Explication des Planches.

PLANCHE 109. Joûte à outrance en 1497, entre l'empereur Maximilien I et le prince-électeur de Saxe Frédéric III; — dessiné par *l'éditeur* d'après un feuillet colorié qui se trouve dans le livre de tournois dessiné et peint par Jean Burgmaier, et duquel S. A. S. le duc de Hohenzollern-Sigmaringen est en possession. Cet ouvrage magnifique, du plus haut intérêt pour la peinture et pour l'histoire, est encore fort peu connu. Il se divise en trois parties: la première représente des chevaliers du temps de l'empereur Maximilien I, qui, magnifiquement vêtus et armés de pied en cap, se disposent à se rendre à un tournoi. La deuxième partie représente des joûtes, où chaque fois deux chevaliers courent l'un contre l'autre, et Maximilien lui-même paraît dans diverses espèces de combats. Les feuillets formant la troisième partie nous présentent un tournoi complet, qui eut lieu à Augsbourg en 1553 pour célébrer les nôces du comte de Mundfurtt avec Catherine Fugger. On lit au bas du titre de cette partie ces mots: "Tel que moi, Jean Burgkmaier, je l'ai peint et dessiné., — Il en résulte que Jean Burgkmaier vivait encore vers l'an 1553, tandis qu'on prétend généralement qu'il est mort bien antérieurement à cette date. Nagler nous dit que plusieurs historiens regardent 1556 comme l'année de sa mort, mais il doute lui-même que Burgkmaier ait encore vécu en 1550. Chaque tableau est précédé d'une explication succincte, donnée par Jean Burgkmaier lui même; celle de notre représentation est conçue en ces termes: „Im 1496 Jar geschach zu Innsprukh am gailten montag das Scharpff Rennen, wie herumb verzaichnet ist, durch dise zwoen hernach benandtenn herrn, vnnd seind beid Geffallenn.„ ("*L'an 1497, il y eut à Inspruck, le lundi de St.-Gallien, le tournoi à outrance, tel qu'il est dessiné d'autre part, entre les seigneurs nommés ci-après, lesquels ont été renversés l'un et l'autre.„*) Au-dessus de l'empereur, on lit: Der römische Kinnig Maximilian; et au-dessus de son adversaire est écrit: Herzog Friderich von sachsen Kurffürst.

On distinguait la joûte à outrance de la joûte du carroussel; voir, pour cette dernière, *IIIe Division, pl. 72*, et pour la joûte à outrance des temps postérieurs, voir *IIIe Division, pl. 74 & 75*. — La joûte à outrance, où il ne s'agissait que de désarçonner son adversaire, existait encore au XVIe siècle, et les armures étaient pareilles à celles que nous donnons ici; nous ferons seulement observer que dès les premières années du XVIe siècle on ne voyait plus la cotte d'armes courte, que nous apercevons ici sous les cuirasses, et qui a surtout caractérisé le goût du XVe siècle. Quant aux couleurs, le casque de Maximilien, le bouclier de la lance, les cuissards, de même que les genouillères fixées à la selle, sont de fer; les plumes du casque sont blanches, les entrelacements dont il est recouvert sont d'or; le ruban qui l'entoure est d'or. Cotte d'armes, rouge-clair, chatoyant de vert et d'or; taillade bouffante à l'épaule, blanche. Le haut-de-chausses, la rondache sur la poitrine, le caparaçon, de même que la large bride, sont divisés en raies jaunes et rouges; les ornements qui s'y trouvent et se composent de feuillages, de fruits, de griffons et du chiffre *E*, sont d'or. Les souliers noirs ont des taillades encadrées d'or. Le grelots du cheval sont d'or. — La cui-

Wilhelm Truchseß zu Anfang des xv. Jahrh.

rasse de Frédéric est de fer; la genouillère est surmontée d'une croix en or. Les plumes sont blanches. La cotte d'armes est brune et ornée d'or. La targe sur la poitrine, de même que la partie d'arrière du caparaçon, est de couleur brune et a des ornements d'or; on voit sur cette partie du caparaçon un homme vêtu de noir et une dame vêtue de rouge devant une table brune, sur laquelle se trouve un cœur rouge. La partie antérieure du caparaçon est jaune, ayant des pals alternativement brun-clair et brun-foncé, dans les travées desquels on voit des K dorés; de même que le caparaçon, la large bride est également entrecoupée de couleurs diverses. Haut-de-chausses et souliers, noirs; la lance est jaune, ceinte de bandes brun-clair et brun-foncé. —

PLANCHE 110. Costume de chevalier au commencement du XVᵉ siècle.

La pierre tumulaire de la gauche, — dessinée par *l'éditeur,* — se trouve dans l'église de l'Ordre Teutonique à Wurzbourg, actuellement transformée en magasin; elle y a été transportée après la démolition de l'église des chevaliers de St.-Jean-de-Jérusalem de cette même ville, où elle se trouvait auparavant. L'inscription qui l'entourait est effacée à l'exception du millésime: "Anno Domini 1421., L'écusson et le cimier du casque nous apprennent que la figure représente un chevalier de la maison de Haberkorn, famille de Franconie qui n'existe plus. — Quant au caractère essentiel de ce costume, nous ne saurions que répéter ce que nous avons déjà dit dans cet ouvrage à l'occasion de costumes semblables qui datent de la fin du XIVᵉ siècle. Ce qui est surtout digne d'être remarqué, c'est que les manches tombantes ne deviennent visibles qu'au coude sous la cuirasse, et que des hauts-de-chausses de peau, courts et étroits, passent jusqu'au-delà des genouillères; ce qui se rencontre très-rarement.

La pierre funéraire à droite, dessinée par *Frédéric Hoffstadt*, se trouve dans la cour du cloître de la cathédrale de Mayence. Elle est en très-mauvais état, et elle n'a point d'inscription. A en juger d'après le costume du chevalier, et d'après celui de sa femme, représentée sur une pierre tumulaire semblable, qui se trouve à côté, ce monument remonte au commencement du XV° siècle. Nous ferons surtout remarquer dans cette représentation le haut-de-chausses descendant, formé de mailles de chaîne. Jusqu'à-présent nous n'avons jamais trouvé d'exemple de ce genre.

PLANCHE 111. Costume du XV° siècle, dessiné par *l'éditeur* d'après une peinture à l'huile de la seconde moitié du XV° siècle, laquelle appartient à M. Abel, procureur au tribunal suprême de Stuttgard. La représentation que nous donnons ici a la grandeur de la moitié de l'original. Elle représente un bourgeois aisé, peut-être un artiste, qui est occupé près de la fenêtre à faire sa prière avec sa femme. Bien que, selon le costume et la manière d'exécution, ce tableau paraisse appartenir à l'école flamande, nous ferons cependant observer qu'à cette époque on trouvait des costumes semblables en Allemagne aussi bien qu'en France, ce que prouvent les tableaux et les gravures d'Israël van Meckenen et d'autres maîtres pareils.

L'homme a sur le dos un second bonnet, attaché à un ruban qui passe par-dessus l'épaule droite, il porte la cotte bigarrée, large aux épaules et en bas fort courte; il a sur le devant un long poignard, dont nous voyons le manche. Le livre ouvert est orné d'images en miniatures, et, selon l'usage de cette époque, il a une couverture en velours.

yeste · werten · von · Sauf ·
heym

ig · ftab · der · erber ·

zu mitten · über · altars · vnd · gotzgenaben · amen ·

anno · dm · M·cccc·liij · jar ·

143

Couleurs: le bonnet de l'homme est noir; la robe, de drap noir; le col, de même que le ruban qui passe par-dessus l'épaule droite, de velours noir; le petit col droit, que l'on voit à la partie supérieure, d'un rouge vermillon. Les manches étroites, rouge de cinabre avec des ornements d'un rouge vif; les longues taillades dont elle sont entrecoupées laissent apercevoir la chemise blanche, et elles sont jointes par des agrafes noires. Le manche du poignard est de fer et entouré d'une peau brune. — La haute coiffure de la femme est noire et couverte d'un voile blanc transparent; la robe fort échancrée, d'un rouge vif, ayant en haut un rebord noir, et aux manches une large garniture, également noire; la robe de dessous que l'on aperçoit sur la poitrine est rouge de cinabre; ceinture, blanche; petit ruban autour du cou, noir; au-dessous, un épais cordon d'or, auquel sont attachées de petites pierres rouges et vertes, montées en or, et des perles blanches. Le chapelet se compose de fausses perles vertes et d'une houppe verte. Le livre de prières, orné d'initiales et d'ornements coloriés, a une couverture bleue, des fermoirs d'or et une enveloppe violette. Le parapet et les côtés de la fenêtre sont gris; tout le fond du tableau est d'or.

PLANCHE 112. Martin de Seinsheim, de la ligne éteinte de Koppenwind, mort en 1434, portant le costume de la société de chevaliers dits *Fürspanger*, dont il a été membre depuis 1402; — dessiné par *l'éditeur* d'après la pierre funéraire qui se trouve à la chapelle de Ste.-Marie à Wurzbourg. En 1355, le conseil de la ville de Nuremberg expulsa, en vertu d'une sanction impériale, tous les juifs qui s'étaient établis dans cette ville, et fit construire, à l'endroit où s'était

trouvée la synagogue, une chapelle dédiée à la Ste.-Vierge.
A cette occasion, l'empereur Charles IV fonda en l'honneur
de Notre-Dame une société ou confrérie religieuse, composée
de la noblesse de Franconie, dont les membres portaient,
comme insignes de l'Ordre, une boucle de ceinture en or, dont
l'ardillon avait une position transversale, et qui prenaient le nom
de "Unserer Frauen-Gesell- oder Bruderschaft der Furspanger„
(*Chevaliers de la Boucle de la Société ou Confrérie de
Notre-Dame).„ Cette société se répandit aussi à Wurzbourg,
lorsqu'on chassa les Juifs de cette ville, et qu'on y érigea
également une chapelle dédiée à la Ste.-Vierge à l'endroit
où se trouvait auparavant la synagogue. Elle ne tarda pas
à parvenir à un état florissant; car elle compta parmi ses
membres les chevaliers des plus anciennes familles de la Franconie: tels que les Seckendorf, les Wolfskeel, Seinsheim, Fuchs,
Wenkheim, Hessberg, Egloffstein, Truchsès, Grumbach &c.
Toutes les fois qu'une nouvelle admission avait lieu dans cette
confrérie qui se composait de 26 membres, le récipiendaire
avait 100 livres de deniers à payer, et cette somme était
employée à faire dire des messes dans les deux chapelles de
Notre-Dame de Nuremberg et de Wurzbourg. Dès qu'un
membre venait à décéder, le chef de la confrérie, nommé
chaque année par son prédécesseur, avait à en donner connaissance à tous les autres membres: après quoi, les chevaliers étaient tenus de se présenter à moins d'encourir une peine;
ils ne pouvaient s'en dispenser qu'en se servant de l'exoine,
ou par leur absence; chacun des membres faisait dire 30 messes pour le défunt. Primitivement, les funérailles qui avaient
lieu à Nuremberg ou à Wurzbourg, plus tard même à Bamberg, exigeaient la présence de douze prêtres; dès l'année
1467, cinquante prêtres durent assister à ces funérailles; chacun d'eux recevait une livre, et était défrayé pour la nourri-

ture et la boisson. En outre, chacun des sociétaires était
tenu de prêter sans réplique son cheval à tout membre de la
société qui, n'ayant pas de monture, se disposait néanmoins à
se rendre à des cours étrangères ou à des tournois, et de
l'assister de toute manière, "afin qu'il en méritât la récompense."
Quant au costume, les statuts se bornaient à ordonner "que
les membres porteraient des vêtements et des barettes faites
de l'étoffe que le chef fixerait lui-même„ pour le cours d'une
année. Au commencement du XVI° siècle, la confrérie était
en décadence, bien que l'on eût cherché à diminuer les frais
des funérailles. Nous trouvons dans un décret de 1520 le
passage remarquable suivant: "On ne demandera point ce jour-
là, combien de messes on aura fait dire; mais on s'en tiendra à
l'Ecriture-Sainte qui dit: "J'ai eu faim, et vous ne m'avez point
rassasié.„ — Ce corps de noblesse a été complétement dissous en 1602. Il n'existe aujourd'hui plus de vestiges de la
confrérie, si ce n'est deux prébendes de messe, l'une à Wurzbourg sous le nom de *prébende des Fürspanger* dans la
chapelle de Ste.-Marie, autel de St.-Léonard; l'autre, "*Ad fibu-
las*„ à Bamberg, dans l'église de Notre-Dame sur le Kaul-
berg. — Nous parlerons plus tard du corps des chevaliers *du
Cygne*, à l'occasion de la représentation d'un membre de cette
société. — L'inscription, couverte en partie, porte ces mots:
"Anno domini 1434 ſtarb der erenfeſte Martin von Sausheim
Stifter dieſes Altars. dem Gott genade. amen.„ (*L'an de
grâce 1434 est décédé le preux Martin de Sausheim, fondateur de cet autel. Que la grâce de Dieu soit avec lui!
Amen.*)

Les couleurs, autant que le plâtre qui les recouvre nous
permet de les distinguer, sont: rouge de cinabre pour le bonnet et le vêtement; bleu, pour la doublure du vêtement; jaune
pour le plastron; le tablier de mailles de chaîne est couleur

de fer; haut-de-chausses brun avec agrafes de fer; insignes de l'Ordre autour du cou, en or.

PLANCHE 113. Costume du XIV° siècle, — dessiné par *l'éditeur* d'après des images de cuir pressé qui recouvrent une petite caisse, dont M. Charles de Mayenfisch à Sigmaringen est en possession. La représentation actuelle forme avec ses deux pendants que nous donnerons sur la planche suivante, la surface du couvercle octogone. Les parties latérales se composent de 8 rectangles montants, qui contiennent des images pressées de la même manière sur le cuir, sans être toutefois fort en relief. Nous pouvons à juste titre compter ce coffret parmi les restes les plus intéressants du moyen-âge, tant à cause de l'originalité de la composition des tableaux, que parce qu'il nous présente une riche abondance de costumes et d'ornements.

Le couvercle entier, donné sur cette planche et sur la planche suivante, nous représente Vénus, donnant audience à deux amants qui lui racontent leurs peines. La déesse siège sur un trône dans le costume d'un reine de l'époque. Il est à présumer que ce coffret a été un présent fait à des nôces ou à des fiançailles. Les caractères écrits, les formes d'architecture, les ornements, les costumes même paraissent fixer la date de cette production à la première moitié du XIV° siècle.

La réponse que Vénus donne aux amants est écrite sur une banderole, qui part de sa bouche et fait tout le tour du tableau; on en trouvera la continuation latérale sur la planche suivante. Voici l'inscription: "Von werder frowen ist es unrecht wenne sü ire getruwe knecht haltet also strenge, es hilfet nit die lenge darumbe la davon vil zartes wip und bis dines dieners leit vertrib — trib.,, (*Une femme qui a la conscience*

de sa dignité a tort d'être par trop rigoureuse à l'égard de son fidèle serviteur; cela ne tient pas à la longue: c'est pourquoi, ma bonne, renoncez-y, et dissipez les chagrins de votre serviteur.„)

PLANCHE 114. Costume du XIV° siècle — dessiné par *l'éditeur* d'après les tableaux de la petite caisse décrite à la planche antérieure. Les représentations de cette planche nous offrent les parties latérales de la *pl. 113.* Les paroles écrites sur la banderole sont comme suit: le jeune homme dit: „fro venus ich klag uch dos das mir min liep ist gehas si en weis nit wol dur was.„ (*"Dame Vénus, je me plains à vous que mon amour est récompensé par la haine, et je n'en connais point la raison.„*) La réponse de Vénus est donnée *pl. 113.* La jeune fille répond à la déesse: "fro venus uch wil ich wesen (sein) undertan und dabi ganz truwe han." (*"Dame Vénus, je vous serai soumise, et l'on me trouvera toujours fidèle..*)

Explication des Planches.

PLANCHE 115. Armure de la seconde moitié du XVe siècle, — communiquée par *E. Steinle* d'apès l'armure originale bien conservée, qui se trouve à l'arsenal impérial de Vienne. On fait passer cette armure pour celle de la reine de Bohème Libussa, qui, selon l'histoire, a déjà vécu au VIIe siècle. On raconte qu'elle a fait mourir les hommes qu'elle avait faits prisonniers au moyen de la longue pointe de fer dont ses souliers sont munis, tandis que c'est un fait certain que c'est au XVe siècle que parurent les pointes de fer des souliers, ayant une longueur plus ou moins exagérée.

Le casque et les tuiles, qui retombent librement pour couvrir la partie supérieure des jambes, ont été, dans l'original, remplacées maladroitement par des pièces du XVIe siècle, nous ne les avons point dessinées dans cette représentation, nous y avons suppléé au moyen d'originaux contemporains. Sous le rapport des points essentiels, nous retrouvons la même armure que celle que nous avons représentée, *pl. 82 & 83* de cette division, et qui a également été desssinée d'après une armure originale ; nous ferons seulement observer que celle que nous donnons ici a plus d'ornements, et qu'elle prouve un plus haut degré de perfection. Nous renvoyons donc aux *pl. 82 & 83* pour y trouver les marques caractéristiques de ce genre d'armures. L'armure entière est d'acier poli; tous les clous et encadrements sont dorés. — La planche suivante nous fait voir le dos de la cuirasse sur une échelle plus grande.

PLANCHE 116. Dos d'une armure de la seconde moitié du XV° siècle. Cette représentation nous retrace, sur une échelle plus grande, le dos, les épaules et les brassards de l'armure que nous avons donnée *pl. 115*. Nous renvoyons également aux *pl. 82 & 83* de cette division relativement à la description. Le tout est également d'acier poli; les clous, de même que les encadrements qui y ont été fixés, sont de métal doré.

PLANCHE 117. Costume d'une dame anglaise au XV° siècle — communiqué par Robert Pearsell of Willsbridge Esq., d'après une peinture sur verre, qui se trouve à l'église de West-Wickham en Angleterre. Ce tableau d'église sur verre représente Ste.-Anne apprenant à lire à Ste.-Marie, encore enfant; le costume est celui des dames anglaises de qualité de cette époque, avec la différence que le costume plus voilé était plutôt celui des femmes, tandis que celui des jeunes filles l'était moins.

Couleurs: la draperie qui couvre la tête de la dame et qui retombe par derrière est rouge à l'extérieur, et, à l'intérieur, elle est doublée d'une fourrure tachetée blanc et brun; la draperie qui entoure la tête et le cou est blanche avec une garniture jaune. La robe de dessous avec les manches est blanche, ayant des ornements jaunes à la bordure. — La vierge a la robe de dessous d'hermine, de même que les deux vêtements de dessous que l'on voit dépasser; la robe de dessous a une

garniture jaune en-haut et bleue en-bas, sur laquelle se trouvent des ornements noirs. L'échancrure sous le bras est garnie et jointe par des cordons jaunes. La robe de dessous, visible à l'échancrure et à la manche, est verte. La dernière robe a une garniture jaune. Les souliers sont blancs.

PLANCHE 118. Diether IV, comte de Katzenelnbogen, mort en 1315, — dessiné par *l'éditeur*, d'après la pierre tumulaire du défunt, qui s'est trouvée primitivement dans l'église, aujourd'hui détruite, de Ste.-Claire à Mayence et qui a été depuis transportée au musée de Wiesbade.

M. le docteur F. H. Muller a représenté sous un autre point de vue ce monument funéraire dans son ouvrage intitulé: "Beiträge zur deutschen Kunst- und Geschichtskunde durch Kunstdenkmale &c.,, *(Appendice à l'histoire des beaux-arts &c. Ire année.)* Les investigations de cet auteur étant reconnues comme une autorité, nous citerons ce qu'il dit sur le comte de Katzenelnbogen, qui fait le sujet de notre planche. Il existait une entente cordiale entre le comte Diether IV, né en 1273, et l'empereur Henri VII. Le comte accompagna l'empereur en Italie, lui aida à s'emparer de Milan, et assista à son couronnement, qui fut célébré à Rome en 1312, et à l'occasion duquel l'empereur lui accorda, en récompense de ses fidèles services, des libertés impériales pour le château et la vallée de Katzenelnbogen, de même que le droit de marché et d'autres privilèges pour Lichtenberg et Grossbieberau. A l'occasion de l'élection litigieuse du duc Louis de Bavière et de Frédéric d'Autriche, Diether prit parti pour le dernier et assista à son couronnement, qui eut lieu à Bonn. En 1315, Frédéric d'Autriche tint une cour brillante à Bade en Suisse, où il y eut de grandes fêtes; mais Diether eut le malheur d'être blessé mortellement à un tournoi par le chevalier Grot de Gebweiler. Il mourut en pénitent, nous dit l'historien Albert Argent:, et les dames de Bâle accompagnèrent le corps du défunt jusqu'aux bords du Rhin.

Il porte sur la tête une simple couronne de comte. Les deux côtés du manteau sont joints par un cordon fixé à des agrafes; une des mains tient ce cordon, coutume que l'on rencontre souvent dans les monuments de cette époque. Le vêtement de dessus, qui n'a pas de manches, est fort échancré sous les bras.

Quand les grands seigneurs de cette époque n'ont pas leurs armures, on les trouve ordinairement représentés avec de longs vêtements pareils, dont ils sont enveloppés. Au bas de la planche, nous avons une seconde représentation du glaive, que nous voyons en face.

PLANCHE. 119. Coiffure de dame au XVᵉ siècle, — dessiné par *l'éditeur*. Nous voyons au haut de la planche le buste d'une jeune fille, représenté trois fois. Ce buste se trouve dans l'église St.-Martin, située sur une hauteur à Oberwesel; il est en bois et colorié. On a de cette époque un grand nombre d'images pareilles, exécutées d'après nature et avec le plus grand soin, lesquelles servaient de gardiennes des reliques de saintes vierges. Nous en avons déjà représenté une, *pl. 65* de cette division. — Les bouts des deux tresses, qui font le tour de la tête, sont l'un à côté de l'autre. Quant aux couleurs, les petits rubans entrelacés dans les tresses sont verts; le ruban large qui passe par-dessus la tête est rouge et a des ornements d'or; étoffe d'or et d'argent pour la robe.

ANNO·DNI·M·CCCC·XXX·&·FR·BOREL·DIE

IHITPORIH·S·INPPORIH·&·II·9OWW·S·ET

Berthold IV v. Henneberg

153

La représentation d'en-bas nous fait voir trois dames prises d'un tableau provenant du cahier d'esquisses d'un peintre flamand du XV⁰ siècle, conservé à la bibliothèque royale de Berlin; les feuillets de ce petit livre se composent de tablettes de buis. D'après les données semblables que nous avons de cette époque, nous pouvons admettre que le peintre a fait ses portraits d'après nature. Voir: *"Croquis et études d'un peintre flamand du XV⁰ siècle. Berlin 1830."*

Quant aux couleurs, il n'y en avait plus que quelques traces, et encore ne sont-elles pas de nature à nous permettre d'établir des données positives.

PLANCHE 120. Berthold de Henneberg, prieur de l'ordre des Chevaliers de St.-Jean-de-Jérusalem, mort en 1330; dessiné par *l'éditeur* d'après la pierre funéraire du prieur, qui se trouve dans l'église de l'ordre Teutonique à Wurzbourg. Jadis ce monument se trouvait à l'église des Chevaliers de St.-Jean; et lorsque cette église fut démolie, la partie inférieure de la pierre ayant été détruite, on transporta la partie supérieure dans l'église où nous la voyons aujourd'hui. Berthold VI, comte de Henneberg, fils du comte Berthold V, chef de la ligne Henneberg-Schleusinger, et de Sophie, fille du comte Gonthier de Schwarzbourg, est cité dans divers documents comme prieur de l'ordre des Chevaliers de St.-Jean-de-Jérusalem en Bohème et en Pologne. Il fonda en 1291 les deux commanderies de Schleusingen et de Kühndorf; il mourut le 30 août 1330, et son corps fut déposé à l'église des Chevaliers de St.-Jean à Wurzbourg.

Les couleurs qu'il a été possible de retrouver sous une légère couche de plâtre, sont: vêtement noir; poignée du

glaive, d'or; le fourreau noir est entouré d'une bande blanche
Le bouclier, ayant une poule noire sur une colline verte*),
est d'or, orné de houppes rouges. — Il ne s'est trouvé parmi
les couleurs que des vestiges assez incertains de la croix
blanche que les chevaliers Teutoniques avaient coutume de
porter sur le vêtement de dessous.

---

*) Allusion au nom de HENNEBERG qui signifie: *Mont de la Poule.*

Explication des Planches.

PLANCHE 121. Costumes de la seconde moitié du XVe siècle; la figure à droite, dessinée par *K. Ballenberger* d'après un tableau qui se trouve au musée Staedel à Francfort s. M. (voir *pl. 13* de cette division); la figure à gauche, dans le fonds, dessinée par *l'éditeur* d'après un ancien dessin à la plume colorié, dont il est le possesseur.

Ces deux figures, qui appartiennent à la classe distinguée, nous font voir le costume des jeunes gens d'alors dans toute son élégance. L'une est vêtue d'un surtout chargé d'ornements; l'autre, d'un manteau court; les deux jeunes gens ont des vêtements mi-partis; ils n'ont pas de barbe, et ils portent les cheveux longs. Les glaives étaient portés soit devant, soit au côté droit.

Les couleurs sont: la barette de la figure à droite est rouge, ornée d'un rebord jaune et d'un panache blanc de plumes de héron. Vêtement rouge de cinabre avec ornements et galons d'or, et bordé d'une garniture verte. Le vêtement de dessous, visible sur la poitrine, est bleu, nuancé de rouge. La jambe droite a des raies noires et bleues, qui alternent au genou; souliers, noirs et garnis de blanc. La figure à gauche a dans les cheveux une guirlande d'or, entrelacée dans une draperie bleue et surmontée de trois plumes de paon. La partie gauche du manteau est rouge avec des raies noires;

II.   27

la partie droite est noire avec une garniture rouge et un ruban d'or qui passe par-dessus l'épaule. La jambe droite est rouge et rayée de noir; la jambe gauche est grise. Souliers noirs avec dentelures blanches.

. . .

PLANCHE 122. Berthold Rucker, mort en 1377, — dessiné par *Fr. Kornacher*, maître de dessin à Schweinfurt, d'après un monument funéraire de grès, qui se trouve dans l'église cathédrale de Schweinfurt. L'inscription, dont la partie supérieure est maintenant à peine lisible, porte ces mots: *"Anno domini 1377 in crastino beati Matthei apostoli obiit Bertholdus Rucker scultetus* (allem. *Schultheiss,* maire) *in Swinfurt, cujus anima requiescat in pace. Amen.,,*

Berthold Rucker, en costume civil, est à genoux devant l'image du Sauveur, et tient à la main un écrit portant ces mots: *"Miserere mei deus.,,*

Son long manteau est muni d'un capuchon, et il est ouvert du côté droit, d'où la partie antérieure peut être repoussée en arrière; à l'épaule droite, le manteau est fermé par une série de petits boutons. Au XIVe siècle, on ne portait guère que des manteaux pareils. La robe étroite est fermée par devant et aux manches par des séries de petits boutons. Il porte sur le devant une poche, à côté de laquelle se trouve un poignard. L'ensemble du costume est simple, mais on y reconnaît parfaitement le goût de l'époque.

On voit au-dessous de lui son heaume fermé avec le cimier, ce qui signifie qu'il a aussi fait ses armes; de l'autre côté, on aperçoit l'écusson avec les armoiries, mais il est d'une petitesse qui n'est point en proportion avec le reste.

sippen mit kindlein o ....

157

PLANCHE 123. Tapis contenant des costumes avec la date de 1492; — dessiné par *l'éditeur* d'après un tapis original, dont M. Altmann, antiquaire de Bingen, a été en possession. Cette représentation, de même que la suivante, prise du même tapis, appartient à une série de représentations dont le sujet est un chant de troubadour allemand *(Minnelied)*; mais il n'en existe aujourd'hui plus que quatre. Malgré cette lacune en fait de données positives, il est aisé de deviner le sens de l'ensemble. Dans chacune de ces représentations, un roi figure au premier plan. Dans la représentation que nous donnons ici, le roi fait acheter par celui qui l'accompagne une bourse dans la boutique d'une marchande; dans la représentation suivante, nous retrouvons le roi chevauchant dans la forêt, précédé de son compagnon qui porte la bourse sur son dos. Ce dernier montre au roi deux oiseaux perchés sur un arbre; l'Amour, leur servant de guide, les précède. Dans la troisième, le roi embrasse une dame que l'Amour jette dans ses bras. La quatrième représentation est celle de la planche suivante.

La marchande porte une coiffure conique, recouverte d'un voile, telle qu'on la trouve à cette époque surtout en France et dans les Pays-Bas. Elle tient de la main gauche des cordons de diverses couleurs qu'elle offre à vendre. On voit à droite dans la boutique un écriteau, sur lequel sont tracés des emblèmes et la date que nous avons indiquée.

Couleurs: la couronne du roi est d'or; la robe, rouge, garnie d'ornements d'or et de fourrure brune; souliers pointus, rouges. — Le vêtement de dessous, visible à la partie supérieure, est blanc et orné de cordons noirs; haut-de-chausses, bleu; souliers, noirs et garnis de blanc. La bourse qu'il tient à la main est bleue, les cordons se composent de filets noir et or. — La coiffure de la marchande est rouge; les ornements sont d'or,

et le voile, blanc. La robe est rouge et a des garnitures
d'or; la robe de dessous, qui n'est guère visible, est bleue.
Les cordons qu'elle tient à la main, de même que ceux qui
sont suspendus derrière elle, sont bleus, blancs et rouges.
L'écriteau brun a la partie centrale des emblèmes bleu; l'anneau
qui l'entoure est rouge.

PLANCHE 124. Tapis contenant des costumes, portant
la date de 1492, — dessiné par *l'éditeur* d'après un tapis
original. (Voir la *planche 123*). Le roi est assis à une
table couverte, et présente une coupe à la reine; de part et
d'autre sont assises des personnes du plus haut rang; un page,
revêtu d'un costume mi-parti, apporte des mets; la draperie
sur laquelle se trouvent les mets qu'il apporte, est jetée par-
dessus son épaule.

Quant aux couleurs, le roi a les mêmes qu'à la planche
antérieure; la coupe qu'il tient est en argent avec un rebord
en or. — La reine a une couronne d'or et un voile blanc
transparent; des rubans à raies bleues et blanches descendent
de la chevelure; la robe est bleue et parsemée de points d'or;
les échancrures des manches ont un fond blanc et sont jointes
par des cordons d'or. — La figure à droite a un chapeau
ducal rouge, entouré de dentelures d'or; le vêtement est
bleu et garni d'ornements jaunes et d'un col rouge. La barette de la figure à gauche est rouge; le vêtement, vert avec
des ornements bleus et un col violet; le bas de la robe est
garni de fourrure brune; souliers, noirs. Le page a la cotte
violette avec des ornements violet-clair; la jambe droite est
rayée de noir, de blanc, de rouge, de bleu et de jaune; la
jambe gauche est rouge; souliers noirs, garnis de brun. La
draperie jetée sur l'épaule, est blanche et carrelée de bleu et

Männer mit Becchen.

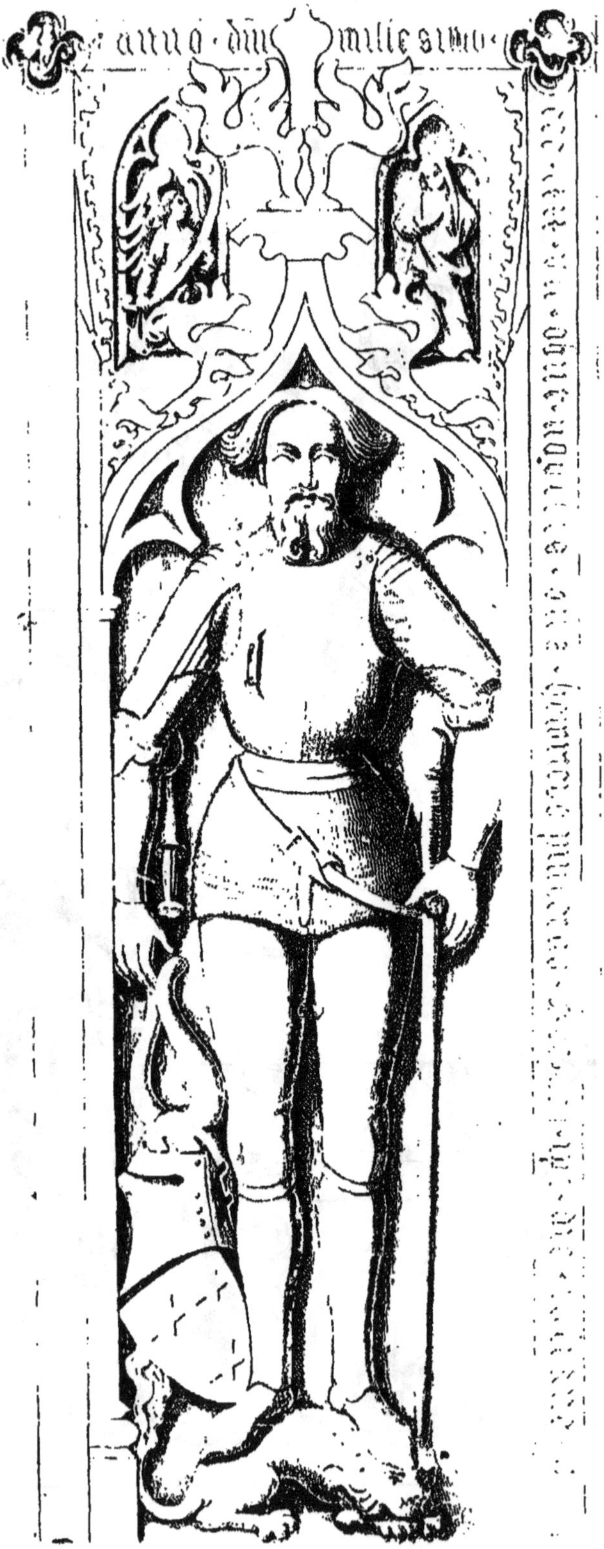
anno · dñi · millesimo ·

de blanc. Tout ce qui est architecture est rouge; le marche-pied alterne de carreaux bleus et rouges.

PLANCHE 125. Henri d'Erbach, mort en 1387; — dessiné par *l'éditeur* d'après le monument funéraire en grès rouge, qui se trouve dans l'église de Michelstadt dans l'Oden-wald. Pour obtenir cette représentation, il a fallu préalablement dégager le monument des planches dans lesquelles il était encloué, et opérer un nettoiement complet. Le travail de ce monument funéraire se distingue surtout en ce que les ornements d'architecture, de même que l'inscription, ne sont sculptés que par des contours sur le même plan, et que la figure principale, les deux petites figures accessoires, représentant l'Annonciation de la Ste.-Vierge, et les insignes des quatre Evangélistes (deux seulement sont encore visibles), sont seuls sculptés en relief dans l'enfoncement de la pierre.

En comparant avec le costume de cette représentation les pierres funéraires de chevaliers, que nous avons données de la seconde moitié du XIV° siècle, on trouvera une grande analogie quant à l'ensemble, bien que nous admettions des déviations à l'égard de quelques détails. C'est ainsi que nous ne retrouvons point ici la large ceinture de chevalier, portée horisontalement autour des hanches; le plastron et les genouillè-res sont de métal, tandis que les autres parties de l'armure sont la plupart de cuir. — L'inscription porte ces mots: *"Anno domini milesimo trecentesimo octogesimo septimo obiit nobilis dominus Heinricus pincerna* (échanson) *de Erpach."*

Le reste de l'inscription est en partie illisible, en partie murée dans le sol.

PLANCHE 126.   Casques de la fin du XVe siècle. — dessinés par *l'éditeur* d'après des casques originaux qui se trouvent au château d'Erbach dans l'Odenwald.

Le casque supérieur, représenté deux fois, la visière ouverte et la visière fermée, est, à juger de l'ensemble, ce que
l'on appelle, l'armet ou la salade, que nous avons représenté
pl. 45 de cette division; la seule différence est que la visière
est mobile pour la partie supérieure du visage et qu'à la nuque
il se trouve également deux plaques mobiles. — Le casque
inférieur; représenté deux fois, en face et en profil, est pour
l'essentiel analogue à celui que nous avons représenté *pl. 40,*
IIIe Division; ce qui distingue celui que nous représentons
ici, c'est que, d'après la forme, il paraît plus antique, tandis
que l'autre appartient déjà au XVIe siècle.   Il n'a pas non
plus de visière mobile pour la partie inférieure du visage, et
les lames qui protégent le cou sont également mobiles.

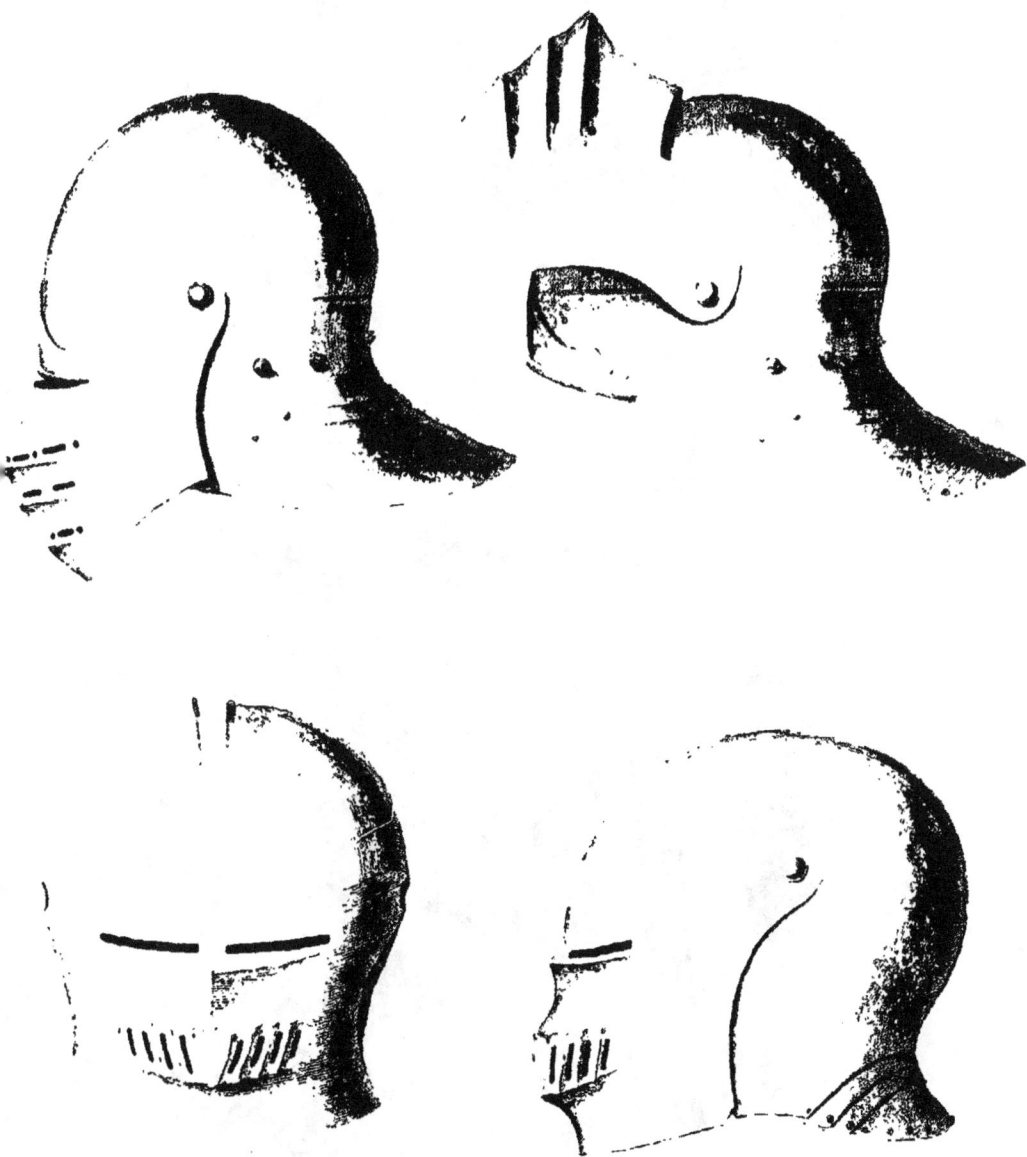

Heim d'Indienre . Lanrie

Inneve Kapuuleo von der Buly... in ... ... Sesten.

Explication des Planches.

PLANCHE 127. L'empereur Ruprecht du Palatinat, mort
en 1410, et son épouse, — dessinés par *l'éditeur* d'après
la pierre tumulaire de ce couple impérial qui se trouve dans
l'église du Saint-Esprit à Heidelberg. Ce haut-relief recouvrait
jadis le tombeau de l'empereur et de l'impératrice placé dans
le chœur de cette église. Lorsque, plus tard, ce temple fut
divisé en deux parties, l'une, destinée au culte catholique,
l'autre, au culte protestant, on plaça cette intéressante pierre
tumulaire dans la muraille qui partage en deux moitiés ce bel
édifice, qui se trouve ainsi défiguré d'une manière déplo-
rable. Il est hors de doute qu'à cette occasion l'inscription
primitive ne se soit perdue, et pour la remplacer on traça
sur une table de pierre ce qui suit : *Rupertus Bavariæ Dux,*
comes Rheni Palatinus, Romanorum Rex justus, pacis et
religionis amator, hujus sacræ ædis et collegii institutor hic
cum castissimâ conjuge Elisabethâ Norici montis Burgraviâ
quiescit, dignus Deo visus, qui pro justitiâ pateretur, functus
anno Christi MCCCCX. XV Cal. Iun. Ruprecht et l'impératrice
sont revêtus l'un et l'autre des insignes de la dignité impériale, et ont sous leurs pieds un lion et un chien, emblèmes
de la force et de la fidélité ; l'empereur tient de sa main
droite le sceptre, qui est brisé, et de la main gauche le
globe impérial. Nous ferons observer à l'égard de l'impératrice
que la couronne seule distingue son costume de celui des

dames de qualité du XIV° siècle et de la première moitié du
XV°; la couronne est poséo sur une coifle plissée, qui enveloppe la chevelure et à laquelle se rattache la mentonnière,
appelée Riesen.   Il est prouvé par plusieurs exemples qu'à
cette époque le costume ordinaire des dames composait aussi la
parure des princesses.

Ce monument de grès grisâtre ne porte aucune trace
servant à faire croire qu'il ait été jadis colorié; seulement
nous voyons que les couronnes, les bordures des vêtements,
les agrafes, de même que le sceptre et le globe impérial,
ont été primitivement dorés.

PLANCHE 128.   Costumes français au XV° siècle, —
dessinés par *C. Regnier* d'après les figures des tapis ouvrés
qui, en 1477, ont fait partie du butin trouvé dans le camp
de Charles-le-Téméraire et qui se trouvent maintenant à Nancy.

Nous avons indiqué, *pl. 64* de cette division, ce que
représentent les figures allégoriques de cette division, et de
quelle importance elles sont pour l'histoire des costumes.

Le tableau entier, duquel les figures que nous donnons
ici ont été prises, représente les suites fâcheuses d'un banquet.
Dans le groupe supérieur, le banquet est représenté par un
homme, qui, secondé par ses inférieurs, se revêt de son
armure pour ensuite tailler en pièces tous les convives, qui,
naguère, partageaient avec lui les joies du banquet; par quoi l'on
a voulu indiquer que l'intempérance se venge par elle-même.

Le personnage richement vêtu du groupe inférieur à gauche
représente le *souper;* à côté de lui se trouve un de ses com-
pagnons, portant une barette ornée de plumes.

Nous voyons à droite trois musiciens, chargés d'égayer
le festin. Les couleurs du groupe supérieur, à partir de la
gauche, sont comme suit: la première figure, tenant une lance, a

le heaume couleur de fer, le vêtement bleu; la deuxième, tenant également une lance, a une barette brune avec un revers rouge; l'homme qui lace la cuirasse au chevalier, est vêtu de rouge. Le chevalier lui-même est revêtu d'une cuirasse d'acier dont les lames sont encadrées d'or; les manches sont bleues, la barette rouge. La figure placée derrière lui a la barette jaune, le vêtement brun. Celui qui tient le casque d'acier avec ornements d'or a le vêtement rouge et la barette bleue; celui qui se trouve derrière lui a la barette rouge et le vêtement bleu; le suivant a la barette bleue et le vêtement brun. Le dernier, qui tient une lance, a le vêtement bleu, ayant un collet rouge et, au bas, une garniture d'or; manches de dessous, de même que la barette, rouges.

Le vêtement du jeune homme du groupe inférieur à gauche a des manches amples, est de couleur jaune avec des ornements d'un brun rougeâtre, et a un col de fourrure brune; la ceinture est bleue; les manches de dessous sont jaunes et nuancées de bleu; la barette, rouge et ornée d'un ruban bleu. Son compagnon porte un manteau bleu et un haut-de-chausses rouge; la barette noire qu'il a sur la tête est ornée de rubans bleus et de plumes blanches, parsemées de perles d'or.

Le musicien qui joue du luth a le vêtement de dessus bleu, le haut-de-chausses rouge, et la barette entourée d'une étoffe alternant de jaune et de rouge et ornée de plumes blanches. Celui qui tient la harpe a le vêtement de dessus jaune, nuancé de rouge, les manches de dessous sont bleues: le haut-de-chausses est rouge, et la barette, brune; la harpe est attachée à un ruban rouge. Le troisième musicien, qui tient le tambour et la flûte, a le vêtement bleu-clair, garni par-dessus les épaules, au milieu et en bas d'un ruban jaune; les manches de dessous sont jaunes, de même que la barette, qui est ornée de plumes blanches.

164

PLANCHE 129. Philippe d'Ingelheim, mort en 1431, — dessiné par *George Wittemann* d'après la pierre tumulaire de ce chevalier qui se trouve à Oberingelheim sur le Rhin. L'épitaphe, du reste fort peu lisible, est ainsi conçue: *Anno domini MCCCCXXXI in die visitationis Marie virginis succubuit in bello Barenn . . . . dominus Philippus de yngelnheym miles.* —

Après la mort de Charles I de Lorraine et de Bar, qui eut lieu le 25 janvier 1431, son neveu, le comte Antoine de Vaudemont, fit valoir ses prétentions sur ce duché au préjudice du gendre de Charles, René I d'Anjou, qui devint roi de Naples et de Sicile en 1434. Le 4 juillet 1431, les deux partis se livrèrent une bataille décisive sur les frontières de la Bourgogne, non loin de Toul; le vainqueur fut Antoine de Vaudemont, et le roi René fut fait prisonnier. Comme la date de cette bataille coïncide avec le millésime de la pierre funéraire de Philippe, il est évident que c'est dans ce combat que ce chevalier a péri.

Les armoiries, sculptées aux deux côtés de ce chevalier, de même que toutes celles qui ornaient les tombeaux des comtes d'Ingelheim, qui se trouvent dans la même église, ont été brisées en 1792, lorsque les Français prirent possession de ces contrées.

Ce monument, fort bien exécuté dans tous ses détails présente un intérêt particulier concernant le costume des chevaliers à cette époque. On voit par ce modèle combien les armures de la première moitié du XV⁰ siècle étaient encore éloignées de la perfection de celles qui furent généralement en usage dans la seconde moitié du même siècle, et qui couvraient tout le corps de lames de fer qui n'empêchaient point les mouvements. On voudra bien comparer avec ce monument celui de Louis de Hutten, mort en 1414, *pl. 88*

Philipp v. Engelheim

de cette division, et l'on verra quels progrès le costume des
chevaliers a faits dans l'intervalle de sept années. Ce que
nous croyons digne d'être remarqué dans cette représentation,
c'est la manière dont les dentelures de la cotte au-dessous de
l'armure sont garnies d'un tissu de mailles. Ce monument
est de grès rouge et il ne porte point la trace d'une peinture primitive.

PLANCHE 130. Costume de femme du XV° siècle, —
dessiné par *l'éditeur* d'après la figure d'un tableau qui orne
l'autel latéral de l'église de Notre-Dame d'Oberwesel sur le
Rhin. Cet excellent tableau, exécuté sans doute par un peintre
distingué vers le milieu du XV° siècle, représente les quatorze
apotropéens et un grand nombre de saints, auprès desquels
celui qui a fait don de ce tableau à l'église se rend dans un
navire pour implorer leur assistance. La figure que nous
donnons ici représente sainte Elisabeth, vêtue du costume en
usage lorsque le peintre vivait; elle porte la couronne, le
sceptre et le manteau de reine; du reste, le vêtement ne se
distingue en rien de celui des dames de qualité de l'époque.

Au réseau qui sert de coiffure et qui enveloppe les cheveux sont suspendus de petites lames, ou paillettes oblongues de clinquant, genre de parure pour laquelle les dames ont eu une prédilection particulière depuis le XV° siècle
jusque bien avant dans le XVII°. Au XVII° siècle, les grandes
coiffures de clinquant doré, que portaient les dames des villes
impériales d'Allemagne étaient fort admirées. Nous avons
représenté, d'après nature, une petite coiffure de ce genre du
XVI° siècle, *pl. 34, III° division.*

Les deux agrafes de formes différentes qui ornent le
manteau de la reine sont d'un travail parfait. L'éditeur a

ajouté encore, aux deux côtés, deux agrafes pareilles qu'il a trouvées dans d'autres tableaux. —

Couleurs: La couronne est d'or et ornée de pierres précieuses rouges. La partie supérieure du bonnet, que l'on aperçoit à travers et au-dessous de la couronne, est de velours rouge, la partie inférieure, enveloppée dans un réseau, est jaune avec du clinquant doré. Le manteau, avec le ruban qui joint les agrafes, est jaune. Le vêtement de dessous est bleu. La chemise, blanche; la garniture et les chiffres dont cette dernière est surmontée, sont d'or. Le sceptre, le collier, de même que les agrafes, sont d'or; les agrafes sont ornées de pierreries de diverses couleurs. Quant aux agrafes latérales de cette planche, celle de la gauche est ornée de quatre perles blanches, et celle à droite, de douze; au milieu de la dernière, nous voyons en outre une pierre rouge.

PLANCHE 131. Jean d'Ingelheim, mort en 1480; — dessiné par *George Wittemann* d'après le monument de ce chevalier, exécuté en grès rouge, qui se trouve dans l'église d'Oberingelheim sur le Rhin.

L'inscription, moitié latine, moitié allemande, tracée sur cette pierre monumentale, est conçue en ces termes: *„Anno domini MCCCCLXXX penultima de marcy (martii) ſtarb der holtſelig loib (loeblich) ſtrenge her hantz von Ingelnheim ritter dem Gott gnade."* *(L'an de N-S 1480, l'avant-dernier jour de mars, est décédé le bienheureux et honorable seigneur Jean d'Ingelheim, chevalier; que Dieu veuille recevoir son âme.)*

Les armoiries de ce monument, si elles n'avaient pas été détruites à la même époque que celles de la pierre funéraire représentée *pl. 129* de cette division, ne feraient que rehausser la beauté de ce chef-d'œuvre de sculpture, dont la

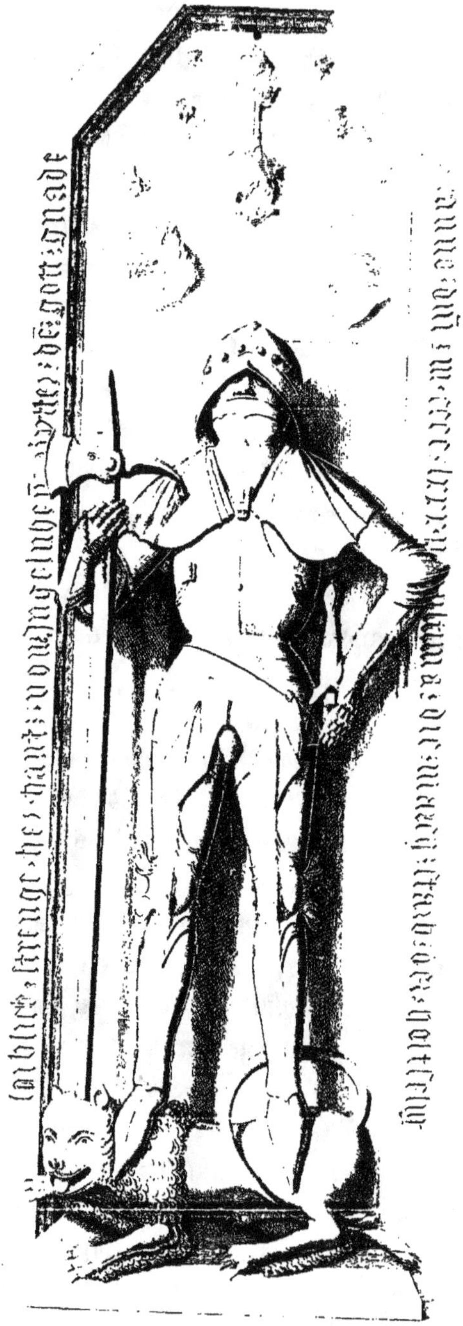

figure est presque entièrement détachée de la pierre. Quant au costume tout-à-fait extraordinaire de ce chevalier, nous renvoyons aux *pl. 82, 83, 115 & 116* de cette division, où nous avons représenté d'après nature et décrit ce qu'il y a de plus essentiel dans les armures de cette brillante période.

Nous ferons en outre remarquer dans cette représentation la hache d'armes, presque de hauteur d'homme; le chevalier la tient de la main droite, à laquelle est aussi suspendu un rosaire. Cette arme n'était employée que lorsque l'on combattait à pied; on la trouve plus rarement au XVI° siècle, où elle a été remplacée par la hallebarde.

Nous avons représenté à *A*, sur une échelle plus grande, ce qui reste du porte-lance sur le plastron; cette pièce est brisée; *B* représente la targette, à l'aide de laquelle le gorgerin de la cuirasse est joint au plastron; *C* est la poignée du glaive, et *D* représente la genouillère, vue latéralement du côté extérieur de la jambe.

PLANCHE 132. Costume de femme du XV° siècle; — dessiné par *l'éditeur* d'après un tableau de l'école du Bas-Rhin, exécuté dans la seconde moitié du XV° siècle, dont Madame Catharina Sattler, qui réside au château de Mainberg près de Schweinfurt, se trouve en possession. Ce tableau fait partie d'une série de quatre peintures qui forment les portes-battantes d'un autel. Les figures qui y sont représentées sont des portraits qui datent de l'époque où a vécu le peintre; ce sont probablement les portraits des fondateurs de l'autel. L'élégance de ce beau costume d'une dame de qualité est encore rehaussée par les paillettes de clinquant doré qui ornent le bonnet et la manche supérieure, et dont nous avons fait mention *pl. 130* de cette division.

Les deux bustes de dames aux deux côtés de la planche, en-haut, sont représentés d'après des dessins à la plume coloriés de la même époque, que l'éditeur a trouvés être en possession du peintre Kiefer à Mayence.

La dame à gauche porte une coiffure conique, sur laquelle est jeté un voile, telle qu'on la trouve souvent en France et dans les Pays-Bas, mais rarement en Allemagne.

La dame à gauche porte la coiffure haute, mais divisée par le milieu, telle qu'elle était de mode à la même époque dans divers pays.

Couleurs: le bonnet de la dame du centre de la planche est bleu foncé à l'extérieur, la houppe et la rosette dont il est orné sont d'or, la doublure à l'intérieur est jaune, tirant sur le rouge; les perles dont il est parsemé sont d'or, les paillettes qui ornent la garniture sont en or, le crêpe transparent que l'on aperçoit au-dessous est blanc. Le vêtement est rouge, il est garni de noir au cou; les manches courtes sont ornées de galons et de clinquant d'or. La ceinture est d'or; les manches de dessous sont blanches avec des cordons noirs aux coudes. A l'échancrure d'en haut, on entrevoit la chemise blanche. Le manteau est vert-foncé; les souliers, noirs. La dame à gauche a la coiffure d'or avec un revers blanc à la partie antérieure, le voile de crêpe qui recouvre la coiffure est blanc; l'agrafe est d'or et ornée d'une pierre rouge. Robe rouge avec garniture d'or, et verte sur la poitrine. Collier d'or avec des perles blanches. La coiffure de la dame à droite est d'étoffe d'or parsemée de perles blanches. Le voile est blanc. Le vêtement est bleu et garni d'hermine. La chemise, qui n'est visible qu'aux épaules, est blanche et a une garniture d'or. Collier d'or.

anno · dm · m · ccc · lxx · prim·

amen · in · pace · requiescat · ora · ata · milvi

saldhanis · de · xim

Explication des Planches.

II⁰ Division. 23ᵐᵉ Livraison.

PLANCHE 133. Rodolphe de Sachsenhausen, mort en 1370 — dessiné par *l'éditeur*, d'après la pierre tumulaire qui se trouve dans la cathédrale de Francfort sur-le-Mein. L'inscription de cette pierre porte: „*Anno domini MCCCLXX primo sabato post beati Jacobi apostoli obiit dominus Rudolfus miles de Sachsenhausen, cujus anima requiescat in pace. Amen.*" — Rodolphe était un des membres de la famille, fort ancienne et très-considérée, des seigneurs de Sachsenhausen, laquelle, selon la tradition, est venue de Saxe avec Charlemagne et a donné son nom à la ville de Sachsenhausen, en face de Francfort; la résidence de cette famille était située un peu plus haut que la maison Teutonique. Fischard n'a point fait mention des seigneurs de Sachsenhausen dans son „*Histoire des familles de Francfort*", et nous ne les retrouvons pas non plus dans la collection des „*Actes publics de Francfort, par M. le docteur Boehmer.*"

Cette pierre tumulaire, primitivement coloriée, aujourd'hui couverte de plâtre et fort négligée, est d'une haute importance pour la connaissance des costumes et de l'art héraldique du XIV⁰ siècle. Plusieurs fragments d'une armure semblable ont été trouvés dans les décombres du château-fort de Tannenberg, près de Darmstadt, lequel a été détruit en 1399. Dans l'ouvrage publié par MM. J. de Hefner et le docteur Wolf sur le vieux château de Tannenberg et sur les fouilles qui y ont été faites, nous voyons à la planche X et à la planche explicative XI des détails relatifs à une armure pareille, tels que le bassinet, qui, d'une hauteur peu commune, couvre la tête de notre chevalier, et le heaume fermé que le chevalier tient à la main; puis, la partie supérieure du gantelet encore sans articulation, les agrafes ou cercles de fer, dont l'intérieur de la cotte d'armes *(du lombaire)* était muni, et les petites plaques de fer qui composaient la chaussure. La cuirasse de ce chevalier se composait, d'après la coutume de cette époque, d'un tissu de mailles de fer et de cuir pressé. Le fer en lames n'a été employé que pour les deux heaumes, les gants, les genouillères, pour couvrir la partie antérieure du bas de la jambe et pour les plaques de la chaussure. Le haut des jambes, de même que la partie qui se trouve entre la genouillère et le tibia, était de cuir; car, à cette époque, la facilité de se mouvoir dans l'armure ne s'obtenait en général qu'au moyen du cuir ou des tissus de mailles de fer, puisque l'on ne connaissait point encore la mobilité opérée par la superposition et l'emboîtement des lames de fer. Parfois il est assez difficile de reconnaître, d'après les pierres tumulaires ou autres représentations du XIV° siècle, la matière dont se composent les costumes des chevaliers, puisqu'on avait alors l'habitude de colorier, de dorer et d'argenter de diverses manières tout ce qui était en cuir ou en fer.

Quant aux armoiries du chevalier, nous les retrouvons ici dans leurs formes primitives et dans leur application réelle. Elles se composaient d'un heaume, fermé d'un cimier et de lambrequins; — puis de l'écusson avec ce qu'il contenait. Il est assez remarquable qu'au XIV° siècle l'écusson était déjà divisé en quatre compartiments, comme nous le voyons dans la représentation actuelle; et que deux de ces divisions étaient destinées au casque fermé avec ses ornements. Souvent l'objet représenté sur le bouclier formait l'ornement du casque. Comme, dans la représentation actuelle, ce n'est pas le cas, on a sans doute eu soin de rapprocher tous ces objets, afin que l'écu à lui seul résumât les armes complètes qui manquent au heaume fermé. Comme les figures représentées sur cet écusson sont en relief, nous devons faire observer que cette circonstance n'est point due à une licence du statuaire, qui aurait cherché à rendre par ce moyen ses figures plus distinctes: car, dans la réalité, on ne s'est pas toujours contenté de colorier les figures de l'é-cusson, souvent on les a exécutées en relief en employant le cuir pour ce travail. Les deux boucliers de la première division *pl.: 80 et 82*, qui datent du XIII° siècle et que l'éditeur a trouvés dans l'église de Ste.-Elisabeth à Marbourg, serviront de preuves à cette assertion.

Quant aux autres parties de ce costume de chevalier, nous renvoyons aux pierres tumulaires de la seconde moitié du XIV° siècle, que nous avons déjà représentées dans cette division.

Couleurs: le tissu de mailles, visible sur plusieurs points, de même que le bassinet, est couleur d'acier; la cotte d'armes *(le lombaire)* est bleue, les ornements et les chaînes dont elle est couverte, de même que la rosette sur l'épaule et la ceinture du chevalier, sont de couleur d'or. Les jambes et les pieds sont couverts d'or, le cuir des éperons est rouge. Le heaume fermé que le chevalier tient à la main et les deux heaumes représentés dans les champs d'azur, sont d'or et surmontés de cimiers et de lambrequins ayant la forme d'un cygne blanc Les deux autres champs de l'écusson sont en or, coupés de gueules et chargés d'un arbre vert. Le fond du chevalier et celui des rosaces gothiques sont d'un rouge foncé; le cadre d'architecture est doré, à l'exception des fenêtres étroites, pratiquées dans les colonnes latérales, qui sont peintes en gris.

PLANCHE 134. Jean de Holzhausen, décédé en 1393 et Gudela de Holzhausen, décédée en 1371; — dessinés par *l'éditeur*, d'après la pierre tumulaire de ce couple, que nous voyons dans la cathédrale de Francfort sur-le-Mein. Bien qu'il existe déjà une représentation de ce monument dans l'excellent ouvrage de *M. le docteur F. H. Müller*, intitulé: „*Appendices à l'histoire des beaux-arts et à l'histoire d'Allemagne en général*" ouvrage qui, malheureusement, a été interrompu par le décès de l'éditeur, nous avons pensé qu'il ne serait pas superflu de la répéter dans cette livraison, vu que ce monument est d'une importance particulière pour l'histoire des costumes, et que la première, du reste peu répandue, est exécutée à l'aqua-tinta, et par conséquent moins apte à rendre tous les détails. Nous citerons ici les paroles du profond investigateur:

„Le monument de Jean de Holzhausen et de son épouse „Gudela, née de Goltsteins, se trouvait jadis dans la chapelle de „St.-Michel, près de la cathédrale, où les deux époux avaient „été ensevelis, et que Jean de Holzhausen, en outre d'autres „nombreuses fondations, avait dotée d'une vicairie pour l'ado-„ration des martyrs St.-Blaise et St.-Valentin et de Ste.-Agnès. „Lorsqu'en 1806 cette chapelle fut transformée en un magazin „pour des marchandises, la pierre tumulaire fut transférée à la „cathédrale, et, en 1809, on lui assigna une place dans la „muraille attenante au cloître, du côté de l'aile du nord. La „chapelle de St.-Michel, dans laquelle on voyait jadis encore les „armes des deux époux sur les vitraux coloriés avec la date „de leur décès, est aujourd'hui entièrement démolie. Le mo-„nument dont nous parlons est encore parfaitement bien con-

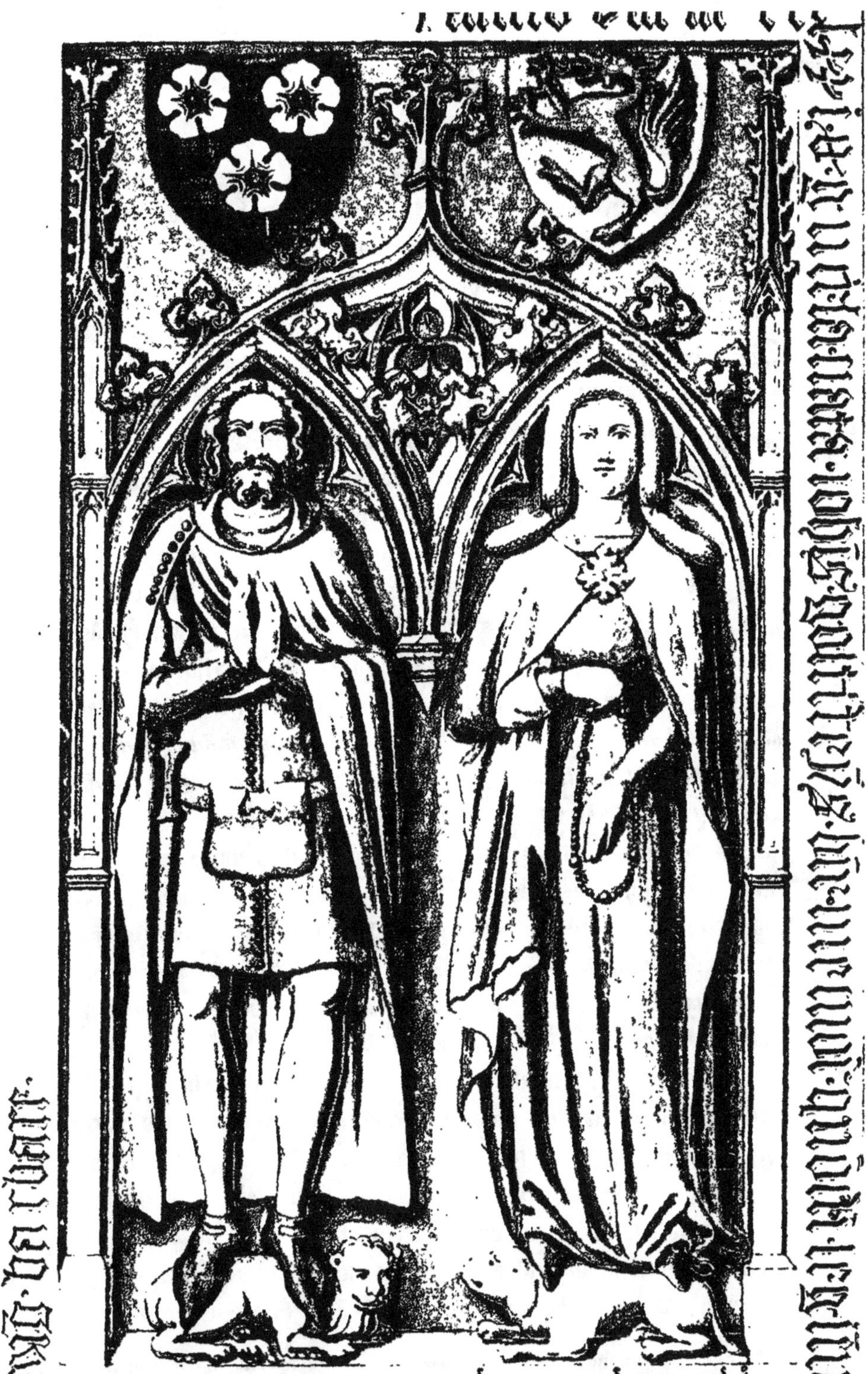

„servé, et il n'est pas sans intérêt sous le rapport du costume
„de ces temps-là. Ce monument est entièrement colorié, ce
„qui donne un caractère particulier à l'ensemble. En général,
„l'habitude que l'on avait au moyen-âge de peindre les ouvrages
„de sculpture mérite d'autant plus notre attention que ce n'était
„point un embellissement fortuit, mais bien plutôt un moyen
„d'animer et de soumettre aux sens les représentations, lequel
„se trouvait parfaitement en harmonie avec l'arrangement et
„l'exécution d'ouvrages pareils. L'explication des figures de
„cette pierre tumulaire ne présente aucune difficulté. L'époux
„est debout sur un lion, emblème de la force; et l'épouse sur
„un chien, emblème de la fidélité; et dans tout le moyen-âge
„nous retrouvons ces mêmes allégories. L'inscription de la
„pierre porte ces mots: „*Anno domini MCCCLXXI obiit Gudela*
„*nata Johannis Goltsteyns bone memorie quondam legitima*
„*Johannis de Holzhusen Scabini Frankenfurtensis in vigilia*
„*Barbare*).*" Il reste autour de la pierre un espace entière-
„ment dénué de lettres; toutefois il est fait mention dans une
„ancienne collection d'épitaphes d'une seconde inscription, placée
„sans doute à côté de cette pierre tumulaire et conçue en ces
„termes: „*Anno domini MCCCXCIII septimo Kal. Februarii obiit*
„*dominus Johannes de Holzhusen senior Scabinus Franken-*
„*fordensis, cujus anima requiescat in pace.*"

„Ce Jean de Holzhausen était fils de l'échevin Gipel de
„Holzhausen et de son épouse Catherine du Wedel. On parle
„de lui pour la première fois en 1357. À cette époque il était
„déjà l'époux de Gudela ou Gudechine (Gudule), fille de l'é-
„chevin Goltsteyns. Au commencement de la même année, il
„était conseiller municipal et, quelques mois plus tard, il fut nommé
„échevin. Il fut élu bourguemestre en 1363 (c'est-à-dire durant

---

*) Selon la coutume des temps anciens le génitif féminin a simplement la
désinence *e* au lieu de *æ*.

„les troubles civils de cette époque) et en 1374. Comme nous „l'avons vu, son épouse décéda en 1371, et lui-même, en 1393."

Depuis que le monument a été restauré, les couleurs ne sont plus tout-à-fait les mêmes qu'auparavant. Après avoir eu soin de remonter aux traces primitives, nous les fixerons de la manière suivante: l'échevin a le manteau violet, doublé de blanc; le collet est rouge, les boutons sont d'or; la robe aux manches étroites est de couleur bleue et garnie de boutons d'or; le haut-de-chausses est rouge; les souliers, noirs; la ceinture et la poche brun-foncé; le poignard a le fourreau brun et le manche d'or. La dame a une fraise blanche qui couvre la tête et les épaules; le manteau violet est doublé de blanc et garni d'une agrafe d'or; la robe, garnie de petits boutons d'or aux manches, est bleue; les souliers sont noirs et le rosaire rouge. Le lion est jaune; le chien, blanc. Le fond des figures, de même que celui des écussons portant les armoiries, est vert-foncé. Les ornements d'architecture sont de couleur grise; mais le rouge de cinabre a été employé pour les enfoncements et les cannelures, de même que pour les toits des colonnes latérales; les bordures et toutes les parties en relief sont dorées. L'écu noir de l'échevin a trois fleurs blanches, ayant une semence rouge; l'écusson de la dame porte un dragon rouge.

PLANCHE 135. Costume français de la seconde moitié du XV⁰ siècle, — dessiné par l'éditeur d'après une miniature contenue dans un code de parchemin de la bibliothèque royale de Stuttgard, ouverte au public. Ce cahier, qui date de l'époque que nous venons d'indiquer, renferme la biographie de St.-Jérome, traduite du latin en français; il contient cinq tableaux, dont celui que nous donnons ici est le premier. Ce tableau représente le traducteur anonyme de l'ouvrage, au moment où il

présente à genou son livre à la dame Catherine de Coitiny.
Quant à l'ancienne famille de Coitiny, voir le *Dictionnaire de
la noblesse. Paris 1772.*

Le costume simple et plein de goût de cette dame de
distinction, de même que celui de ses dames de compagnie,
paraît être dominant dans beaucoup d'ouvrages français sur
l'histoire des beaux-arts au XV° siècle; nous trouvons aussi des
costumes tout-à-fait semblables dans le livre des costumes de
l'italien *Cesare Vercellio*, ayant pour titre: „Antica di Francia“
La figure qui fléchit le genou est représentée dans un simple
costume bourgeois, tel que le portaient aussi les savants de
cette époque; il a les souliers larges, qui, par exception, sont
déjà en usage en France, tandis que ce n'est qu'au XVI° siècle
que ce genre de chaussures a été généralement répandu en
Allemagne. Nous trouvons aussi des chaussures larges en fer,
faisant partie de l'armure d'un chevalier, que nous avons représentée *pl. 64* de cette division.

Couleurs: la cornette de la dame est noire; la robe noire
de dessus monte jusqu'au cou, et, sur la poitrine, elle est ornée
d'une garniture en or, au-dessus de laquelle se trouve une ligne
blanche; les manches larges sont garnies d'une fourrure brune;
le vêtement de dessous est bleu-foncé, nuancé d'or; souliers
noirs. La dame placée le plus près d'elle a une cornette noire,
une robe bleue à reflets d'or, garnie d'une fourrure blanche aux
manches et encadrée de noir à la partie supérieure, où l'on
aperçoit la chemise blanche. La seconde dame, presque éclip-
sée, a la cornette noire, la robe rouge avec une nuance d'or,
et encadrée de noir; la chemise blanche est visible à l'échancrure de la robe. Le manteau à longues manches pendantes
de la figure à genou est gris à reflets d'or; le vêtement de
dessous, visible seulement au cou et aux manches est de couleur brune, et il a une garniture de galons noirs; l'habit de

dessus, sans manches, lequel est noir, est doublé et garni de blanc. Haut-de-chausses, souliers et barrette, noirs. Le livre bleu est encadré d'or. Le parquet est d'un brun rougeâtre, la porte et les chambranles sont gris; la tenture est formée par une draperie verte, garnie de franges et d'ornements verts. Les armes de la dame, représentées au bas de la planche, se composent, dans la moitié à gauche, de cinq barres de gueules et de cinq barres d'argent, et, pour la partie supérieure de la moitié droite, de trois barres de sable et de trois barres d'or, au-dessous desquelles se trouvent trois lys d'or dans un champ d'azur.

PLANCHE 136. Guillaume d'Ingelheim, décédé en 1465; — dessiné par *George Wittemann* d'après la pierre tumulaire de ce chevalier, qui se trouve à Oberingelheim près du Rhin. C'est la troisième pierre tumulaire de cette famille et de la même église que nous avons représentée dans notre collection. Philippe d'Ingelheim, mort en 1431, que nous avons représenté *pl. 129* de cette division, nous a fait connaître combien le costume des chevaliers de la première moitié du XVe siècle, où les armures en lames de fer n'étaient point encore dans leur état de perfection, différait, pour l'ensemble, de celui de la seconde moitié du même siècle, époque où vécurent Jean d'Ingelheim, mort en 1480, représenté *pl. 131*, et le chevalier Guillaume dont nous nous occupons actuellement. En comparant les armures des deux derniers, nous nous apercevons que, dans l'espace de 25 années il ne s'est point opéré de changement essentiel. Nous renvoyons, concernant la comparaison de ces armures, aux *pl. 82, 83, 115 et 116* de cette division, ainsi qu'aux explications qui s'y rapportent.

Cette pierre tumulaire, dont la figure est de grandeur naturelle, est de grès rouge et ne porte aucune trace de peinture

Wilhelm v. Ingelheim 1365

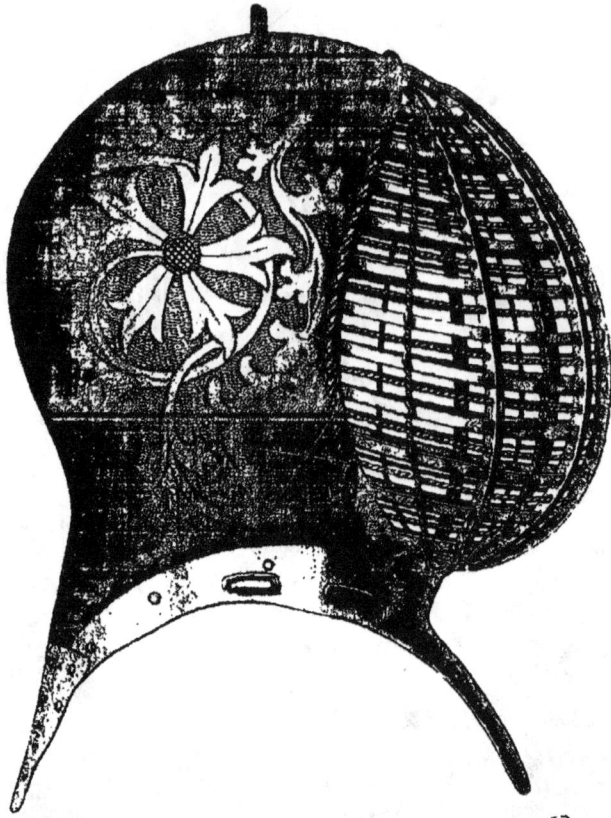

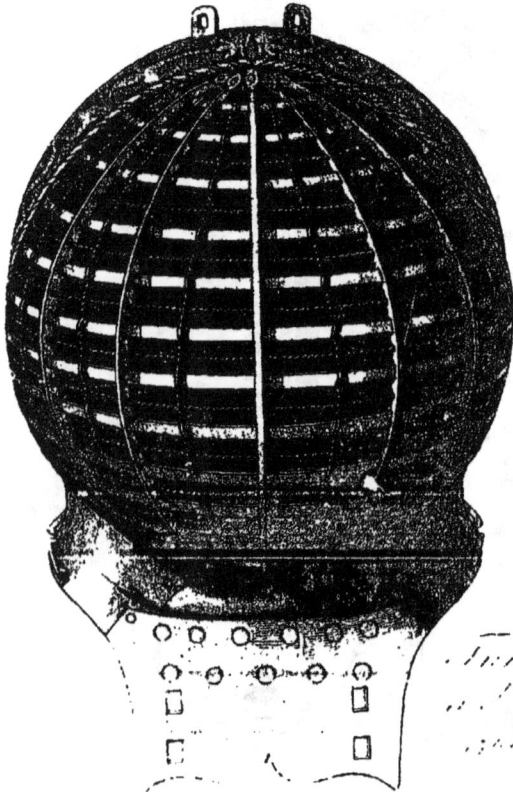

antérieure. En 1792, les armoiries de la pierre ont été brisées, ce qui est arrivé à toutes les armoiries de cette église lors de l'invasion des Français.

PLANCHE 137. Heaume de tournois de la seconde partie du XV⁰ siècle; dessiné sous trois points de vue différents par *l'éditeur*, d'après l'original, que possède M. Charles de Mayenfisch à Sigmaringen. Ce casque figure parmi les objets les plus rares qui nous sont parvenus du moyen-âge. Quant à ses dimensions, la hauteur porte 1 pied 6 pouces; la largeur, prise en face, est de 1 pied, et la largeur du profil porte 1 pied 2 pouces, mesure de Paris. La partie antérieure se compose d'un grillage de petites barres de fer et de cordons de fil d'archal. La partie d'arrière est formée d'abord par un fonds de cuir, superposé de plusieurs bandes de fer; puis vient une nouvelle enveloppe de cuir*), recouverte d'une toile; la toile est enduite d'une masse formant un ciment sur lequel ont été tracés, à l'aide d'un burin, des ornements de feuillage avec un fond pointillé; enfin ces mêmes ornements ont été argentés. Le heaume, vu d'arrière, nous présente l'écu des armes des seigneurs de Stein, savoir: trois hameçons noirs dans un champ d'or. La pièce qui protège le cou, de même que celles qui servent à fixer le casque sur le cou et sur la nuque, se compose de fer en lames. Au-dessus du casque se trouvent deux pièces de fer perforées, auxquelles on fixait le cimier et les lambrequins. Ce genre de casque ne s'ouvrait pas, non plus que tous ceux qui étaient destinés à figurer dans les tournois. L'ouverture du cou était assez large pour qu'on pût y passer la tête. On s'en servait exclusivement pour les tournois, pour

*) Le roi René dans ses „Institutions sur les tournois" appelle ce genre de casque: *heaulme de cuir boully (bouilli)*.

lesquels on s'armait d'un glaive d'une dimension donnée, assez court et sans pointe, ou d'une massue de bois (masse), quand il s'agissait surtout de se faire réciproquément tomber le cimier.

Le casque, dont nous donnons ici la représentation, a du côté gauche une profonde entaille, qui n'est guère visible sur cette planche, produite sans doute par un coup de massue; car on remarque à cette place les diverses pièces qui composaient une arme pareille. Dans les tournois destinés à rompre une lance, on se servait des casques dont nous avons donné un exemplaire parfait, *pl. 54* de la troisième division.

Dans l'ouvrage intitulé: „*Le tournois du roi René, d'après le manuscrit et les dessins originaux de la bibliothèque royale. Publiés par MM. Champollion-Figeac, pour le texte; — L. J. J. Dubois, pour les dessins; — Ch. Motte, éditeur de l'ouvrage. Paris 1826. fol. maj.*" nous trouvons que tous les heaumes ressemblent au casque à grillage que nous donnons ici, avec la seule différence que, dans l'ouvrage mentionné, ils sont pourvus de cimiers et de lambrequins, qui changent de forme et de couleur selon le goût de ceux qui les ont portés. Aux lambrequins, qui cachent la partie d'arrière du casque, sont fixés les écussons armoriés des chevaliers, peints ou brodés, tel que celui que voyons peint à la partie d'arrière du casque de cette planche; ce qui sans doute a eu lieu pour faire reconnaître le chevalier, même lorsque le casque était sans cimier et sans lambrequins.

PLANCHE 138. Tournois de l'an 1471, dessiné par *l'éditeur* d'après un ancien dessin à la plume, trouvé dans la collection de l'institut Stædel à Francfort sur-le-Mein. Ce dessin, exécuté sur un papier rougeâtre, a des parties claires produites avec un crayon ou une couleur blanche. Les autres couleurs,

Turnier 1550

que nous allons indiquer, sont marquées dans l'original au moyen de lettres. C'est un tournois aux épées que le dessinateur a voulu représenter; il existe dans la même collection un autre dessin semblable, qui représente un tournois dont les armes sont des massues. Nous n'en donnerons que les parties les plus essentielles, indiquées par *C* et *D*. Les armures de cette planche sont en général conformes à celles de la seconde moitié du XV⁰ siècle, dont nous avons eu déjà souvent l'occasion de parler. Les heaumes à grillage n'étaient en usage que pour les tournois où l'on se battait avec l'épée courte, ou les massues; surtout ils se sont conservés dans le blason jusqu'à nos jours. La planche précédente nous a fait voir un heaume de genre, ne différant que fort peu de ceux de cette planche, dessiné d'après nature et décrit avec tous les détails nécessaires. Nous ferons également observer que les selles de bois fort élevées que nous avons sous les yeux, qui sont couvertes, peintes et munies d'un prolongement asscendant pour mettre le chevalier à l'abri des coups, étaient spécialement destinées aux tournois.

Couleurs: *A*, le chapeau qui forme le cimier, est coupé en bandes de gueules et d'argent: il est orné d'un panache noir et d'un rebord rouge; l'extérieur des lambrequins est rouge, l'intérieur est d'argent; les deux écussons sont coupés de gueules et d'argent. Caparaçon bleu. *B*, les ailes du cimier sont bleues; l'écusson, qui se répète trois fois, est coupé d'azur et d'or; couronne d'or; lambrequins bleus à l'extérieur, d'or à l'intérieur; caparaçons d'or. Les autres pièces de l'original ne sont point indiquées au moyen de lettres; nous avons cherché à leur donner dans notre collection les couleurs que nous avons regardées comme les plus convenables au sujet.

Explication des Planches.

IIe Division. 24me Livraison.

PLANCHE 139. Costume italien de la première moitié du XVe siècle, — dessiné par *l'éditeur* dans la moitié de la grandeur originale, d'après un groupe pris d'un tableau de l'école italienne, qui se trouve à la galerie royale de Berlin. Mr. le docteur Waagen, directeur de cette galerie, a caractérisé, dans le catalogue de 1830, ce tableau de la manière suivante: „Antonio Vivarini. On parle de ce peintre jusqu'en 1451; „il était élève *d'Andrea da Murano*, et son propre élève, „*Bartolomeo Vivarini*, travaillait encore en 1499. L'enfant „Jésus est adoré par les trois Rois et par le cortège nombreux „qui les accompagne. Immédiatement au-dessus de l'enfant est „représenté le Saint-Esprit; plus haut, nous voyons des anges „qui chantent le Gloria; tout au haut du tableau, le peintre „a représenté Dieu le Père et des Anges qui font de la musique. „Dans le fond, à gauche, on voit le cortège des Rois qui „s'avance, et la droite du fond du tableau nous montre le cor-„tège qui s'éloigne et la ville de Jérusalem. Peint sur bois; hau-„teur du tableau: 3 pieds 7 pouces; largeur, 5 pieds 8¹₂ pouces."

Les figures de cette planche et celles de la planche suivante sont prises du même tableau. Ce qui caractérise cette production artistique, c'est que les ornements d'or qui s'y trouvent, tels que les vases et d'autres objets isolés, sont por-tés en relief au moyen d'une couche de bolus. Il s'ensuit que cet habile maître du XVe siècle n'a point encore pu se dégager entièrement du goût qui a dominé avec tant de naïveté dans les peintures les plus anciennes des artistes chrétiens. Le peintre a représenté les trois rois et leur cortége tout-à-fait dans le costume de ses contemporains; aussi retrouvons-nous dans ce tableau une représentation fidèle des princes d'Italie et de leur cour. Le même costume, ou du moins le même caractère, se trouve répété dans plusieurs ouvrages italiens de la même époque, qui traitent des beaux-arts.

Nous voyons dans le livre de costumes de *Cesare Vercellio*, *page 34*, une figure ayant pour titre: „*Un Barone antico*"; qui une grande ressemblance avec le jeune homme de cette planche qui tient le faucon. Le groupe que nous donnons ici se compose d'un héraut et de quatre pages richement vêtus. Les vêtements de dessus portent surtout le caractère du costume italien de cette époque. Toutefois, nous avons déjà fait observer à plusieurs reprises que les ornements composés de petites pièces d'étoffes en forme de touffes, et les souliers à longs becs, de même que le costume mi-parti, ont dominé jusque vers le milieu du XVIe siècle.

Les couleurs sont réparties comme suit. Le page qui tient le faucon a le vêtement de dessus d'or avec des ornements bleus; la garniture, à l'ouverture des manches, se compose de fourrure blanche; les globes saillants au bas du vêtement sont d'or et les touffes sont bleues et ornées de perles d'or. Le vêtement de dessous, visible au col et aux manches, est noir et pointillé d'or. Les gants sont gris, de même que la jambe droite du haut-de-chausses; la jambe gauche est bleue et rayée de rouge. Les bottes sont rouge de cinabre et ont des revers d'un rouge de cuir; les éperons sont d'or; la guirlande dont la tête est ornée est verte. Le page qui se tient à côté de lui a le vêtement vert-foncé, le col est noir et garni de blanc; l'écharpe passée par-dessus l'épaule est d'or; les gants gris; la jambe droite, bleue; la jambe gauche, verte; guirlande verte.

La figure qui n'est que fort peu visible a une coiffure bleue; le vêtement est rouge-clair, ayant un col noir; le haut-de-chausses est vert-foncé. Le vêtement du héraut est bleu; les manches sont vert-foncé et garnies d'une fourrure grise, le col est rouge de cinabre et orné d'écussons; les deux écussons extérieurs sont de sable et portent des ornements d'or; celui qui porte la couronne est entièrement d'or, tandis que celui qui est chargé du croissant et de l'étoile est d'or. Les gants, de même que le haut-de-chausses, sont rouge de cinabre; les bottes sont jaunes; la ceinture, rouge de cinabre; la poche et l'agrafe fixée à la ceinture, sont d'or; la trompe, ornée d'un drapeau bleu brodé d'or, est d'or. Les cheveux des quatre figures sont blonds.

PLANCHE 140. Costume italien du XV siècle, dessinés par l'éditeur, d'après un groupe pris du tableau que nous avons décrit à la planche précédente, à laquelle nous renvoyons relativement à ce que nous avons dit du costume.

La première des trois figures est celle de l'un des Rois; le costume est celui d'un prince italien; le vêtement qui sert de surtout a une manche de dessus postiche. Cette manche descend verticalement et se joint au bas avec la garniture du surtout. La figure du milieu porte la cassette de cuir pressé, ayant des ornements; elle est fixée à une courroie, et elle est destinée à renfermer le vase d'or que le roi tient à la main. Le héraut qui porte la trompe a le costume complet d'un italien de distinction de l'époque.

Couleurs: la couronne du roi est d'or et ornée de pierres de diverses couleurs; les cheveux sont blonds; le vêtement de dessus est d'or; les ornements qui l'embellissent sont bleus; la garniture des deux côtés de la manche pendante, de même que la large bordure du bas du vêtement, est d'une fourrure gris-clair à courts poils; les ornements qui commencent la garniture, de même que la ceinture couverte d'ornements, sont d'or; le haut-de-chausses est bleu, de même que la chaussure. L'écharpe, ainsi que les cloches dont elle est ornée, est d'or; les pierres rondes dont elle est parsemée sont rouges, et les pierres anguleuses sont bleues. Le héraut a une barette d'or avec des ornements bleus; les cheveux sont châtain-foncé. Le surtout est bleu et a des ornements bleu-clair; l'intérieur des touffes est rouge. Le vêtement de dessous, qui est fort court et qui a des manches, est brun-clair. La jambe droite du haut-de-chausses est rouge de cinabre; la jambe gauche est rouge-foncé; les bottes noires ont des revers gris; les éperons sont d'or. La trompe est d'or, de même que le drapeau qui y est fixé, lequel a des ornements rouges. La figure du centre a la coiffure et le vêtement rouge-vif, le col du vêtement de dessous est bleu et encadré de blanc. La chaîne, passée par dessus l'épaule, est d'or, de même que ses ornements; la jambe droite du haut-de-chausses est verte; la jambe gauche, rouge-clair; la cassette et les courroies sont de couleur brune.

PLANCHE 141. Épée et costumes de la seconde moitié du XV⁰ siècle, — dessinés par *l'éditeur*. L'épée, qui occupe le centre de la planche, se trouve dans l'excellente collection d'armes de S. A. R. le prince Charles de Prusse à Berlin. Elle date des dernières années du XVᵉ siècle, ce qui est prouvé d'un côté par la forme de l'ensemble, de l'autre par l'image de saint George, que l'on retrouve aussi sur l'armure d'un chevalier de cette époque. Ce ne sera sans doute pas sans intérêt que l'on comparera cet exemplaire avec les épées de chevaliers de diverses époques, que nous avons représentées dans le cours de cet ouvrage. Nous voyons incrustés dans la poignée de fer cinq bas-reliefs d'ivoire oblongs, qui représentent: l'enfant Jésus, au haut de la partie antérieure; au-dessous, Sᵗ-George; Sᵗᵉ-

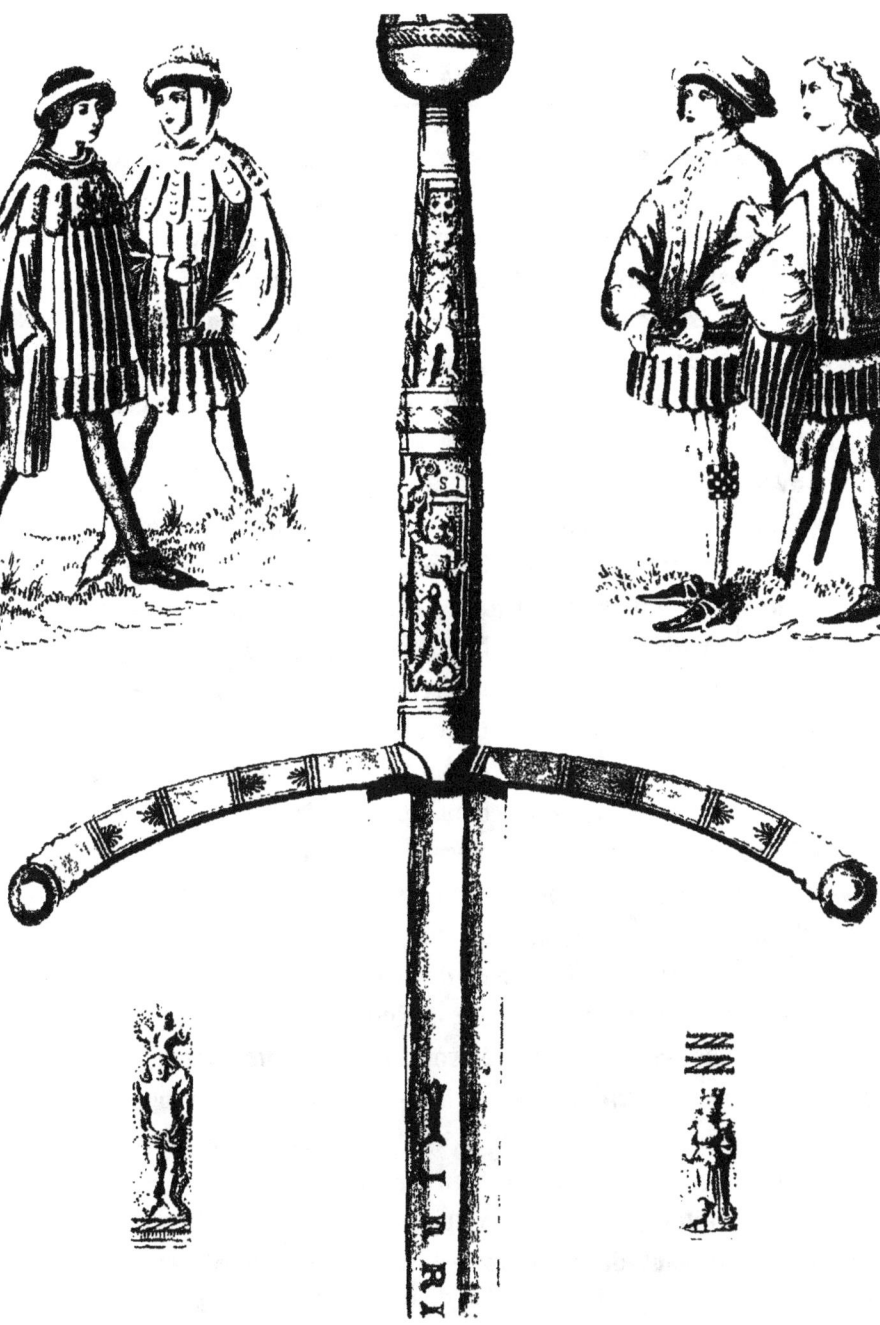

185

Barbe, indiquée sur cette planche par *B*, au haut du revers; au-dessous S'.-Sébastien, indiqué par la lettre *A*. Notre représentation a la moitié de la grandeur de l'original; la lame de l'original mesure 5 pieds de Paris 9'½ pouces.

C, *D*, *E*, *F* représentent des jeunes gens du milieu du XVe siècle, dessinés d'après le tableau de miniatures qui se trouve au cabinet royal des gravures à Berlin. Ce tableau, qui embrasse une foule de sujets, a été exécuté à Augsbourg en 1522, par l'ordre de Matthias Schwarz. Nous en trouverons une description plus détaillée, *pl. 129* de la IIIe division.

Les figures que nous donnons ici sont du nombre de celles que Schwarz a fait peindre, dans l'œuvre artistique dont nous avons parlé, d'après de bons modèles du XVe siècle, et cela dans le but d'établir la différence qu'il y avait entre les costumes des temps anciens et ceux du XVIe siècle, époque où Schwarz a vécu. Il est certain que cette différence nous paraît très sensible, si nous comparons les jeunes gens représentés sur cette planche avec ceux que nous avons donnés dans la IIIe division de notre ouvrage; bien que ces costumes appartiennent à l'Allemagne, on ne saurait méconnaître l'influence de l'Italie dans la coupe des vêtements de dessus.

Couleurs: la coiffure de *C* est bleue; le surtout est jaune; le col dentelé et la garniture sont de fourrure brune; les longues manches sont bleues, le haut-de-chausses est rouge de cinabre; souliers noirs. *D* a le capuchon et le col dentelé jaune; la barette est bleue; le surtout aux larges manches est blanc, la garniture du bas du vêtement est jaune; la ceinture est noire; le haut-de-chausses est blanc, de même que la chaussure. *E* a un chapeau bleu, entouré d'une bande jaune; le surtout est rouge; les manches, bleues; le haut-de-chausses, jaune; une large raie rouge de cinabre descend le long de la jambe droite, où se trouvent appliquées les armes, dans la forme

d'un échiquier aux champs noirs et blancs; souliers noirs; les
semelles, qui y sont fixées au moyen de courroies, sont de
couleur brune; la ceinture est noire. *F* a le vêtement de
dessous, jaune; il est visible au cou et aux manches, le surtout
est bleu; la manche ouverte est doublée de rouge de cinabre; le
haut-de-chausses est gris; la ceinture est noire, de même que
la chaussure; le cordon passé par dessus l'épaule est rouge.

PLANCHE 142. Costume du XV⁰ siècle, dessiné par
l'éditeur d'après un ancien dessin à la plume colorié, qui se
trouve au cabinet royal des gravures à Berlin. On reconnaît
dans ce tableau le travail d'un maître allemand du milieu du
siècle. Le sujet est une dame qui reçoit un baiser au moment
où son mari tourne le dos à l'amant. Le costume des figures
de cette planche est pareil à celui qu'on trouve répandu à cette
époque, surtout en Allemagne. Nous avons eu déjà plusieurs
fois l'occasion d'en décrire les détails dans cet ouvrage.

Couleurs: la cornette de la dame est blanche; la robe,
rouge-clair; la manche courte est tailladée à l'épaule, jointe
par des rubans rouges; le fond des taillades est blanc. La
figure qui tient la dame embrassée a le vêtement bigarré et le
haute-de-chausses d'un vert jaunâtre, de même que le chapeau,
orné de feuilles de chêne vertes. Le fond des taillades aux
épaules est blanc. La troisième figure a une coiffure d'un
rouge brunâtre; le manteau est brun-clair; la jaquette est
orange; l'échancrure, visible sur la poitrine, est rouge; haut-
de-chausses, d'un rouge jaunâtre; sachets, jaunes. La chaussure
des deux figures d'homme est brune et les revers sont blancs.

PLANCHE 143. Costume italien du XV⁰ siècle, —
dessiné par *M. Ruhl*, conseiller antique et directeur du musée de
Cassel, d'après un groupe pris d'une peinture à fresque de *Pin-*

Kenilworth. Vol II. Page 338.

turtchio, qui se trouve dans une des chapelles latérales de l'église
de *Sta.-Maria Araceli* à Rome. Ces tableaux représentent une
série de scènes prises de la vie de saint Bernardin de Sienne.
Dans une de ces scènes, les deux hommes et les trois dames
que nous représentons sur cette planche se font remarquer
parmi les nombreux spectateurs. Voir: „*Description de la ville
de Rome, par Platner, Bunsen etc. vol: III p. 354.*" —
L'artiste, en peignant ces figures avec le costume du XV᷏ siècle,
a fait le portrait de plusieurs de ses contemporains, dont les
noms particuliers ne sont point parvenus jusqu'à nous.

Couleurs: la dame qui a les mains jointes a la coiffure
violette et bordée d'or, de même que le voile; la robe est
verte et nuancée d'or dans les parties claires; les cordons,
les petits boutons et les bordures de la robe sont d'or, de
même que la ceinture; la manche de la robe de dessous est
violette, et la chemise, visible au cou, est blanche. La dame
du milieu a la robe noire, l'échancrure de la manche est blanche;
la garniture d'en-haut de la robe, de même que le fond de
l'échancrure sur la poitrine, est bleue, et embellie de lignes d'or.
Le mouchoir transparent est blanc; la coiffure se compose d'un
cordon de perles blanches. La femme âgée a la tête et les
épaules couvertes d'une étoffe blanche, embellie de deux raies
jaunâtres; sa robe est d'un violet-clair. La figure d'homme, qui
se trouve au premier plan, à droite, a le vêtement d'un violet rouge-
clair: les ombres sont nuancées de bleu et de vert: les parties claires
ont une nuance d'or; les revers du vêtement sur la poitrine et aux
manches, de même que la barette, sont rouge-foncé: le vêtement
de dessous est noir; la chemise, visible au cou, blanche. Le vêtement du jeune homme est rouge-vif et embelli d'ornements rouge-
foncé; la barette et la poche sont également d'un rouge vif: la
poche est embellie de houppes et d'ornements d'or; chaîne d'or: une
petite raie blanche de la chemise est visible au cou et à la manche.

PLANCHE 144. Costumes italiens du XV* siècle, dessinés par *M. Ruhl*, conseiller de cour, à Cassel, d'après un groupe pris d'une peinture à fresque de Simon Mummi, qui se trouve à la chapelle *della Nazione Spagnuola*, appelée aussi simplement: *Capella della Spagnuola*, dans le couvent de l'église *Sta.-Maria Novella* à Florence, fondée par la famille *Guidalotti*. Le sujet de l'un de ces tableaux est l'église triomphante; et les quatre figures, un jeune homme et trois jeunes filles, provenant de ce tableau et représentés sur cette planche, nous offrent l'image de la jeunesse, qui, dans l'effusion de la joie, danse sur la pelouse. Dans ce tableau, le peintre a choisi, selon la coutume presque générale de ces temps-là, des contemporains et des amis pour modèles de ses figures allégoriques et religieuses. Ce genre de costume nous rapelle en partie l'antiquité, et en partie le goût du moyen-âge, tel qu'il s'est développé en Allemagne. Le long vêtement simple du jeune homme, vu en face sur cette planche, est divisé longitudinalement en deux couleurs, tel que cela se pratiquait très-fréquemment au moyen-âge.

Couleurs: la jeune fille à gauche a la partie supérieure du vêtement sans manches rouge et parsemée d'étoiles d'or; la partie inférieure est d'une couleur verdâtre; souliers jaunes. La jeune fille, vue d'arrière, a un robe blanche sans manches; la jeune fille qui occupe la droite a le vêtement de dessous blanc avec des manches étroites et encadrées d'or; le vêtement de dessus, qui est fort court, est vert et a une garniture d'or; les manches volantes sont doublées de jaune. Le côté droit du vêtement du jeune homme est entièrement rouge-clair; le côté gauche est bleu-clair; la barette est d'un rouge vif. Les cheveux du jeune homme sont châtain-foncé, tandis que les jeunes filles ont les cheveux blonds. —

Explication des Planches.

IIe Division. 25me Livraison.

PLANCHE 145. Costume de paysan de la deuxième moitié du XVe siècle — dessiné par *l'éditeur* d'après les figures d'un grand dessin à la plume, représentant une fête de village, lequel se trouve dans la collection d'objets d'art du grand-duc de Weimar. Ce dessin est attribué à Martin Schoengauer; il est précieux non-seulement sous le rapport d'une exécution parfaite, mais aussi parce qu'il nous représente la vie champêtre de cette époque dans toute sa vérité. Les paysans qui dansent ont le même costume que les personnages de distinction de la même époque; la seule différence est qu'il parait moins complet et plus négligé, et qu'il est porté par des personnes dont les traits et les gestes semblent exprimer la position sociale.

PLANCHE 146. Comtes d'Orlamuenden, au milieu du XIVe siècle; dessinés par *Sixte Jahrwart* d'après les pierres tumulaires de ces chevaliers, qui se trouvent au couvent des religieuses de l'ordre de Citeaux à Himmelkron, dans la province bavaroise de Franconie-Supérieure. L'une des deux pierres n'a plus d'inscription lisible; l'autre n'a conservé la sienne que par fragments; elle porte: .... TO COMES JUNIOR DE ORLAMUNDE FUNDATOR MONASTERII ...... DOMINI MCCC .... D'après la date restée incomplète, et surtout

d'après le costume du chevalier, tracé avec la plus grande
exactitude, ce monument date du milieu, ou plutôt de la première moitié du XIVe siècle. Par conséquent il représente
Othon-le-Jeune, mort en 1340, qui, en vertu de l'inscription,
a été le fondateur du monastère. Toutefois d'autres documents prétendent que le couvent a été fondé par un de ses
ancêtres qui portait le même nom et qui est décédé en 1248;
il y a donc eu un autre motif pour donner le titre de *„fundator monasterii"* au comte Othon que nous représentons sur
cette planche.

Quant à l'autre pierre funéraire, dénuée d'inscription, nous
pouvons, sans craindre de commettre une erreur, admettre avec
certitude qu'elle a été destinée à représenter un comte d'Or-
lamuende, lequel doit avoir vécu vers le milieu du XIVe siècle.

On trouve dans le *„Dictionnaire universel"*, qui entre dans
de grands détails, l'histoire de cette famille illustre; elle est
entremêlée de vérités authentiques aussi bien que de fictions;
on y voit même figurer la tradition fort répandue de la „Dame
blanche."

La pierre funéraire munie d'une inscription nous présente,
avec une variété qui n'est pas sans intérêt, le costume et
l'armure du XIVe siècle, tels que nous les avons déjà souvent
représentés et décrits dans cette division. Le juste-au-corps
de cuir pressé est doublé de bandes de métal; on ne voit à l'extérieur que les clous en forme de rosettes, au moyen desquels
elles ont été fixées. Des bandes pareilles ont été trouvées
dans les ruines du château de Tannenberg; ce château, situé
dans la Bergstrasse, à deux lieues de Darmstadt, a été détruit en 1399 *).

*) Voir. „Le Château de Tannenberg et le Résultat des fouilles qui y ont
été faites par M. le docteur J. de Hefner et M. le docteur W. Wolf.
Francfort s. M. 1850.

Le costume de la pierre sans inscription a cela de particulier, que la tunique de mailles se termine, à la partie antérieure, par une pointe d'une longueur peu commune, et que les gants, entièrement de peau, ne sont garnis de fer qu'à la bordure. Derrière le chevalier se trouve le heaume; les lambrequins dentelés et le cimier sont les seules parties visibles; le cimier représente des arbres formés de plumes de paon, au milieu desquels est placé le lion, répété sur le bouclier. Les boucliers du XIV siècle ont souvent, de même que l'exemplaire de cette planche, une échancrure pour mettre la lance en arrêt. Toutefois cette invention ne fut alors point généralement en vogue; même elle ne tarda pas à disparaître, et ce ne fut qu'au XV° siècle qu'elle fut appliquée généralement aux petits boucliers ordinaires, arrondis à la partie inférieure, dont se servait la cavalerie.

La peinture primitive de ces pierres funéraires est encore en partie visible, et les couleurs sont distribuées comme suit: le chevalier de la pierre sans inscription a la cotte de mailles d'or, le juste-au-corps d'un rouge vif; les courroies et la ceinture sont d'or; les gants, blancs; haut-de-chausses et la chaussure, bleu-clair; l'écusson d'azur est chargé d'un lion de gueules. Les couleurs de la pierre munie d'une inscription sont: cotte de maille d'or, le bassinet, le juste-au-corps, les épaules, de même que les brassards, les gants, le haut-de-chausses et la chaussure sont bleu-clair; les chaines, les garnitures et les liens du bouclier sont en or; le vêtement de dessous, peu visible, est rouge de cinabre, de même que la ceinture, qui est garnie d'or. L'écu porte les armoiries complètes, telles que nous avons indiqué celles de l'autre pierre.

PLANCHE 147. Costume italien du XV° siècle; — dessiné par *l'éditeur* d'après des figures d'un tableau à l'huile de

Bernardo Pinturicchio, né à Pérouse en 1454. Ce tableau se trouve dans la galerie royale de Berlin et représente plusieurs scènes de la vie du jeune Tobie. De même que d'autres peintres italiens de la même période, Pinturicchio avait l'habitude d'animer l'avant-scène de ses tableaux au moyen de figures puisées dans l'Écriture-Sainte et à d'autres sources, et dont les traits étaient ceux de ses amis, ou de quelque contemporain distingué. — Les figures de notre planche appartiennent à cette catégorie, et elles n'ont aucun rapport avec le sujet principal du tableau. — Elles nous présentent le costume de jeunes Italiens de familles distinguées. Ce qui nous frappe surtout dans ce costume, ce sont les nombreuses échancrures et taillades doublées. On trouvera dans notre ouvrage combien les taillades diverses, en vogue au XVIᵉ siècle en Allemagne et dans d'autres pays, ont un caractère tout-à-fait différent de celles des figures représentées sur cette planche.

Les couleurs sont: pour l'écuyer du premier plan, la barette d'un rouge vif, avec un revers noir, une bordure d'or, de même que le bouton. La jaquette, qui, latéralement, est taillée en arc, est d'un rouge vif; le haut-de-chausses est bleu; les taillades sont toutes encadrées de noir et doublées de blanc. La manche de la figure qui est à sa droite est jaune-clair; le dos du vêtement est couleur de minium, tandis qu'en-bas les plis larges sont noirs et les plis plus étroits, couleur de minium. Haut-de-chausses vert, taillades encadrées de noir et doublées de blanc. Les souliers de l'une et de l'autre figures sont couleur de minium. —

PLANCHE 148. Costumes du XVᵉ siècle, dessinés par *l'éditeur*. Les figures comprises de *A* à *H* ont été représentées

d'après une peinture sur parchemin conservée au cabinet royal des gravures, à Berlin. Mathieu Schwarz, bourgeois d'Augsbourg, amateur distingué des beaux-arts, l'a fait exécuter en 1522, pour laisser à sa postérité un monument de son époque, surtout relativement aux costumes. On voit dans ce tableau le portrait de son père et ceux d'un grand nombre de ses contemporains de toutes les classes, comparés aux portraits de ses ancêtres de divers siècles. Toutefois la connaissance que Schwarz et son peintre possédaient des costumes antérieurs ne s'étendait pas au-delà du XV siècle, où leurs aïeuls vivaient encore, et des riches matériaux desquels ils surent faire leur profit pour peindre les costumes de tous les siècles antérieurs. On s'y prit de la même manière pour la formation des salles d'ancêtres et des livres de généalogie; par quoi ceux qui s'abstenaient de prendre une connaissance exacte des sources, ont été plus tard amenés à propager les plus grandes erreurs. Nous avons par conséquent reconnu, dans les figures que nous représentons sur cette planche, le costume certain du XV siècle.

Au sujet de Mathieu Schwarz et du tableau en question, voir *pl. 129, III Division.*

Couleurs: La couronne de la figure *A* se compose de perles blanches; le vêtement est blanc; le vêtement de dessous, visible sur la poitrine, est d'or, de même que la chaîne. La barette de *B* alterne de vert, de blanc et de rouge; le milieu de la jaquette est blanc, tandis que le côté droit est rouge, et le côté gauche bleu; il en est de même des manches et de la jambe gauche; la jambe droite est rouge. *C* a une guirlande or et verte; l'étoffe dont elle est garnie, est verte; la robe verte a de longues manches pendantes rouge de cinabre; les larges manches de dessous sont blanches; vêtement de dessous vert. *D* a une guirlande verte, entrela-

cée d'or; le manteau court est brun; la manche est verte
et a une taillade doublée de blanc; la jambe droite est
blanche; la jambe gauche de même, mais elle est rayée de
noir; collier d'or. La figure représentée à *E* est entièrement
vêtue de blanc; le collier est d'or. *F* a une barette verte;
le vêtement vert est orné de flammes jaunes; les manches et
le haut-de-chausses sont jaunes et ont des flammes vertes.
Les cheveux de *G* sont entrelacés d'une étoffe blanche et
de perles; le vêtement est noir; les ornements qui couvrent
la poitrine et les manches sont d'or. Les parties bouffantes
de la manche, au coude, sont blanches; chaînes d'or autour
du cou. *H* a le chapeau rouge de cinabre, entrelacé d'or; la
poitrine est blanche et garnie d'une bordure en or à la partie
supérieure; haut-de-chausses blanc et rayé de vert; manteau
brun, encadré et rayé de vert. Tous les souliers sont noirs.

Les figures *I*, *K*, *L* sont représentées d'après des xylographies coloriées du XVe siècle, contenues dans l'ouvrage sur
la chirurgie par *Jérome Braunschweig.*

Bien que nous évitions autant que possible de prendre
nos modèles dans les xylographies, qui se trouvent déjà conservées dans les vieilles collections des bibliothèques, nous
nous permettons de faire une exception pour la représentation
actuelle, parce que les figures que nous donnons sur cette
planche sont très-remarquables relativement au costume des
jeunes-gens de ces temps-là, et qu'elles nous offrent des variations quant aux costumes de ce genre que nous avons représentés,
surtout *pl.* 48 de cette division et sur plusieurs autres planches. Il est connu que l'extravagance de la toilette était par-
venue à son apogée non-seulement chez les dames, mais
aussi et surtout parmi les jeunes-gens de cette époque. Ces
derniers se laçaient et se fardaient, et ceux à qui la nature
avait refusé une belle chevelure, portaient des boucles postiches

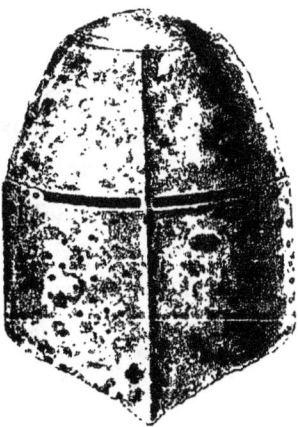

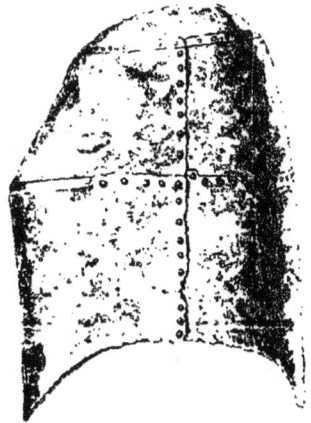

149

et des perruques. Nous avons déjà souvent fait mention des
vêtements bigarrés et des souliers à bec.

Dans l'original, *I* et *K* représentent des chirurgiens dans
l'attitude de faire des opérations; *L* est un patient.

Les couleurs sont distribuées comme suit: *I* a le vêtement bleu; la doublure des taillades des manches est blanche;
la poitrine est blanche et ornée de longues dentelures et d'une
bordure d'or avec des lettres. Le haut-de-chausses est noir
et a des dentelures noires. La guirlande qui entoure la tête
de *K* est entrelacée de blanc et de rouge; vêtement, rouge
de cinabre; les taillades étoilées sont blanches; la manche
étroite de dessous est jaune; les parties bouffantes du coude
sont blanches; le haut-de-chausses est d'un gris violet; l'encadrement et les dentelures sont noires. Le vêtement de *L*,
qui n'est guères visible qu'aux manches, est d'un rouge vif;
la moitié droite de la poitrine est grise, la moitié gauche est
blanche; les flammes dont la poitrine est sillonnée sont noires;
le haut de la jambe droite est gris et galonné de noir, le
bas de la jambe est blanc; la jambe gauche est rouge de cinabre et a des flammes noires. Les souliers de ces trois
personnages sont noirs et ont des revers blancs.

PLANCHE 149. Costumes du XV° siècle, dessinés par
l'éditeur. Le tableau du haut de la planche, qui se compose
de quatre figures, est pris d'un dessin à la plume légèrement
lavé, exécuté sur parchemin brun par un maître de l'époque.
Ce dessin, conservé au cabinet royal des gravures de Berlin,
nous offre un intérêt particulier, en ce qu'il nous fait voir en
quelques traits, d'un côté le mode d'exécution artistique, et de
l'autre, le costume simple qui, au XIV° siècle, se portait dans

l'intérieur d'une famille. Le tableau se compose de deux jeunes dames, d'un homme âgé et d'un jouvenceau.

La représentation du centre de la planche nous offre le revers d'une boîte à miroir, ciselée en ivoire et datant de la même époque; ce meuble est conservé au cabinet royal des arts, à Berlin. La face antérieure se composait dans l'origine d'une plaque de métal poli, formant un miroir. Les miroirs de ce genre, fort répandus à cette époque, étaient en même temps l'attribut d'une jeune fille. Tous ceux que l'éditeur a trouvés jusqu'à ce jour ont pour ornements des scènes puisées dans les *Minnelieder (chants d'amour)*, ou du moins ils se rapportent aux hommages rendus aux dames. Nous renvoyons, pour les détails sur des miroirs semblables, à l'ouvrage intitulé: „*Objets d'art et Meubles du moyen-âge, par C. Becker et J. de Hefner. Vol. II., pl. 2.*“ La représentation de cette planche nous fait voir un tournois et une tribune garnie de spectateurs de l'un et de l'autre sexe. Les chevaliers qui joûtent sont revêtus de l'armure de guerre; car à cette époque il n'existait point encore de costume destiné spécialement aux tournois. Nous avons déjà souvent représenté des monuments où les chevaliers portaient encore des heaumes pareils à ceux de cette planche, sans cimier ni lambrequins, tels que nous les retrouvons au XIII° siècle. Un exemplaire de ce genre a été trouvé dans les fouilles faites au château de Tannenberg, près de Darmstadt, détruit en 1399. Nous l'avons représenté sur cette planche sous deux points de vue différents, de même que le bassinet, s'élevant en pointe, qui a été trouvé dans le même lieu. Souvent les bassinets pareils se portaient sous le heaume. Nous avons donné, au bas de la planche, une échelle destinée à indiquer les dimensions. Pour les détails, nous renvoyons à l'ouvrage ayant pour titre: „*Le château de Tannenberg et les fouilles*

qui y ont été faites, par le docteur J. de Hefner et le docteur W. Wolf. Francfort sur-le-Mein, pages 92 et 94.

PLANCHE 150. Ce que nous avons dit au sujet de la pl. 148, fig. A — H, est également appliquable à cette représentation.

Quant à la distribution des couleurs pour les figures de cette planche, nous ferons les observations suivantes:

La dame du couple supérieur, à gauche, porte un voile qui, par sa forme, ressemble à une chevelure partagée; le côté droit de ce voile, de même que le côté droit du vêtement, est jaune; le côté gauche, bleu-clair; les manches de dessous ont les mêmes couleurs, mais dans un sens inverse; la manche longue de la robe de dessus est doublée de fourrure brune. Le cavalier qui l'accompagne a le côté droit de la barette jaune, le côté gauche bleu-clair; il en est de même du vêtement; les manches et le haut-de-chausses sont de même couleur, mais dans un sens inverse; le vêtement est garni d'une fourrure brune. Le couple qui occupe la droite du haut de la planche représente une dame avec une coiffure découpée rouge de cinabre, de même que la robe, dont les manches pendantes sont également découpées; les manches de dessous sont blanches et rayées de rouge; la ceinture est noire; les agrafes et les boutons sont d'or; la plume de héron est blanche. La barette de son cavalier offre, de même que le vêtement, des raies rouges et blanches; il en est de même du côté droit du haut-de-chausses, tandis que le côté gauche est entièrement rouge; souliers noirs. Au bas de la planche, la dame à gauche a une coiffure découpée, de couleur rose au côté droit, de même que la robe aux manches longues, tandis que le côté gauche est blanc, nuancé de violet. les manches de dessous sont bleues; l'étoffe découpée en feuille qui descend de la ceinture est bleue; le collier est d'or; la partie supérieure de la manche longue est ornée d'une raie rouge de cinabre, au-dessous de laquelle se trouve une raie jaune, puis une raie blanche, enfin une raie grise. Le côté droit de la barette du cavalier, de même que le côté gauche, est couleur de rose. La barette est ornée d'une agrafe d'or et d'une plume de héron blanche. La dame du couple inférieur à droite a la coiffure blanche brodée de perles; la robe, les manches de dessus et celles de dessous sont blanches et nuancées de violet; collier d'or; ceinture noire avec garnitures d'or; la doublure de la manche longue, bleue. La barette du cavalier est pareille à la toque de la dame; le vêtement, les manches de dessus et celles de dessous sont, de même que le haut-de-chausses, blancs et nuancés de violet; le vêtement est garni d'une fourrure brune; les souliers sont noirs; la ceinture et la gibecière, noires avec des garnitures d'or.

Explication des Planches.

IIe Division. 26me Livraison.

PLANCHE 151.   Costumes de dames du XVe siècle, dessinés par *l'éditeur* d'après des figures prises dans un album
des ducs de Saxe, lequel se trouve dans les archives de l'état
à Dresde.   Ce manuscrit *in-folio* contient, dans un grand
nombre de dessins à la plume coloriés, les portraits de personnages des deux sexes, représentant les membres de la maison royale de Saxe.   Bien que l'artiste, qui a exécuté ce travail vers la fin du XVe siècle, eût la tâche de représenter des
personnages appartenant à des siècles différents, il s'en tint
néanmoins au costume en vogue à l'époque où il vivait, et il
parut s'attacher à rendre ces costumes dans toutes leurs variétés.   Au XVIe siècle, ce travail fut augmenté d'un appendice de figures, portant le stile de Lucas Kranach et que
maintenant nous nous bornerons à mentionner.

Les six figures de la planche actuelle portent entièrement
le cachet du milieu du XVe siècle jusqu'au commencement du
XVIe, tant pour le stile du dessin que pour le costume même.
La dame *A* seule porte la mentonnière, qui, aux XIVe et XVe
siècles, distinguait les femmes mariées des jeunes filles.   Les
dames, *B & D*, ont des couronnes princières, qu'elles portent, selon la coutume assez générale de ces temps-là, au-dessus de leur
coiffure ordinaire.   La figure *D* est enveloppée d'un manteau

simple au collet monté, tel qu'il était porté fréquemment à cette époque.

Les couleurs sont: pour la figure *A*, coiffure blanche, la draperie qui descend par derrière est rouge de cinabre; la robe est jaune, la garniture supérieure et la doublure sont bleues. *B* a la couronne d'or; la coiffure en forme de turban est de velours rouge et entourée d'une draperie blanche; la cornette de dessous est blanche; la robe est rouge de cinabre, garnie et doublée de jaune. Le vêtement de dessous est rouge de cinabre et orné d'une garniture blanche; la chemise est blanche et a une garniture d'or. Souliers noirs. *C* a la partie supérieure de la coiffure d'or; la partie inférieure est blanche; la robe est verte et garnie partout de noir; agrafe d'or. La coiffure de *D* est blanche; de part et d'autre, des réseaux d'or. La couronne est d'or, de même que l'étoffe qui recouvre la poitrine; le manteau est noir. *E* a la coiffure d'or; la robe est brun-clair et encadrée d'or; les coudes bouffants sont blancs; vêtement de dessous jaune et encadré de blanc; la chemise blanche est garnie d'or; ceinture et souliers noirs. *F* a la robe blanche; la garniture et l'agrafe sont d'or; vêtement de dessous bleu et encadré de blanc; la coiffure se compose d'un tissu d'or, entouré d'une draperie blanche, dont les encadrements d'or sont fort larges; l'agrafe du front est d'or.

PLANCHE 152. Soulier de dessous et costumes du XVᵉ siècle, — dessinés par *l'éditeur.* Le soulier de dessous (espèce de galoche), vu d'en haut à *A*, et latéralement à *B* est la propriété du baron Jean de Aufsess, à Nuremberg. Cette espèce de chaussures, pareille aux chaussures appelées „*Trippen*" a été portée depuis la fin du XIVᵉ siècle jusqu'au XVIᵉ siècle, c'est-à-dire durant tout le temps que les souliers à

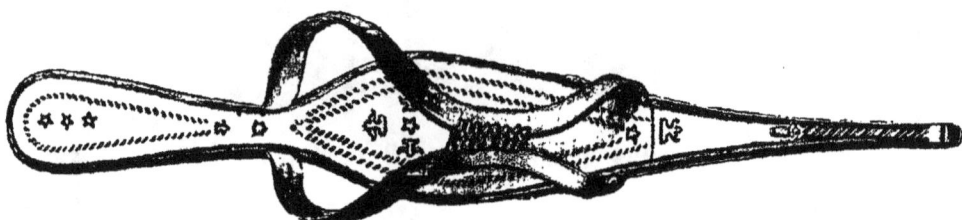

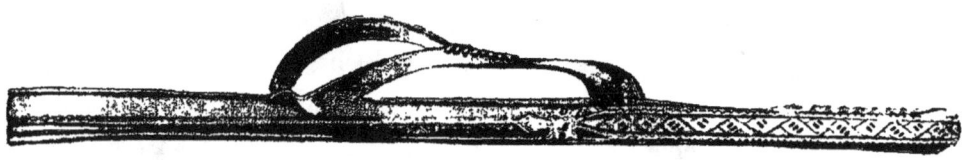

bec ont été en vogue, avec lesquels on ne pouvait marcher
à son aise dans les rues ou sur un sol inégal sans le secours
de ces semelles. Il existe plusieurs tableaux de cette époque
servant à nous montrer comment les cavaliers et les dames
portaient cette double chaussure; mais il est rare de trouver des exemplaires aussi bien conservés que l'est le soulier gauche que nous avons représenté sur notre planche. La
partie d'arrière de ce soulier est un peu élastique malgré
l'épaisseur du cuir; la partie antérieure, destinée à supporter
le bec du soulier de dessus, est rendue plus forte au moyen
d'une garniture de cuivre jaune gravé, appliquée à l'extrémité
supérieure et aux deux côtés. La semelle se compose de plusieurs pièces superposées de cuir brun, embellies d'ornements
pressés. La partie épaisse de la semelle a un talon de cuir
d'un rouge vif; les courroies de peau sont également rouges.
Nous trouvons souvent des souliers pareils appartenant à la
même époque; mais ils sont de bois et ont un double talon:
voir *pl. 161* de cette division.

C'est dans le but de faire voir l'application de ce genre
de chaussures, alors en vogue dans tous les pays chrétiens,
que nous avons ajouté les représentations *C & D* à cette
planche *C* est pris d'un dessin à la plume colorié, se trouvant sur le premier feuillet du manuscrit de la traduction allemande du poème néerlandais „*Marguerite de Limbourg,*"
qui se trouve actuellement à la bibliothèque de l'université de
Heidelberg. Cette représentation nous fait voir le poète et
traducteur Jean de Soest, présentant à genoux son travail au
comte palatin Philippe. Le comte palatin est vêtu du costume
ordinaire de son intérieur, se composant d'un surtout d'une
étoffe noire damassée, encadrée d'une fourrure blanche; la poitrine est couverte d'une étoffe blanche, ornée de cordons d'or;
le bas du haut-de-chausses est noir, de même que les sou-

liers à bec, qui sont doublés de blanc; les souliers de dessous, rouges de cinabre, ont des courroies de même couleur; il porte sur la tête un bandeau entrelacé de blanc et de rouge, orné d'une agrafe d'or. Jean de Soest est vêtu d'une robe noire, garnie d'une fourrure brune. La couverture et les tranches du livre qu'il présente au comte, portent les fusées argent et azur que nous retrouvons dans les armes de la maison de Bavière; mais, dans l'original, ces figures héraldiques ne sont plus visibles qu'aux tranches; une nouvelle reliure les a fait disparaître de la couverture.

D est une dame copiée du manuscrit de Dresde que nous avons décrit *pl. 151*; cette représentation sert également à nous montrer comment les dames elles-mêmes ont porté ces chaussures. Les souliers de dessous de cette dame sont aussi rouges de cinabre; les souliers à bec sont noirs; le vêtement est rouge, garni et doublé de jaune; la robe de dessous est bleue et garnie de fourrure blanche; la coiffure est blanche.

PLANCHE 153. Soulier du XVᵉ siècle, — dessiné par *l'éditeur* d'après un soulier original de cette époque dont il est lui-même en possession. C'est la chaussure du pied droit que nous avons représentée sur cette planche, vue de chaque côté et de dessous. L'échelle dont nous avons accompagné la représentation nous fait voir que le soulier est fort petit; on prétend, qu'il a été trouvé dans la tombe d'un jeune comte de Henneberg. A l'exception de la semelle, il se compose d'une seule pièce de cuir très fort et pressé avec art; la cheville ressort du côté droit, mais le côté opposé est muni d'une entaille doublée pour faciliter l'extension et garni d'ornements pressés dans le cuir. La chaussure est de couleur noire, mais la semelle est brune.

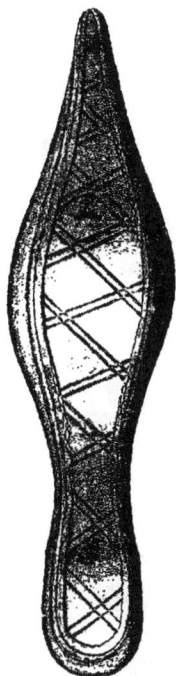

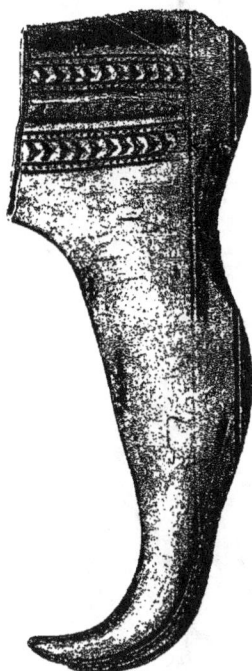

Frauentracht a. d. 15ten Jahrh.

203

Dans le cours de cet ouvrage, nous avons eu souvent l'occasion de montrer quel rôle les souliers à bec ont joué à cette époque et même dès le XIV° siècle. Ordinairement le bec se prolongeait en ligne droite et était élastique; c'est pourquoi l'usage des galoches décrites sur la planche antérieure était souvent devenu nécessaire. L'espèce de chaussure représentée sur la planche actuelle, ayant un bec raide et recourbé vers le haut était beaucoup moins générale; des souliers de cette forme étaient surtout à l'usage des enfants, qui ne pouvaient guère s'arranger de chaussures à pointe prolongée en ligne droite.

PLANCHE 154. Costume de dame du XV° siècle, — dessiné par *l'éditeur* d'après des dessins coloriés à la plume du manuscrit mentionné *pl. 151*. La *fig. E* fait exception; elle est prise d'un dessin colorié dont l'éditeur est en possession. Les figures *A & B* nous font voir la mentonnière qui caractérise les femmes mariées, relevée par dessus la coiffure, tandis que les dames *C*, *G*, *H & I* la portent autour du menton.

Couleurs: La coiffure de *A* est blanche; la robe d'un brun rougeâtre; la chemise blanche est encadrée d'or; les parties bouffantes du coude sont blanches et ornées de cordons rouges. *B* a la coiffure blanche; la robe très-ouverte est jaune et garnie de noir; la chaîne est d'or. *C* a également une coiffure blanche, mais elle est ornée d'une raie latérale d'or; la robe jaune est encadrée de blanc; la chemise, de même que les parties bouffantes du coude, est blanche et embellie de cordons d'or. *D* a les cheveux blonds; le cordon entrelacé est blanc; l'étoffe plissée que nous voyons au-dessous de la coiffure est verte; robe jaune et encadrée de vert. — *E* a une

draperie blanche qui enveloppe le cou et les épaules et qui,
sur le front, est brodée de points d'or; vêtement bleu et bra-
celets d'or. *F* porte une coiffure blanche, ornée d'un bouquet
de plumes de héron; l'agrafe est d'or; la robe est blanche et
garnie de noir; la poitrine est couverte d'une étoffe d'or,
ayant des encadrements noirs. *G* a une coiffure blanche, avec
des ornements d'or; la robe est blanche, nuancée d'une couleur verdâtre, et encadrée de noir. *H* porte une coiffure
blanche ornée d'une agrafe d'or; la robe brune a une garniture blanche. *I* a une coiffure blanche avec des ornements
d'or; la robe, d'un brun clair, est garnie de jaune; les parties
bouffantes du coude sont blanches.

PLANCHE 155. Bouclier, ou targe, de la seconde moitié
du XVe siècle, — dessinés par *l'éditeur* d'après un bouclier
original du landgrave de Thuringe, qui est conservé à l'église
Ste-Elisabeth, à Marbourg. Ce bouclier est de bois, recourbé
en forme de coquille et muni d'une échancrure pour y placer
la lance; la face antérieure *A*, recouverte de toile, nous présente une couche de blanc qui a été argentée, et sur laquelle
sont tracées en gros traits noirs les armes de la Thuringe.
L'exécution de l'ensemble se rapporte à l'art de la peinture
dite *temperata*. Le revers *B* est recouvert d'un cuir brun; nous
y voyons les crochets de fer destinés à fixer les courroies
et la poignée; nous ne remarquons sur le revers qu'un seul
sillon profond et vertical, tandis que la face antérieure nous
offre trois saillies, ou parties anguleuses. La vue latérale *C* nous fait voir la courbure complète du bouclier. Si
nous comparons avec la planche actuelle les représentations
et les descriptions des boucliers originaux du XIIIe siècle
(*pl. 80 & 82 de la Ire Division*), nous nous convaincrons

Schild Tartsche a. d. 15ten Jahrh.

Johann v. Linden u. Guda v. Rüdesheim 1351

que la manière dont les boucliers ont été confectionnés au
moyen-âge n'a subi aucune modification essentielle, bien que
la forme ne soit pas restée la même. Les boucliers de métal, qui, la plupart, sont de forme ronde, n'ont paru qu'au
XVI° siècle.

PLANCHE 156. Jean de Linden et Guda de Bellersheim
(1394) — dessinés par *l'éditeur*, d'après le monument funéraire taillé en grès et colorié qui se trouve dans les ruines
du château d'Arnsbourg, près de Giessen. Les deux figures
sont représentées en grandeur naturelle. L'inscription du mo-
nur ent est conçue en ces termes: „*Iste sarcofagus est Jo-
h(nis de Linden militis et Gude uxoris ejus legitime de
Beldersheym* (plus tard: *Bellersheim*) *fundatorum hujus altaris
et capelle consecratorum anno domini MCCCXCIIII XI calendas octobris.*“ — Il en résulte que ces deux époux ont
fondé l'autel et la chapelle latérale du monastère, et que ce
monument a été primitivement le couvercle du cercueil où ce
couple reposait.

La famille de Linden et de Bellersheim est souvent mentionnée dans des archives du pays de Hesse, soit relativement
à des fondations, soit pour d'autres événements. L'église du
monastère d'Arnsbourg, l'un des monuments les plus gran-
dioses de l'architecture romane postérieure, qui nous présente
encore le stile du plein ceintre, mais plus dégagé et plus
élancé, et qui a beaucoup de ressemblance avec l'église de
S°-Elisabeth à Marbourg, fut déclarée inutile dans les premières années de notre siècle: on eut la barbarie de regarder ce
monument comme une carrière de pierres dont on pouvait tirer
parti; on se mit à le démolir; ce qui ne s'effectua qu'au moyen
des plus grands efforts; encore fut-on obligé d'employer
la poudre pour faire sauter les pierres. Mais comme les

masses colossales de pierres et le ciment qui les réunissait
de la manière la plus solide, présentaient néanmoins des
obstacles toujours plus invincibles, on renonça à cette folle
entreprise, et, aujourd'hui encore, cette église nous présente
avec ses chapelles et ses appendices latéraux une ruine impo-
sante, — d'un côté, monument superbe et grandiose de l'art
du moyen-âge, si décrié pour sa barbarie; de l'autre, monument bien triste de la barbarie de notre siècle si vanté pour
la civilisation. Les édifices latéraux du couvent ont été
destinés à servir d'étables ou à des usages de cette nature.

La pierre funéraire de notre planche se trouve maintenant
abandonnée en plein air, vu que cette chapelle latérale est
presqu'entièrement démolie; la jeunesse du lieu s'en sert
comme d'un but, quand ils s'exercent à lancer des pierres;
elle est déjà fort endommagée, et l'éditeur s'est vu obligé de
compléter, dans sa représentation, les nez et plusieurs autres
parties saillantes du monument. Bien que cette pierre funéraire
ait été exposée, non-seulement au vandalisme des hommes,
mais encore aux injures du temps, les couleurs et les dorures
se sont partiellement conservées de la manière la plus remarquable.

Le chevalier porte un vêtement de dessous rouge, visible
au cou et à la bordure d'en-bas; le vêtement de dessus est
bleu et a de longues manches pendantes; les coutures sont
ornées de carrés blancs en guise de damier; c'est sur ce
vêtement que se portaient le plastron de fer et la cotte de
maille, déjà en vogue à cette époque; cette armure était
complétée par un col montant de chaînes de mailles et par le
gantelet de fer, qui alors était sans articulation au poignet.
Les pieds sont couverts d'écailles de fer, ce qui avait lieu
fréquemment à cette époque. Le heaume de fer, que le
chevalier tient de la main gauche, est orné de lambrequins

rouges et d'un cimier de même couleur, et les feuilles de
tilleul qui s'y trouvent sont d'argent. Nous ferons encore
remarquer la chaîne attachée au milieu de la poitrine au moyen
d'un nœud de rubans et le haut-de-chausses de peau brune,
qui, de chaque côté, nous laisse voir une taillade doublée de
fer. Le vêtement de la dame est rouge et a des manches
qui descendent jusqu'aux doigts; le manteau, fort ample, est
bleu et le chapelet d'or. L'étoffe blanche qui, selon l'usage
d'alors, lui sert de coiffure est surmonté d'une étoffe rouge
plissée en forme de toit, pareille à celle que nous avons vue
dans la représentation de Marguerite de Fuchs, *pl. 93* de cette
division. Les armes de la famille de Linden et de Bellersheim
portent d'argent dans un champ de gueules. Les ornements
d'architecture sont la plupart encadrés dans des lignes d'or;
les autres couleurs ne sont plus reconnaissables.

Conrad v. Schaumberg † 1499

Explication des Planches.

PLANCHE 157. Conrad de Schaumbourg, décédé en 1499, dessiné par *l'éditeur* d'après la pierre funéraire de ce chevalier conservée à la chapelle de St.-Marie à Wurzbourg. Cette excellente sculpture émane de la main d'un artiste habile de Wurzbourg, nommé Tilmann Riemenschneider; voir *„Biographie et Oeuvres du sculpteur Tilmann Riemenschneider etc.*, ouvrage publié par *C. Becker*, Leipsick, Rodolphe Weigel, 1849.„ Ce monument qui représente le chevalier en grandeur naturelle, est exécuté en grès grisâtre; il nous fait voir dans plusieurs variations et avec des détails minutieux l'armure de la seconde moitié du XVe siècle, que nous avons déjà décrite et représentée d'après nature, *pl. 82, 83, 115* et *116* de cette division. La planche 161 de cette division nous offre cette figure, qui est presque entièrement détachée, vue de profil, et nous présente ainsi des données plus exactes sur la forme de l'armure. Bien que Conrad de Schaumbourg, représenté sur notre planche, soit décédé loin de sa patrie dans un pélerinage qu'il a entrepris en Terre-Sainte, les traits caractéristiques de la figure, de même que l'exactitude parfaite du costume de ce chevalier nous démontrent que ce monument a été exécuté d'après une fidèle représentation de l'original. Sur la table de pierre dont est surmonté ce monument et que nous n'avons pu représenter sur notre planche, se trouve l'inscription suivante:

„Anno dni. MCCCCLXXXXIX am. fapstag. nach. Katherine. starb. d. geftreg. un. ernvest. her. Conrad. vo Schaweberg. Knoch. ritt maschalk. an. d. widfart. von. de. helige. grab. uff. de. mere. de-got. guad. a.“

L'an de Notre-Seigneur 1499, le samedi après St.-Catherine, est décédé le redouté et honorable Seigneur Conrad de Schaumberg, chevalier, lorsqu'il se rendit en pélerinage au Saint-Sépulcre. Dieu l'ait en sa sainte grâce!

PLANCHE 158. Costumes d'hommes du XVe siècle, dessinés par *l'éditeur* d'après les figures d'un manuscrit orné de dessins à la plume coloriés; ce manuscrit se trouve à Dresde dans les archives de l'état, et nous l'avons déjà décrit *pl. 151* de cette division.

A, est un jeune homme portant le costume d'un lansquenet avec le glaive et la hallebarde, telles que ces armes étaient souvent portées par des seigneurs dans des tournois ou dans des occasions pareilles. *B, E et F,* sont des jeunes gens portant le costume d'intérieur; *C* e une demi-armure et le chapeau de feutre, qui se mettait souvent au lieu de casque; *D* est en costume de chasse, tenant le faucon sur la main gantée; il a des souliers de dessus, fort larges à la partie antérieure, tels qu'ils ne se présentent fort que rarement en Allemagne au XVe siècle, où les souliers à bec étaient généralement en vogue. En France, les souliers larges à l'extrémité antérieure se retrouvent fréquemment, dans la deuxième moitié du XVe siècle, à côté des souliers à bec pointu.

Les couleurs sont: *A,* a la plume de la barette, les parties bouffantes du coude et la chemise visible sur la poi-

+ ΛИΝΟ·DИI·M·Λ ᴅ ᴅ·LXIX·FILΛ·ᴇRΛ·POST·Oᴇᴇᴴ·S·PΛSᴄᴴ Λ·ᴅOИRΛDVS·D·Λ·SΛVWΛSᴴΛIM·MILΛS·RSΛPVLVS

Conrad v. Lauwensheim Lansheim 1369.

trine de couleur blanche; la chemise est garnie d'or. Les souliers sont noirs, tout le reste est rouge de cinabre. *B*, a la coiffure rouge-vif, de même que le vêtement collant avec les manches; les parties bouflantes des manches sont blanches, de même que la chemise qui couvre la poitrine. Le manteau brun est encadré de noir; souliers noirs. *C*, a le chapeau rouge de cinabre, de même que tout le vêtement; la jambe gauche a seule des raies blanches; la demi-armure est couleur de fer; souliers noirs. *D*, a le chapeau d'un rouge-vif, de même que le haut-de-chausses; le manteau brun-clair avec des revers jaunes, la poche blanche, les souliers noirs. La guirlande que *E* porte sur la tête est verte, le haut-de-chausses est rouge; la partie supérieure du haut-de-chausses, de même que le bas des manches, est rayé de rouge et de jaune; les parties bouflantes du coude, de même que la chemise, visible sur la poitrine, sont blanches; le vêtement de dessus, qui n'a pas de manches, est brun et encadré de noir; *F*, a la barette rouge, de même que le vêtement de dessous; le manteau est brun et doublé de jaune.

PLANCHE 159. Conrad de Sawensheim (Seinsheim), décédé en 1369, dessiné par *l'éditeur* d'après la pierre funéraire taillée en grès grisâtre, qui est conservée à l'église de St.-Jean, à Schweinfurt; ce monument est maintenant logé à l'entrée étroite, à peine accessible, d'une ancienne tour, loin de la place qu'il occupait primitivement, de sorte que ce n'est qu'avec la plus grande peine qu'on est parvenu à en faire la représentation. L'inscription qui entoure cette pierre funéraire est conçue avec plusieurs abbréviations en ces termes. „*Anno Domini MCCCLXIX feriâ quartâ post octavam S. Pasche. obiit. Conradus de Sawensheim miles. hic. sepultus.*"

La planche 46 de cette division représente la pierre funéraire de Henri de Sauwensheim, mort en 1360, laquelle est placée dans le cloître de la cathédrale de Wurzbourg. Le chevalier représenté sur ce monument porte une armure tout-à-fait pareille à celle du chevalier de la planche actuelle, dont elle ne diffère que par quelques détails qui ont pu changer dans l'espace de 9 années et qui varient parfois dans les armures d'une seule et même époque. Conrad de Sauwensheim porte une armure en cuir, garnie à la partie supérieure d'un plastron en fer, et dont la partie inférieure est parsemée de clous rivés, au moyen desquels des cercles de fer étaient fixés à l'intérieure de la cuirasse. Des cercles pareils munis de rivets, des casques semblables à ceux de notre planche, le bassinet et le heaume (le heaume était mis par dessus le bassinet) des gants sans articulations et de petites épaulettes de métal, ont été également trouvés par *l'éditeur* dans les fouilles du château de Tannenberg dans la Bergstrasse, qui fut détruit en 1399 ; voir : *„Le château de Tannenberg et ses fouilles, ordonnées par S. A. R. le grand-duc de Hesse; ouvrage rédigé par le docteur J. H. de Hefner et le docteur W. Wolf, 1850.*

Nous avons eu souvent l'occasion de décrire, dans la division actuelle de notre ouvrage, le caractère essentiel de la présente armure, qui se compose d'un tissu de mailles et de cuir garni de cercles de fer. Pour rendre l'objet plus clair, nous ajoutons à notre planche, à *A*, le profil du bassinet du chevalier, avec la pièce du cou qui s'y trouve attachée; à *D*, le profil du heaume à outrance, que le chevalier porte sur l'épaule où le casque est fixé au moyen d'une chaîne, et à *C*, le profil de la jambe gauche; on s'aperçoit par ce dernier profil que la pièce qui couvre le fémur et le genou doit être de cuir, sinon il serait impossible de la faire mouvoir pour

Trachten aus dem 15ten Jahrh.

marcher. Il y avait ordinairement sur le genou, au-dessous de ce cuir, une pièce de fer-blanc bosselée. Le cuir du bas de la jambe est garni de bandes de fer, — de la même manière que les brassards.

PLANCHE 160. *Costumes du XV° siècle.* L'éditeur doit les figures de *A* à *F* aux soins aimables de M. le docteur S. F. Hesse, conseiller aulique, archiviste intime et bibliothécaire, à Rudolstadt; — ces figures se trouvent dans le tableau dit de Kovernbourg, conservé aux archives d'Arnstadt. Ce tableau représente trois ancêtres de la maison de Kovernbourg ainsi que leurs épouses. Il appartient à ce genre de tableaux de famille qui, dans la seconde partie du XV° siècle, étaient exécutés de manière que le peintre représentait avec le costume de ses contemporains les hommes de toutes les époques antérieures à la sienne, et qu'il ne songeait à les faire reconnaître que par les signes héraldiques ou par tels autres attributs.

D'après cela, nous offrons ce tableau comme une représentation exacte du costume d'intérieur des familles distinguées de la dite époque, et le but que nous nous sommes proposé dans notre ouvrage ne nous permet pas de nous occuper des détails personnels que l'artiste a eu sans doute en vue de faire ressortir. La coiffure en bourrelet des figures d'hommes *B* et *D*, est rendue de la même manière sur la pierre funéraire du comte Jean de Werthheim, mort en 1407; voir *pl. 106* de cette division. On se servait souvent de ce genre de coiffure pour mettre le bassinet de fer par-dessus. Quant à la cotte d'armes courte, aux découpures, aux grelots et aux souliers à bec, que nous retrouvons dans les diverses figures de cette représentation, nous en avons déjà fait mention dans diverses livraisons de cette division.

214

Les couleurs sont: *A*, a la coiffure bleue, la robe et les souliers rouges, le vêtement de dessus est jaune. *B*, a la coiffure brune, le manteau rouge et doublé de blanc; la cotte d'armes bleue; le haut-de-chausses jaune; souliers noirs; chaine d'or. *C*, a la coiffure blanche, la robe et les souliers jaunes; le manteau blanc; *D*, a la coiffure brune; le vêtement de dessous rouge avec des lignes rouge-foncé; haut-de-chausses jaune; souliers noirs. *E*, a la coiffure blanche; le reste du vêtement est rouge-vif. Le chapeau et le vêtement de *F* sont jaunes; le haut-de-chausses est rouge. Tous les grelots sont d'or; les écusssons sont d'azur portant des lions de gueules. La partie supérieure des drapeaux est blanche; la partie inférieure rouge.

Les figures de *G* à *K*, ont été dessinées par *l'éditeur* d'après des peintures sur parchemin du livre des Priviléges d'Ingolstadt, portant la date de 1493 et conservé à la mairie de la dite ville. Les quatre hommes de notre planche, dont le costume est fort simple, représentent des bourgeois opulents, des magistrats de cette époque. Les deux premiers feuillets du livre sont occupés par la représentation de 25 de ces magistrats. Le nom de chacun d'eux est inscrit au-dessus de la tête. Les figures que portent les écussons placés devant eux se rapportent presque toutes au nom de ces personnages.

Les couleurs sont: *G*, a la barette, de gauche à droite et successivement, rouge de cinabre, blanche, noire, blanche; le vêtement est rouge de cinabre du côté droit, et rayé de noir et de blanc du côté gauche; souliers noirs; écusson d'argent, tête de maure sable, portant une guirlande de gueules. *H*, a la barette, le vêtement de dessous et la robe de dessus noirs; la robe est garnie de fourrure brune; l'écusson est d'azur portant une licorne d'argent. *I*, a la barette noire et

garnie de fourrure brune; vêtement de dessous rouge de cinabre; les taillades aux manches sont doublées de blanc; soulier noir; l'écusson est d'azur et porte un croc d'argent. *K*, a
la barette noire, le vêtement est rouge; l'écu d'argent est
chargé d'un arbre sinople.

PLANCHE 161. Costume de chevalier de la 2ᵐᵉ moitié
du XVᵉ siècle, dessiné par *l'éditeur*. *A*, est l'image en pierre
de Conrad de Schaumberg, vue de profil; nous avons représenté cette pierre funéraire *pl. 157* de cette division. Ce
profil nous permet de voir plusieurs détails qui sont cachés
dans la représentation de la pierre tumulaire. Nous apercevons
surtout dans les cheveux la guirlande entrelacée (appelée
chapelle en France) qui reste invisible dans la vue de face
de l'image.

B est la représentation de Guillaume d'Ellrichshausen
d'après la pierre tumulaire de ce chevalier, conservée à l'église
du monastère à Heilsbronn. Nous nous sommes contenté de
ne donner ici que le buste, puisque les autres parties de
l'armure de cette belle figure sont par trop identiques avec
les descriptions que nous avons données, soit d'après des armures véritables, soit d'après des monuments en pierre, — et
que, dans le cas actuel, nous n'avons en vue que l'ordre de
chevalerie et le caractère particulier du casque.

L'inscription qui entoure ce monument est conçue en
ces termes.

„*Anno Domini 1483 le mercredi jour de St.-Sébastien
est trépassé l'honorable et brave chevalier Guillaume d'Ellrichshausen. Dieu l'ait en sa sainte grâce.*"

L'Ordre du Cygne, duquel Ellrichshausen porte les insignes autour du cou, se composait d'après les statuts du

cygne entouré d'une guirlande, formée d'une pièce d'étoffe
tordue; au-dessus du cygne, l'image de la Ste.-Vierge avec
l'enfant Jésus est représentée dans un croissant avec cette
inscription: „*Ave, mundi Domina!*" toutefois cette inscription
n'est pas visible sur notre planche; — le collier, autre insigne de l'ordre, est formé de chaînons se composant d'in-
struments de torture appelés *morailles*, au milieu desquels se
trouvent des coeurs.

L'électeur de Brandebourg, Frédéric II. fonda, peu de
temps après son avénement, à la St.-Michel de l'an 1440,
une confrérie appelée „Ordre de la Ste.-Vierge", dont les insignes symboliques sont expliqués de la manière suivante:

„Nous portons nos insignes avec dévotion et dans la croyance
„que notre coeur doit être à cause de nos péchés pour ainsi dire
„dans une gêne aux jours d'amertume et d'affliction, que nous
„n'oublions pas la grâce et l'assistance que la très-sainte
„Vierge Marie a acquises pour nous, enfin que, pareils au
„cygne, nous songeons à notre fin et que nous devons régler
„nos actions en conséquence, afin d'être trouvés dans le linge
„de l'innocence."

Le nombre des membres de cette confrérie s'élevait, en
outre de la personne du fondateur, — à 30 hommes, tous
chevaliers de bon aloi, et à 7 dames. Plus tard, le nombre
des membres ne fut plus restreint. L'église principale de l'ordre
était l'église de Notre-Dame sur le Mont-Hardlung dans le
margraviat de Brandebourg, et l'église destinée aux frères af-
filiés qui habitaient au-delà de la forêt de Thuringe était la
Chapelle de St.-George (plus tard, chapelle des Chevaliers)
dans l'église paroissiale de St.-Gumpert à Ansbach. Les monuments de l'Ordre du Cygne, transférés de la Chapelle des
Chevaliers, qui tombe en ruines, dans le choeur de l'église
de St.-Gumpert à Ansbach, consistent en un autel fondé vers

l'an 1484 par l'électeur Albert Achille. Le socle orné d'un beau tableau, peint sur un fond d'or, sur lequel sont représentés le fondateur de l'autel, en costume d'électeur (voir *pl. 25* de cette division), son épouse Anna de Saxe, et plusieurs autres figures. Nous y voyons en outre, près de 50 écussous funèbres de Chevaliers du Cygne, suspendus dans le choeur et un certain nombre de figures en pierre représentant des chevaliers ornés des insignes de l'Ordre du Cygne. Au-dessus de deux de ces figures en pierre se trouvent encore aujourd'hui 6 casques originaux, pareils à celui qu'Ellrichshausen porte dans notre représentation, On découvre également dans un coin de cette église un bon nombre de drapeaux des Chevaliers du Cygne que l'on avait coutume de placer dans ce lieu. Une bonne partie d'objets pareils étaient déjà disparus et l'on se disposait à vendre à l'enchère les monuments dont nous venons de faire mention, lorsque fort heureusement un ordre du gouvernement du roi arriva encore à temps pour empêcher cette vente. L'église cathédrale de Heilsbronn contient de même une assez riche collection de ces monuments; nous y trouvons les tombeaux d'un grand nombre de membres de l'Ordre du Cygne issus de la maison de Hohenzollern.

Cet ordre s'est dissous insensiblement; il n'a jamais été supprimé. Plusieurs membres existaient encore vers la 2ᵈᵉ moitié du XVIᵉ siècle.

Le 24 décembre 1843, cet ordre a été réinstitué par S. M. le roi de Prusse; ce monarque possède l'unique exemplaire original des insignes de l'Ordre qui soit encore existant; cet exemplaire avait été conservé au trésor de la cathédrale de Bâle (voir: *le Livre de généalogie de l'Ordre des Chevaliers du Cygne par M. le baron de Stillfried de Rattonitz; 2ᵐᵉ édition. Halle 1845.*)

En 1853 S. M. le roi de Prusse a désiré que les tombeaux de ses ancêtres à Heilsbronn, lesquels se trouvaient dans un état de délabrement, fussent examinés avec soin. *L'éditeur* a eu l'honneur d'être nommé commissaire de ces fouilles pour la Bavière, et c'est à cette occasion qu'il a dessiné le chevalier Ellrichshausen de notre planche, ainsi que la pierre tumulaire de George de Seckendorf, *pl. 168* de cette division. Il ne saurait s'empêcher de communiquer ici une observation qu'il a faite au sujet de la manière simple dont les derniers honneurs étaient rendus à un chevalier de l'Ordre du Cygne. Le chevalier George de Sack, décédé en 1483, a dans cette église un superbe monument funèbre, sur lequel il est représenté à la fleur de l'âge, portant, comme la figure de notre planche, l'armure de l'Ordre du Cygne, debout sur un lion; sa chevelure bouclée est ornée d'une guirlande de soie et de plumes de héron. Devant ce monument, à fleur de terre, se trouve une pierre portant les armes du chevalier et servant à couvrir sa tombe, qui est restée intacte. Au-dessous de cette pierre, à la profondeur de 6 pieds, se trouva le squelette d'un jeune homme d'une apparence vigoureuse; ses bras étaient croisés; son corps était entouré de chaux, sans le moindre vestige d'ornements, d'armes etc. Nous dûmes par conséquent renoncer à l'espoir d'y trouver un exemplaire des insignes de l'ordre. Ce ne fut que dans d'autres tombes isolées, appartenant la plupart à une époque postérieure, que nous trouvâmes des débris d'armes, d'ornements et des restes de vêtements. — A cette époque on avait coutume de faire le portrait des plus grands personnages immédiatement après leur mort; on ajoutait à ce portrait tous leurs ornements, pour les représenter ensuite sur le monument funèbre qu'on leur érigeait; mais le corps était déposé dans la tombe sans parure, le plus souvent enveloppé d'un simple linceul; et l'on suspendait leurs armes au-dessus du lieu de leur sépulture. Ces trophées, dont presque toutes les vieilles églises étaient surchargées, furent regardés plus tard comme des objets inutiles et embarrassants et, comme tels, une grande quantité de ces monuments furent jetés hors des églises.

Il n'en reste maintenant que quelques débris, tels que les heaumes d'Ansbach, dont nous venons de faire mention, et les heaumes et écussons que nous avons décrits et représentés *pl. 80 et 82* de la première division et *pl. 68 et 155* de la seconde division.

C casque *(salade)*, qui, sur la pierre tumulaire de Didier de Handschuchheim, décédé en 1484, se trouve aux pieds du chevalier agenouillé; ce monument est conservé à l'église de Handschuchheim près de Heidelberg. Comme nous l'avons souvent prouvé, ces casques se composaient d'une seule pièce, munie d'ouvertures pour les yeux et d'une visière qui ne descendait que jusqu'au nez, et souvent d'une pièce de renfort immobile, rivée sur la partie antérieure du casque; le casque de notre planche appartient à cette dernière espèce. *C* et *B* nous montrent aussi la manière toute particulière dont les casques de cette période étaient ornés de plumes.

D et *E* ont été représentés d'après des dessins à la plume coloriés d'un livre de généalogie des ducs de Bavière, lequel est conservé à la bibliothèque de Munich.

Ces dessins appartiennent à la catégorie de représentations où l'artiste a rendu les personnages des siècles les plus divers dans le style et avec le costume en vogue à l'époque où il vivait lui-même; si nous en avons fait usage pour cet ouvrage, c'est uniquement pour donner les représentations les plus variées des costumes d'intérieur et des costumes de guerriers de la seconde moitié du XV⁰ siècle.

Les couleurs sont: *D*, la figure qui tient l'arbalète a l'armure couleur de fer sur un collet rouge; l'autre figure a la chapeau, le collier et la jambe droite rouges; le chapeau est orné d'une plume blanche; — la jambe gauche est rayée de

rouge et de blanc; les bottes sont noires; la cotte de mailles
et les gants, couleur de fer. *E*, la figure qui tient le drapeau
a la cuirasse couleur de fer; l'autre figure a le vêtement et
le haut-de-chausses blancs; la fourrure est brune; la ceinture
et les bottes sont noires.

PLANCHE 162. Costumes du XV· siècle, dessinés par
l'éditeur d'après des dessins à la plume coloriés ornant le
manuscrit des archives de Dresde dont nous avons fait la
description *pl. 151* de cette division. Par cette représentation,
nous tenons à faire voir, dans toutes ses variétés, la coupe
des vêtements et surtout la coiffure des jeunes gens et des
dames durant la période de 1450 à 1500.

Les couleurs sont: *A*, a le manteau et le bas du haut-
de-chausses bruns; la partie supérieure du haut-de-chausses
et le bas des manches sont rayés de jaune et de rouge; la
partie bouffante du haut du bras est jaune; les souliers,
noirs. *B*, a la barette rouge de cinabre et doublé de fourrure
blanche; le manteau blanc est doublé de jaune. *C*, a la
coiffure, la chaîne et l'encadrement de la robe, d'or, les
parties bouffantes du coude, de même que le vêtement de
dessous, sont de couleur blanche. *D*, a la coiffure blanche;
la manche gauche et la partie gauche du vêtement sont vertes;
la raie qui succède est blanche, celle qui vient après est jaune,
la suivante est de nouveau jaune; la dernière raie visible et
la manche droite sont rouges. La ceinture et la garniture du
vêtement sont noires. *E* a la coiffure rouge; le manteau
rouge est garni d'un col blanc. *F* a la coiffure rouge et le
manteau brun. *G* a la coiffure blanche, la chaîne d'or, le
vêtement fort échancré est rouge; les bordures et la ceinture
sont noires. *H* a la coiffure rouge; la chemise, blanche et
encadrée d'or; le vêtement, rouge et garni de jaune.

16

Aᴅ M CCCC XLVI ... octobꝭ obijt Agnes Gernmgrn requiescat in pace

Explication des Planches.

PLANCHE 163. Agnès Bernauer, décédée en 1436, desinée par *l'éditeur* d'après le monument qui se trouve dans la chapelle érigée en l'honneur de cette dame au cimetière de St.-Pierre, à Altstadt près de Straubing.

Bien que les infortunes d'Agnès Bernauer aient souvent fait le sujet des investigations des historiens et excité la verve des poètes, il paraît néanmoins que cette belle pierre tumulaire n'a point encore été assez examinée et qu'on ne l'a point jugée digne d'en donner une représentation exacte; au contraire, elle est à peine reconnaissable dans quelques ouvrages où l'on a cru devoir s'en occuper.

Avant d'entrer dans des détails au sujet de ce monument funéraire; nous ne croyons pas superflu de donner à nos lecteurs le narré simple et sans prétention de l'événement connu qui se rapporte à Agnès Bernauer.

Lorsqu'Albert III, duc de Bavière, né en 1396 et décédé en 1460, vit que les hommages qu'il avait adressés à la princesse Elisabeth de Wurtemberg étaient rejetés (car cette princesse avait pris la fuite avec le comte Jean de Werdenberg), il se prit d'une passion violente pour Agnès, fille du barbier Gaspar Bernauer d'Augsbourg. Cette jeune fille était douée d'un esprit supérieur et d'une beauté qui lui avait valu de n'être connue que sous le nom *d'Ange*. Albert lui jura une fidélité éternelle, l'emmena à son château de Vohbourg, où il contracta avec elle un mariage clandestin. Le jeune duc, ayant paru au tournois de Ratisbonne, en 1434, et s'étant vu exclu de toute participation à cette noble fête par l'ordre de son père, qui lui reprochait de s'être allié à une personne de basse classe, partit outré de colère et résolut de faire Agnès duchesse et de la présenter dans le monde avec ce titre. En effet, Albert conféra cette dignité à son épouse, l'entoura de tout le luxe dû à son rang, lui créa une cour et après lui avoir fait don d'un de ses châteaux, il alla résider avec elle au château de Straubing. Le duc Ernest, son père, aussi affligé qu'indigné des procédés de son fils, crut sa maison flétrie d'une tache indélébile et ne songea qu'aux funestes conséquences politiques qui résulteraient de cette alliance. Après avoir échoué dans toutes ses tentatives pour provoquer le divorce des deux époux et faire épouser une princesse à son fils, le duc Ernest profita de l'absence d'Albert pour s'assurer de la personne d'Agnès à Straubing ; puis, l'ayant fait accuser de sortilège et de vénéfice, il lui fit faire son procès. L'infortunée Agnès, condamnée à mort, fut précipitée du pont de Straubing dans le Danube. Luttant contre les ondes, elle jeta des cris de désespoir pour implorer du secours ; déjà elle était près d'atteindre la rive, lorsque le bourreau, muni d'une perche qu'il parvint à entourer de la belle chevelure blonde d'Agnès, la força de rester sous l'eau jusqu'à ce qu'elle fût noyée. Son corps fut enterré au cimetière de St.-Pierre, à Straubing. A cette triste nouvelle, Albert éprouva une douleur qui mit sa raison en danger. Dans les premiers emportements de sa fureur, il ne songeait qu'à tirer une vengeance éclatante de cette atroce perfidie ; il rassembla les forces dont il pouvait disposer et envahit les domaines de son père, mettant tout à feu et à sang.

Le duc Ernest, se voyant dans le plus grand danger, mit tout en oeuvre pour appaiser la colère de son fils; il rappela à son fils que, dans la bataille d'Alling, il lui avait sauvé la vie en s'exposant lui-même aux coups des ennemis; il chercha à le convaincre que, dans le triste événement qui avait allumé en lui le désir de la vengeance, il n'avait eu en vue que le bien de son fils et l'intérêt du pays. La médiation de l'empereur Sigismond vint appuyer les exhortations paternelles, — et la réconciliation eut lieu. Albert fonda au couvent des Carmes de Straubing une célébration anniversaire en mémoire de sa chère Agnès et chaque jour il fit dire une messe pour le repos de son âme. Le duc Ernest fit ériger une chapelle au cimetière de St.-Pierre, au-dessus de la tombe de l'infortunée victime de son orgueil, et la dota de fondations pareilles. — Albert, cédant aux voeux de son père, épousa peu de temps après Anna de Brunswick, mais jamais il ne parvint à oublier sa chère Agnès.

La pierre monumentale, dont nous donnons sur cette planche la représentation exacte et prise sur les lieux — (ce qui caractérise toutes les représentations que nous avons données dans cet ouvrage), — est de marbre rouge de Salzbourg; les dimensions sont telles que les indique l'échelle que nous avons ajoutée au bas de la planche. Elle nous fait voir la figure d'Agnès Bernauer représentée morte et placée sur un coussin. Les traits de la figure ne laissent pas d'annoncer une beauté, malgré l'empreinte de la mort dont ils sont marqués. Jadis ce monument était posé à fleur de terre; aussi se trouve-t-il fort endommagé; même le nez a été brisé, et celui dont on l'a remplacé ne se recommande guère par son élégance. Toutefois, les ailes du nez étant restés intactes, il a été possible à l'éditeur de complèter la représentation. —

Plusieurs auteurs paraissant encore douter du mariage effectif d'Agnès avec le duc Albert, nous ferons surtout observer que ce n'est sans doute pas sans un motif particulier que cette dame est représentée sur ce monument dans le costume qui distinguait les princesses et les dames du haut parage en général des dames non mariées, costume qui consiste dans une étoffe plissée qui entourait la chevelure, dans le voile enveloppant la tète, le menton et l'épaule, et dans le manteau fort ample et garni de fourrure. La fourrure se compose de petites pièces coupées en forme de tuiles, ordinairement blanches et teintes de bleu à la bordure; on appelait cet ornement „fourrure à petites divisions“ et c'était la marque spéciale d'une haute condition. Les anneaux que nous voyons au doigt annulaire et au petit doigt sont sans doute des preuves de fiançailles et de mariage. — On lit dans le document de fondation du duc Albert, portant la date de 1447, ces mots: „Pour le repos et la paix de toutes les „âmes fidèles et pour la consolation et le soulagement de notre „ame, nous voulons que l'honorable *dame* (Frau) Agnès „Bernauer, que Dieu ait en sa sainte garde etc.;“ — et dans tous les documents et toutes les chroniques de l'époque, on donne à Agnès le titre de „Frau“, dame mariée. L'inscription fort simple de notre monument porte ces mots: „*Anno Domini 1436, 12 die octobris obiit Agnes Bernauerin, requiescat in pace.*“ A l'égard de la date du *12 octobre*, tous les documents s'accordent avec l'épitaphe; mais quant au millésime de 1436, nous l'avons marqué sur notre planche pour ne pas faire ressortir une contradiction ostensible, bien qu'il y ait évidemment une erreur dans l'inscription de la pierre monumentale, puisque, selon tous les documents et actes de

Franzosische Trachten aus dem 15. Jahr

fondation, 1435 est la date de la mort d'Agnès; d'ailleurs c'est déjà en 1436 qu'Albert a épousé Anna de Brunswick. Cette erreur a pu se glisser d'autant plus aisément dans le travail du sculpteur que cette pierre funéraire n'a été posée qu'après la guerre et par suite de la réconciliation du père et du fils. Nous ne déciderons pas si ce monument a été érigé 2 ou 3 années après la mort d'Agnès; le fait est que l'artiste a été contemporain de l'original de la figure qu'il a représentée, car, abstraction faite de l'effet de l'ensemble, il a retracé le caractère de l'époque avec une vérité et des détails qu'après tout un artiste postérieur eût été incapable de rendre. Tous les documents s'accordent à dire que les dépouilles mortelles d'Agnès reposent dans le scaveaux de l'église des Carmes à Straubing, où, dans le pressentiment d'une mort prématurée, elle avait exprimé le désir d'être ensevelie; d'après cela, la chapelle du cimetière de St.-Pierre n'a pu désigner que le lieu où elle a été enterrée immédiatement après sa mort tragique, et il est probable que l'on a eu l'intention d'y transporter une seconde fois son corps, dès que la chapelle serait terminée; ce qui, du reste, n'a jamais eu lieu.

Cette assertion paraît d'autant plus fondée que, lorsqu'en 1785, cette pierre tumulaire a été, du consentement du prince-électeur Charles-Théodore, enlevée de la place qu'elle occupait au pied de l'autel pour être fixée à une muraille latérale, la crypte maçonnée ne renfermait pas le moindre vestige d'ossements.

PLANCHE 164. Costume français du XVᵉ siècle, dessiné par Mᵐᵉ *Elise de Hefner-Alteneck.* — *A,* est d'après un tableau en miniature qui sert de frontispice à un manuscrit sur parchemin de la deuxième moitié du XVᵉ siècle, conservé à la bibliothèque publique royale de Munich, et contenant les poèmes de Christine de Pisan *), qui vivait encore au commencement du XV⁰ siècle. Ce tableau nous la représente elle-même travaillant dans son cabinet et entourée de livres. Elle porte la haute coiffure conique, particulière aux dames françaises de ce siècle et se composant de pièces d'étoffes blanches mises l'une sur l'autre et entourant le cou; elle est vêtue d'une robe longue, de couleur bleue, garnie de blanc au bas, de même qu'aux manches pendantes, découpées par devant et par derrière; les manches étroites de dessous sont rougeâtres. Une écritoire en argent et des livres de diverses couleurs sont placés devant elle sur un tapis vert. La chambre, de couleur grise, est surmontée d'un plafond en bois voûté, orné d'arches et d'étoiles dorées. Le parquet, où nous voyons assis un chien brun-clair, se compose de petites dalles d'argile brûlée, alternant de rouge et de jaune. Les ornements qui entourent ce petit tableau se répètent dans tout le manuscrit, ce sont des lignes noires et de petites feuilles d'or. —

B et *D* représentent des dames avec le costume français de la même époque d'après des peintures en miniature dont est orné un livre de prières du XV⁰ siècle, écrit sur parche-

---

*. Christine de Pisan a figuré avec éclat parmi les poètes du XIVᵐᵉ siècle. Ses pièces poétiques sont pleines d'expressions douces et harmonieuses, telles qu'on les chercherait en vain dans d'autres auteurs du même siècle. Elle nous a laissé un grand nombre de ballades et de petits poèmes. Devenue veuve à la fleur de l'âge, elle ne se remaria pas malgré sa beauté car on nous la représente comme ayant été fort jolie, et elle se voua entièrement à l'éducation de ses enfants: elle a composé un poème moral intitulé: „*Dicts moraux a mon fils*" où se trouvent d'excellents préceptes. On a aussi d'elle une „*Histoire du roi Charles V. dit le Sage.*" Christine de Pisan est née à Venise, d'où son père, conseiller de la république et savant astronome avait été appelé à la cour de France. Christine, qui n'avait que cinq ans, lorsqu'elle vint à Paris, fut élevée avec le plus grand soin.

Monument aux ducs 1er ... et des 15e siècles. Jaubu.

min; feu M. le baron Frédéric de Fechenbach en a été le possesseur.

Quant à la haute coiffure „*à la hénin*" de ces deux dames, nous en parlerons plus spécialement *pl. 170* de cette division.

C, représente un jeune homme à cheval, ayant une dame en croupe; ce dessin est pris d'un tableau en miniature, dont est orné un livre de prières de la Bourgogne, conservé à la bibliothèque de Dresde. Ce couple chevauchant figure dans la vignette marginale d'un feuillet du calendrier où sont représentées les recréations du mois de mai. La dame de ce petit tableau a la coiffure en cône élevé dont nous avons fait mention. —

Les couleurs des trois dernières représentations sont: *B*, le cône de la coiffure est brun et embelli d'ornements en or; le revers est bleu et relevé d'or; le manteau est rouge de cinabre; le col, bleu avec des ornements d'or; la robe, verte. — *C*; la dame a cornette conique noire; le crêpe qui la recouvre est d'un blanc transparent; la robe est rouge, l'écharpe large, le col et les revers des manches sont gris; — la figure d'homme a la barrette noire, la cotte grise, le haut-de-chausses jaune, et les souliers noirs. Le harnais du cheval blanc est bleu et garni d'or; la selle est noire, ainsi que la couverture. — *D*; la coiffure en cône est blanche, de même que le voile; le revers est noir et orné d'or; le vêtement est bleu et garni d'hermine; vêtement de dessous, rouge; ceinture d'or.

PLANCHE 165. Costumes de la première moitié du XVe siècle, dessinés par *l'éditeur* d'après un vieux dessin à la main conservé au cabinet royal des gravures, à Dresde.

228

L'original, diminué d'un tiers sur notre planche, est exécuté au crayon d'argent sur un papier gris-bleuâtre; il émane de la main d'un artiste habile de l'école et de l'époque de Jean d'Eyk, et a sans doute servi d'esquisse pour le monument funéraire du chevalier et de son épouse qui s'y trouvent représentés. La manière dont le dessin a été exécuté et la haute coiffure de la dame, de laquelle nous parlerons plus spécialement *pl. 170*, nous indiquent que ce travail est du Bas-Rhin, ainsi que le sujet qu'il représente. — Il y a dans l'original encore plusieurs autres objets que nous avons retranchés dans notre dessin, lesquels étaient destinés à servir de modèle pour l'exécution de l'encadrement d'architecture de ce tombeau.

Le dessin, qui a du servir de modèle pour l'exécution de ce monument funéraire, de même que celui que nous avons représenté *pl. 180* de cette division, nous prouve qu'au moyen-âge on ne procédait pas *trop* légèrement dans l'exécution d'un monument sépulchral, qu'au contraire, loin de s'en remettre au goût ou à l'imagination d'un tailleur de pierre, on s'en tenait scrupuleusement au plan auquel on s'était arrêté et dont le dessin avait été exécuté par un artiste habile.

Comme nous avons eu souvent l'occasion d'en faire la remarque, ce sont justement les monuments funéraires de la première moitié du XV siècle qui sont parvenus le plus rarement jusqu'à nous. C'est pourquoi *nous répéterons ici ce que nous avons dit pl. 168* au sujet du genre d'armures de cette période, qui alors n'étaient faites en grande partie que de cuir pressé, auquel étaient adaptées quelques pièces de fer plaqué; mais les pièces de fer ne tardèrent pas à faire disparaître le cuir. Quant à la description spéciale du petit bouclier (rondache) que nous voyons sur notre planche, nous renvoyons à *pl. 155* de cette division, où

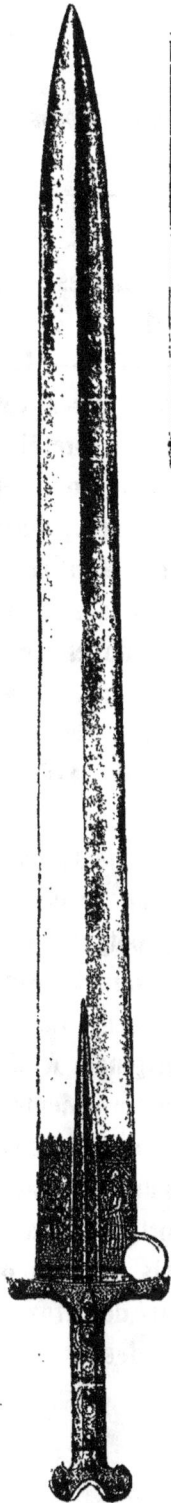

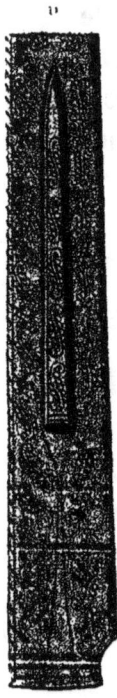

un bouclier pareil a été représenté d'après une pièce originale —

PLANCHE 166. Glaives et poignards du XIV⁰ siècle, dessinés par *l'éditeur* d'après des armes originales conservées aux lieux indiqués ci-après. — L'épée *A*, du milieu du XIVᵉ siècle, qui se trouve au cabinet royal des collections unies à Munich, est d'une extrême rareté! Elle diffère pour la forme des épées de cette période en ce que la poignée ne se compose point d'une croix simple, surmontée d'une pomme ronde et forte, mais qu'elle est d'un style tout-à-fait oriental, que, sans doute, nous rencontrons fréquemment parmi les armes des premiers siècles du moyen-âge, mais qui, au XIVᵉ siècle, ne figurent que par exception parmi les armes des Chrétiens. Nous apercevons, au haut de la lame, un anneau, dont le but n'était point d'y passer le doigt, à l'instar des épées de la fin du XVIᵉ siècle, ou de celles qui étaient en usage lors de la guerre de 30 ans, mais pour fixer l'épée sur la poitrine à l'aide d'une chaîne, afin qu'elle ne se perdit pas dans le chaud du combat. La poignée est garnie partout de corne noirâtre au moyen de clous à rivet. Les ornements qui embellissent le haut de la lame, de l'un et de l'autre côté, sont rendus en grandeur originale à *B* et à *C*; la partie de la lame où se trouvent les ornements est recouverte d'une laque brune, dans laquelle les dessins sont tracés avec un style, et dorés dans le fond, sans que l'acier ait subi la moindre incision. L'exemplaire fort rare, que nous avons sous les yeux, nous fait voir de quels moyens on se servait pour embellir les armes, lorsque l'art de graver à l'eau-forte des dessins sur des lames d'épées, des armures etc. n'était point encore connu.

II. 35

230

D et *E* nous font voir, en 2 fragments, le fourreau de la même épée; il se compose de cuir jaunâtre sur lequel ont été pressés des ornements, tels que nous les retrouvons sur les couvertures de livres de cette période. La date de la fabrication de cette épée se trouve fixée non-seulement par l'anneau dont nous avons fait mention, mais aussi par le costume du jeune homme et celui de la dame, ainsi que par les armoiries représentées dans les ornements de la lame. Quant aux armoiries, il serait difficile de les reconnaître, puisque les couleurs manquent et que plusieurs familles portent les mêmes figures.

Les poignards *F* et *M*, conservés au cabinet d'objets d'art de S. A. R. le prince Charles de Prusse, *P*, en possession de M. George Wittemann à Geisenheim, et *K*, appartenant à l'éditeur, ont tous la forme qui caractérisent les armes de ce genre du XIV* siècle; en effet cette même forme de poignards se répète avec plus ou moins d'analogie dans les monuments funéraires de chevaliers de cette même période que nous avons décrits dans cet ouvrage. *F* est la partie centrale de la poignée en bois brun, avec les deux saillies destinées à protéger la main; cette poignée n'est garnie de bouteroles en fer qu'aux deux extrémités. *G* nous fait voir la coupe transversale du commencement de la lame, et *H*, la coupe transversale de l'extrémité. Le poignard *K* est fort endommagé par la rouille; l'entourage de la partie centrale, de la poignée n'existe plus. *I*, est la coupe diamétrale de la lame. Le poignard *M*, a la partie centrale de la poignée d'ivoire brun-clair; le bouton et la garde sont en fer. *N* nous indique la coupe transversale de la lame, et *O* représente le bouton, vu d'en-haut. Le manche de la lame de *P* est privé de son entourage. *Q*, nous fait voir la garde vue d'en-haut; *R*, la coupe transversale de la lame à sa partie supérieure; *S*, la vue

latérale de la pièce centrale, et *T*, la coupe transversale de la lame à sa partie inférieure.

L'échelle que nous avons ajoutée au bas de la planche indique les dimensions effectives de ces cinq armes.

PLANCHE 167. Costume du milieu du XVe siècle, dessinés par *l'éditeur* d'après des dessins à la plume coloriés, exécutés à cette époque; ces dessins sont pris de quelques feuillets épars d'un manuscrit qui traitait des divers arts, tels que la musique, la danse, la physique, l'escamotage etc., et dont l'antiquaire Heerdegen de Nuremberg se trouvait en possession. Un manuscrit sur parchemin, d'un contenu pareil, puisqu'à peu près les mêmes figures y reparaissent, est conservé à la bibliothèque grande-ducale de Weimar.

Les formes essentielles des costumes d'intérieur représentés sur cette planche se reproduisent dès la première moitié du XIVe siècle et ne disparaissent que vers la fin du XVe; car, en général, nous trouverons que les costumes d'intérieur ont été moins souvent exposés à subir un changement rapide et complet que ne l'ont été les costumes des guerriers, pour qui les altérations exigées par le temps devenaient toujours un besoin plus impérieux et plus simultané.

Les couleurs sont: *A*, la coiffure est bleue, et les pièces d'étoffe qui retombent sont jaunes et dentelées, le vêtement est rouge ainsi que les manches de dessus; la manche droite de dessous est jaune; la manche gauche, bleue; la jambe droite, bleue; la jambe gauche, jaune; ceinture d'or. *B*, a la robe verte, la coiffure rouge, de même que la manche de dessous; ceinture et poignard noirs et garnis d'or. *C*, chapeau vert; pélerine et col rouges; vêtement jaune; manches de dessous et haut-de-chausses, violet; ceinture d'or. *D*, surtout violet, le bras droit et la jambe gauche sont de couleur bleue; le bras gauche et la jambe droite sont jaunes; la ceinture noire est garnie d'or. La robe de la figure *E* est rouge, le surtout est bleu et parsemé de points d'or. *F*, a le chapeau noir, le col dentelé rouge et semé de points d'or; vêtement vert; jambe droite bleue, jambe gauche jaune. *G*, a le vêtement bleu, le haut-de-chausses rouge, la coiffure et la ceinture de couleur violette. *H* a la robe rouge, doublée de jaune; les manches de dessous blanches et la coiffure bleue. *I* a la robe verte, le surtout violet. *K* a le vêtement rouge de cinabre, la jambe droite bleue, la jambe gauche violette; chapeau noir, de même que la ceinture. La robe de *L* est bleue, et garnie de jaune; la cornette et les parties bouffantes de la robe sont blanches.

M a le vêtement rouge, doublé de jaune; manches de dessous et haut-de-chausses verts. *N* a le vêtement rouge de cinabre; la barette, la ceinture et le haut-de-chausses verts. *O* a la robe bleue; les manches de dessous sont blanches. *P* a le vêtement violet, le haut-de-chausses rouge, la barette et la ceinture noires. *Q* a le vêtement rouge de cinabre, le haut-de-chausses vert et le chapeau brun. *R* est vêtue d'une robe rouge, garnie d'or, et doublée de blanc; le vêtement de dessous est jaune. *S* a le vêtement vert, l'encadrement d'or, de même que les grelots; les manches de dessous et le haut-de-chausses sont d'un rouge-vif.

PLANCHE 168. George de Seckendorf, mort en 1444, dessiné par *l'éditeur*, d'après le monument de ce chevalier, tel qu'il se trouve dans la Chapelle-des-Chevaliers, annexée à l'église du monastère de Heilsbronn. George de Seckendorf l'aîné, seigneur d'Oberzenn et d'Umstadt, (il a fait l'acquisition

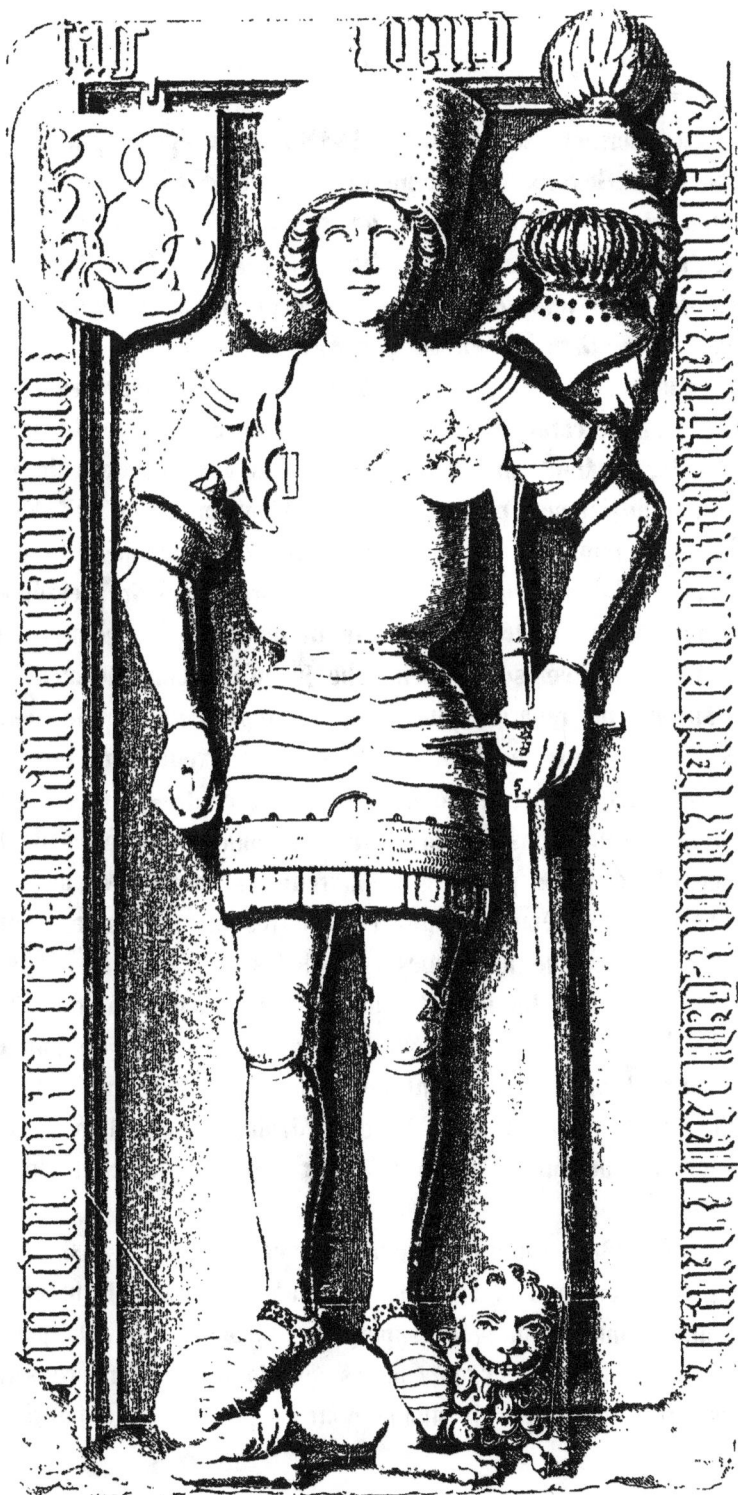

de cette dernière seigneurie en 1418), avait épousé Madeleine Schenk de Geyern. L'inscription est conçue en ces termes: „*Anno domini MCCCLIIII an sanct wilbold tag starb der jorg von Seckendorff ritter dem got gnad.*" (*L'an 1454, le jour de St. Willibald, est décédé George de Seckendorf, chevalier, que Dieu ait en sa grâce*).

Le costume de guerrier que nous avons représenté sur cette planche caractérise au plus haut degré l'époque de 1400 à 1450, formant ainsi la transition des armures de cuir aux armures entièrement plaquées de la deuxième moitié du XVᵉ siècle, telles que nous les avons représentées de la manière la plus spéciale. Le plastron se compose encore d'un cuir pressé; au dessous duquel se trouve la cotte de mailles. La ceinture de chevalier, portée sous la hanche jusqu'au commencement de ce siècle, ne reparaît plus dans la représentation de notre planche. Autour du haut du bras se trouvent deux bourrelets saillants, formés d'une étoffe de laine contre-pointée. Les dentelures qui dépassent la cotte de mailles sont faites de la même étoffe. Les pièces qui couvrent les épaules, et les genouillères, de même que plusieurs autres pièces isolées, sont de fer, tandis que les parties essentielles de l'armure se composent de cuir. La jambe gauche est représentée latéralement à *B*. Les écus de métal qui protègent le dessous de l'un et de l'autre bras ne sont point de forme égale, parceque la lance était tenue en arrêt sous le bras droit, et que l'on y voit même un mécanisme disposé pour fixer le crochet de la lance.

La coiffure toute particulière de ce chevalier, destinée à remplacer le heaume, se compose également d'une forte étoffe de laine contre-pointée et superposée plusieurs fois: la partie antérieure va en s'élevant, tandis que la partie d'arrière s'affaisse et retombe sur la nuque pour la protéger. La figure *A*

nous présente ce chapeau vu latéralement. Nous retrouvons
souvent, dans les tableaux de cette époque, des chapeaux de
ce genre que l'on portait avec les armures; souvent ils étaient
de couleur verte, parfois de couleur rouge. Dans quelques
contrées du Rhin, des coiffures pareilles, faites de fourrures
de renards pour les riches, et d'étoffe de laine pour les pauvres,
ont été portés jusque dans les temps modernes; ils étaient
connus sous le nom de *„bonnets de loups“* parce que, sans
doute, ces coiffures ont été primitivement frabriquées de la
fourrure de cet animal.

Au-dessus de l'épaule gauche du chevalier, est représenté
en grandeur naturelle le heaume du chevalier, — destiné au
tournois à la masse ou au glaive, et orné du cimier et des
lambrequins tailladés, — à gauche, nous voyons l'écu du sire
de Seckendorf. — Le heaume et l'écu nous font connaître les
armes de la maison de Seckendorf, que Sibmacher blasonne de
la manière suivante: „Écu d'argent, les feuilles de gueules, de
même que les branches des saules; le heaume est surmonté
d'un chapeau de gueules avec un rebord d'argent; plumes sable;
lambrequins de gueules et d'argent.“

Explication des Planches.

PLANCHE 169. Costume italien de la seconde moitié du XVe siècle, dessiné par M. *Edouard Gerhard*, peintre, d'après des figures de diverses peintures à l'huile, conservées à la galerie de l'Académie des beaux-arts, à Venise. Bien que les représentations allégoriques, dont nous avons pris les figures de notre planche, aient pour base des faits historiques d'époques diverses, il n'en est pas moins certain que les costumes qui y figurent appartiennent tous à l'Italie et au XVe siècle, car les artistes italiens de cette époque, de même que les artistes allemands, n'ont pu s'élever au-dessus des objets qu'ils avaient journellement sous les yeux.

Les figures *A*, *B*, *C*, représentent de jeunes italiens de familles distinguées, qui, en outre de leur individualité nationale et de leur attitude, ne diffèrent par leur costume que fort peu des Allemands de la même époque. *D*, *E*, *F*, sont des guerriers dont le costume n'a que fort peu d'analogie avec celui des guerriers d'un autre pays. *D* porte un petit bonnet de fer, et un plastron de cuir couvre sa poitrine. *E* et *F* n'ont les jambes couvertes de fer que depuis la cheville du pied jusqu'au genou, ce qui, à cette époque, se rencontre fréquemment dans le costume italien, mais jamais dans le costume des guerriers allemands. Il est évident que c'est une imitation du nostume des Grecs, car, à l'instar des guerriers de cette nation, les Italiens de cette période protégeaient le haut du corps au moyen d'un grand bouclier. Le guerrier *E* est armé d'un arc, dont, à cause de la grande simplicité de cette arme, on faisait usage en même temps que de l'arbalète, même dans d'autres pays, bien que l'effet de cette dernière fut plus grand. Un carquois, d'une forme tout-à-fait orientale, est suspendu à son côté; il se compose de deux pièces de cuir, sur lesquells sont brodés, ou peints divers ornements. Il n'est point rare de trouver à cette époque en Italie des meubles de style oriental, qui ont pénétré dans ce pays par suite de la domination des Maures en Espagne. La cotte de maille fort courte, échancrée aux deux hanches, se trouvait alors en vogue dans tous les pays chrétiens. *F* porte un grand bouclier ovale, tel qu'à cette époque il n'était guère en usage en Allemagne, et un plastron en acier, couvrant le haut du corps par-devant. —

Les couleurs sont: *A* a la barette noire, le manteau et le col d'un brun rougeâtre, garni de cordons noirs; les manches larges et le haut-de-chausses sont vert-foncé; souliers noirs, ayant des revers blancs. *B* a le vêtement blanc, orné de feuillage vert et de fleurs roses, et doublé de rouge; manches de dessous vertes; haut-de-chausses rose; barette brune. *C* a la barette, le mouchoir qui enveloppe le cou, et le manteau noirs; le manteau est doublé de vert. Le vêtement de dessus est blanc; le haut-de-chausses, brun; souliers noirs. *D* a le bonnet de fer, le vêtement d'un brun rougeâtre, les manches jaunes, la doublure des taillades, blanche; le cuir du plastron et les courroies noires; la ceinture est bleue et le manche de la hache, rouge. *E* a une petite barette rouge, surmontée d'une plume blanche et embellie d'ornements en or; la jaquette bleu-clair a des ornements brun-

Französische Frauentracht a d 15ten Jahrh.

foncé; les manches rouges sont ornées de taillades doublées
de blanc; haut-de-chausses d'un brun rougeâtre; les jambes
sont couvertes de fer; souliers noirs; carquois jaune-clair et
embelli d'ornements de diverses couleurs. *F* a le casque de fer;
le bourrelet dont le casque est entouré est d'un jaune-clair, les
plumes sont rouges et bleues; jaquette bleue; les parties bouffantes sont blanches; haut-de-chausses et souliers, roses;
bouclier, plastron et jambières, couleur de fer.

PLANCHE 170. Costumes de dames françaises du XV
siècle, dessinés par Mme *Elise de Hefner-Alteneck* d'après des
miniatures originales prises de manuscrits sur parchemin conservés à la bibliothèque de l'état à Munich, et contenant les
poésies de Christine de Pisan, dont nous avons déjà fait mention *pl. 164* de cette division. *A* nous fait voir Christine
livrée à ses méditations poétiques, jetant ses regards autour
d'elle dans la galerie des destinées humaines. Si nous avons
choisi ce tableau pour le représenter, c'est moins à cause du
costume qui, à l'exception de l'attitude de la figure, est le
même que celui de la *pl. 164*, que pour faire ressortir le caractère particulier de l'ensemble. Cette galerie allégorique
consiste en une salle voûtée et ornée de divers tableaux. Sur
le parquet, formé de dalles d'argile brûlée, se trouve un long
banc à caisses, muni d'un dossier adapté de manière à être placé
tantôt d'un côté, tantôt de l'autre.

La représentation inférieure de la planche nous retrace
une scène dont les poésies de Christine de Pisan ont fourni
le sujet: Ste-Marie et d'autres vierges introduisent des dames
dans une ville bâtie par des femmes et gouvernée exclusivement par la sagesse et la vertu. La reine *H* porte le vête-

ment de dessus, tel qu'il était surtout en vogue au XIV° et au XV° siècle, parmi les dames françaises de distinction; ce vêtement laissait entrevoir de part et d'autre la robe de dessous au moyen de deux grandes échancrures garnies d'hermine. Nous remarquons ici de *B* à *G*, et surtout *pl. 72* de cette division, dans toutes leurs variétés, les hautes coiffures des dames françaises de cette époque. Toutefois nous voyons toujours dominer et se distinguer par son originalité la coiffure en cône pointu, parfois en cône tronqué. *F* nous en fournit un exemple. Cette coiffure, appelée *à la hénin*, était fort de mode à la cour de Bourgogne, sous le règne de Charles-le-Téméraire. En France, elle était très générale sous le règne de Charles VIII. (1483 — 1498); sous Louis XII, (1498 — 1515) les coiffures basses étaient le plus en vogue. Les oeuvres des artistes de cette période nous prouvent que les coiffures coniques étaient souvent portées dans la Basse-Allemagne, mais qu'on ne les retrouvait presque jamais dans les contrées de la Haute-Allemagne. Le cône est en général formé d'une étoffe d'or et recouvert d'un voile, jeté de façons diverses par-dessus la coiffure, et qui souvent était d'une telle longueur qu'un page devait en porter les pans. Nous voyons, *fig. F*, deux grosses épingles d'or qui descendent du cône au sommet duquel elles sont fixées, ayant la tête tournée en bas; le but de ces deux épingles est de relever la partie antérieure du voile et de lui donner la forme de deux pignons.

Couleurs: la dame du tableau *A*, a la tête et le cou entourés d'un étoffe blanche; le vêtement est bleu; la garniture des manches de dessus et du bas de la robe est blanche; vêtement de dessous, rouge. La chambre grise est ornée de tableaux de toutes couleurs; le plafond rouge est orné d'arcs dorés. Les ornements se composent de lignes noires et de feuilles d'or.

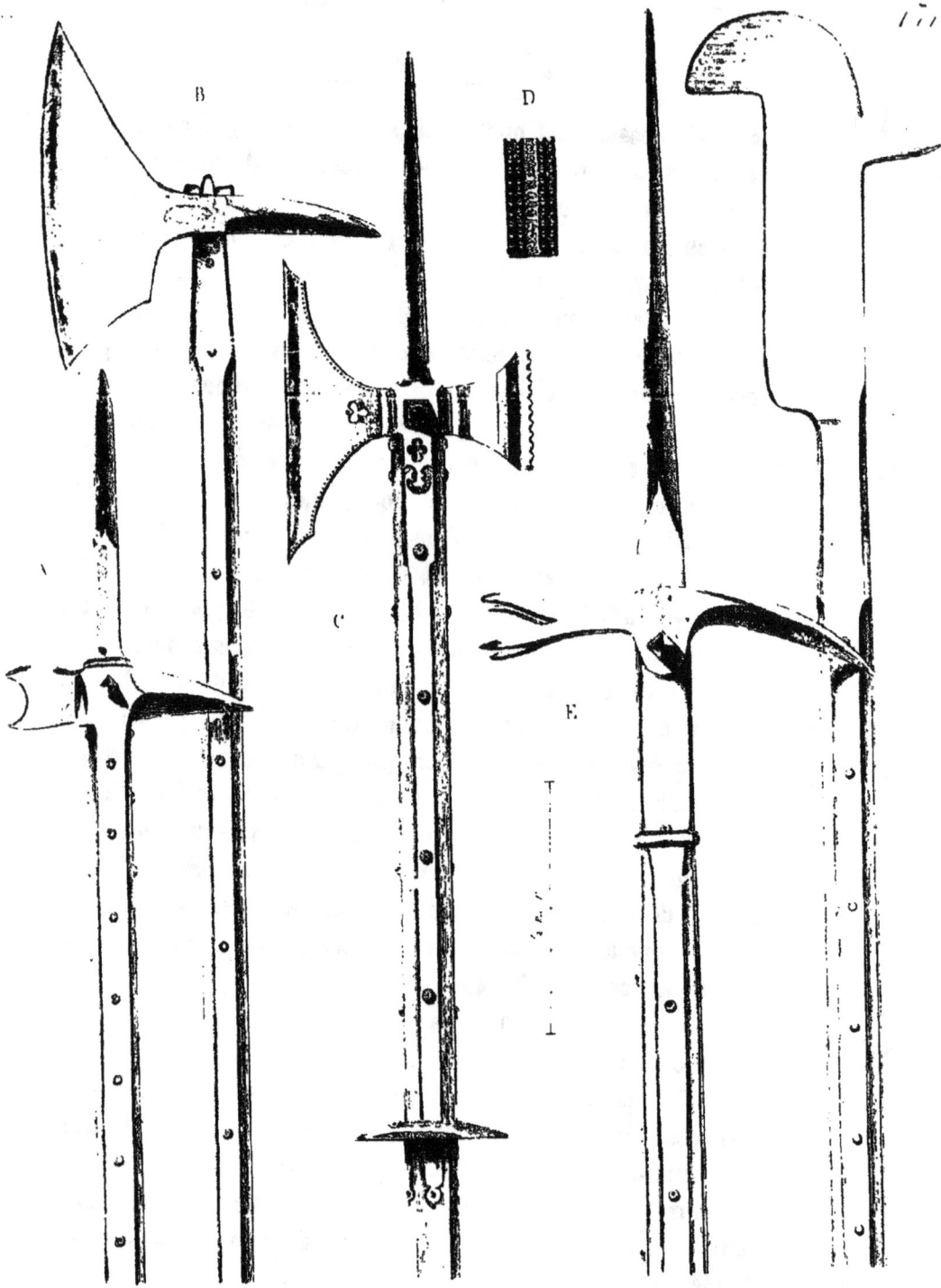

B D

Waffen a d. 13ten Jahrh

239

Couleurs du tableau inférieur : *B* a le manteau noir et orné d'or ; le vêtement de dessous est bleu, et l'étoffe qui entoure la tête et le cou, blanche. *C* a la coiffure noire, le vêtement rouge et garni de blanc ; vêtement de dessous, bleu ; ceinture, noire et ornée d'or. *D* a la robe verte, la coiffure d'or ; le bourrelet dont la coiffure est surmontée est rouge et orné de points d'or. *E* a la coiffure blanche, le vêtement bleu et garni de blanc ; la ceinture est d'or. Le cône de la coiffure de *F* est d'or ; le voile blanc, le vêtement vert ; la garniture de la robe est blanche, de même que la ceinture. *G* a la coiffure blanche, la robe rouge de cinabre, la garniture blanche, le vêtement de dessous bleu ; la ceinture est noire et parsemée d'ornements d'or. *H* a la couronne d'or, la robe rouge-clair, embellie d'ornements rouge-foncé et garnie d'hermine ; l'agrafe et la garniture supérieure sont d'or. Le vêtement de dessous, visible au-dessous du bras, est bleu ; le manteau vert est doublé d'or. *I* a le manteau bleu, orné d'or et doublé de blanc ; le vêtement de dessous est d'un rouge vif ; l'enfant est vêtu d'une étoffe d'or. K a la couronne d'or, le vêtement d'un gris bleuâtre, le manteau rouge de cinabre est doublé de blanc ; le livre bleu est doré sur tranche. Les ornements d'architecture sont de couleur grise.

PLANCHE 171. Armes du XV siècle, dessinées par *l'éditeur* d'après des pièces originales en possession de M. George Wittemann, à Geisenheim.

Ces armes consistent en haches d'armes et en marteaux d'armes, qui, y compris le fût, sont représentés partiellement sur notre planche ; en réalité, ils sont de la hauteur d'un homme. On les retrouve dès le XIV° siècle, au XV° siècle, elles étaient surtout portées par des personnages de distinction ;

ce qui nous est prouvé par un grand nombre de pierres tumulaires de cette époque. Mais, au commencement du XVIe siècle, les armes de ce genre, de longueur moyenne, disparaissent pour faire place, d'un côté, aux hallebardes, haches fixées à de longues perches, dont se servaient les fantassins, de l'autre, aux marteaux d'armes à manches très-courts, destinés à la cavalerie; nous en avons donné plusieurs représentations dans la troisième division de cet ouvrage. L'exemplaire de notre planche, représenté à *C*, a sans doute appartenu à un personnage de distinction; cette conjecture est fondée sur l'exécution soignée de cette arme. A l'endroit où la hache est fixée au fût, il y a de chaque côté une raie verticale de cuivre jaune incrusté; et nous voyons deux raies pareilles sur chaque côté du marteau. *D* nous fait voir la partie d'arrière du marteau, garnie de dentelures saillantes, au milieu desquelles se trouve incrustée une pièce de cuivre jaune portant ces mots „*de bon*"; ce qui nous porte à croire que cette arme a été fabriquée en France. Une arme semblable, mais d'un fini plus parfait encore, dont le fût est également muni d'une pièce de fer ronde pour protéger la main, a été représentée *pl. 180* de cette division. Les armes de la planche actuelle, représentées à *A, B, E, F*, d'une exécution plus grossière, ont sans doute été portées par de simples guerriers.

PLANCHE 172. Costume de dames italiennes, dessiné par *l'éditeur* d'après une gravure fort rare de l'école florentine, dont le libraire et marchand d'estampes, Rodolphe Weigel de Leipsick, est en possession. Bien qu'il soit contre les principes que nous avons adoptés pour cet ouvrage, de donner comme pièces originales des gravures imprimées, nous ne laissons pas de faire une exception pour les gravures sur métal, dont

les épreuves sont le plus souvent regardées comme uniques, d'autant plus que, dans ce petit tableau, le caractère de l'époque et du pays est parfaitement bien rendu, tant sous le rapport du costume que relativement à la manière dont l'artiste a conçu son tableau. La jeune fille de Florence, représentée sur notre planche, a sur la manche droite un ruban brodé, portant le mot de „Marietta" qui sans doute est son nom avec la désinence du diminutif.

La représentation nous offre une jeune fille sur le point de célébrer ses noces. Ornée d'une guirlande de fiancée bien touffue, qui, d'après la coutume italienne de cette époque, ne repose que sur la partie supérieure de la tête, elle délivre une licorne, qui, durant tout le moyen-âge, a été le symbole d'une vierge, de la chaîne par laquelle elle était attachée à un arbre, et prend congé d'elle en lui faisant des caresses, tandis qu'un chien, symbole de la fidélité conjugale, s'approche de la future épouse.

L'éditeur a trouvé presque la même représentation dans un vieux petit tableau à l'huile, que possède l'antiquaire Altmann à Mayence, et c'est d'après ce tableau que les couleurs de notre planche sont indiquées. La guirlande de la fiancée se compose d'un feuillage vert, parsemé de baies rouges; le vêtement est rouge et garni d'or; les manches de dessus, bleues et doublées de blanc; les points dont elles sont parsemées sont d'or, de même que l'encadrement; la bandelette de l'inscription est blanche et les lettres sont d'or; ceinture noire et parsemée d'ornements d'or. La courroie que la dame tient à la main est grise et garnie d'or; la licorne est blanche et sa corne est d'or; le chien brun a un collier d'or. Les écussons suspendus aux arbres sont d'argent; les rubans sont jaunes l'encadrement du tableau est d'or.

242

PLANCHE 173. Costume de dame du XVᵉ siècle, dessiné par *l'éditeur*, d'après une pierre tumulaire conservée à l'église du couvent de Heilsbronn près d'Anspach, où nous voyons les monuments funéraires de la maison de Hohenzollern. Ce monument se compose d'une dalle posée sur le sol, sur laquelle la figure de dame n'est représentée qu'au moyen de contours taillés dans la pierre et remplis de bitume noir. Nous avons représenté et décrit, *pl. 81, Iʳᵉ division*, un monument pareil, érigé à Henri, landgrave de Hesse, décédé en 1298.

Comme la pierre tumulaire de notre planche est privée de toute insription, il n'a pas été possible d'apprendre quelle dame elle est destinée à représenter; toutefois ce monument est très-caractéristique relativement au XVᵉ siècle. Le costume se compose d'un manteau aux plis nombreux d'un vêtement de dessous et d'une coiffure dont les plis sont parfaitement symétriques, telle qu'on la retrouve déjà dans les tableaux italiens de madonnes du XIIIᵉ au XIVᵉ siècle. Bien que la figure de dame de ce monument ne soit que grossièrement esquissée, nous ne laissons pas de voir que l'artiste a su mettre du sentiment et de la vie dans la conception de son oeuvre. L'ensemble de l'exécution de ce monument funéraire nous porte à croire qu'il date du milieu du XVᵉ siècle; nous ne pensons pas qu'il appartienne à une époque fort antérieure, puisque la partie plus récente de l'église, où il se trouve, n'était point encore achevée au commencement du même siècle. Cette pierre, qui sert à indiquer le lieu où a été déposé le corps de la dame qu'il représente, est brisée par le milieu par suite de l'affaissement de la base qui la soutenait. L'encadrement a été formé de petites plaques d'argile brûlée, vernissées de vert et ornées de figures pressées en relief. Dans son état primitif, l'église entière était pavée de

Seonenbacht e d i r Soure

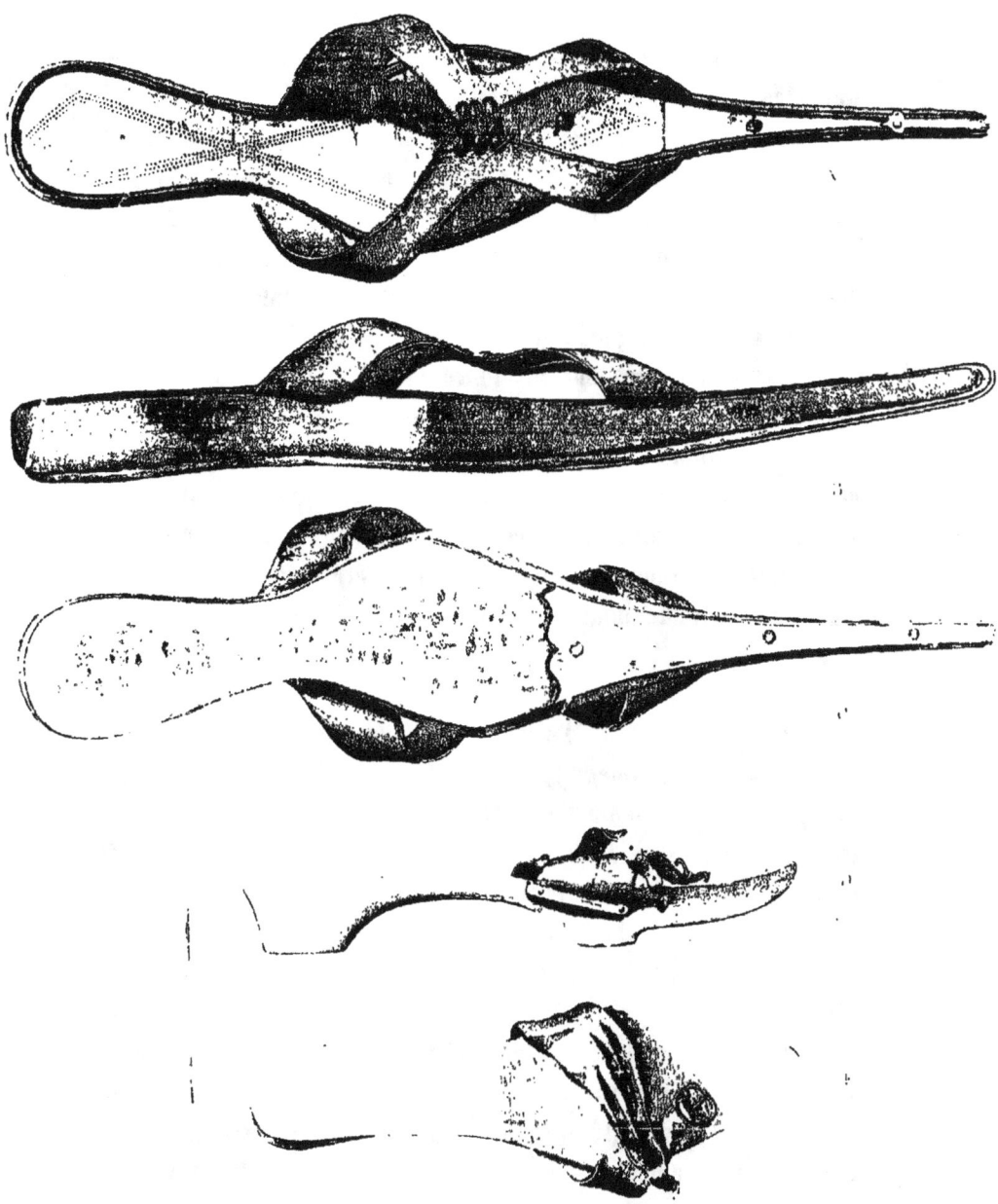

Treppen oder Unterschuhe a.d. bin. Jahrh.

ces petites plaques; mais aujourd'hui nous ne retrouvons que quelques vestiges épars de ces ornements.

A en juger d'après le lieu de sa sépulture, cette dame a sans doute appartenu aux ancêtres de la maison de Hohenzollern. C'est en vain qu'à l'ouverture du tombeau, l'éditeur a espéré de faire des découvertes à cet égard; car, à une profondeur de 6 pieds, il ne s'est trouvé qu'un squelette de femme, long de 5 pieds 8 pouces, les genoux un peu ployés et les mains jointes sur la poitrine, et il n'y avait pas le moindre vestige de quelques accessoires; le corps était sans nul doute primitivement entouré d'un linge à l'instar des momies. Nous avons eu plusieurs fois l'occasion de nous convaincre qu'à diverses époques du moyen-âge, les corps des personnes du rang le plus élevé ont été ensevelis avec la simplicité extrême dont nous venons de faire mention.

PLANCHE 174. Patins, ou chaussures de dessous (en vieux allem.: „Trippen") du XV° siècle, dessinés par l'éditeur, qui possède lui-même l'exemplaire A, B, C, représenté sous trois point de vue différents. L'exemplaire vu de profil à D et d'en-haut à E, est la propriété du Musée-Germanique, à Nuremberg; c'est dans cette ville que cette chaussure a été trouvée, derrière la figure d'Eve dont l'église de Notre-Dame est ornée.

Nous avons déjà fait mention, pl. 152 de cette division, du but et de la vogue de ce genre de chaussure au XV° siècle nous avons représenté un soulier pareil, d'une exécution plus élégante et ayant une semelle plus mince, selon toute probabilité un soulier de dame, tandis que l'exemplaire de la planche actuelle, à la semelle forte et épaisse, a sans doute été porté par un homme.

Le patin, vu d'en-haut à *A*, latéralement à *B*, et en-dessous à *C*, est de bois et recouvert d'un cuir très fort, noir aux côtés et brun en haut et en bas; et la partie supérieure, visible à *A*, est entièrement encadrée d'une peau rouge. Les courroies, servant à fixer la chaussure au-dessus du pied, sont de peau noire et très forte; la longue pointe, qui avait à supporter le bec du soulier qui s'y appuyait, est garnie, pour être plus durable, d'un fer qui s'étend au-dessous de la semelle jusqu'au milieu du pied, tandis qu'à la partie supérieure, il n'occupe guère que l'espace d'un pouce. Le soulier représenté à *D* et à *F* est en bois et n'a que deux courroies en peau pour le fixer. La planche 152 de cette division nous a fait voir que les enfants portaient généralement le bec des souliers recourbé en-haut, ce qui nous explique pourquoi ce petit soulier de dessous n'a pas de prolongement à sa partie antérieure. Très-souvent, les hommes, les dames et les enfants portaient des chaussures pareilles munies de talons assez élevés, les exemplaires de notre planche n'ont que des talons de hauteur moyenne. — L'échelle que nous avons ajoutée à notre planche nous indique les dimensions des objets représentés. De nos jours encore, le nom allemand „*Trippen*" est conservé pour les souliers de bois dont la partie supérieure est garnie de cuir. Le père du fameux peintre et graveur, Henri Aldegrever, se nommait „*Trippenmacher*" (fabricant de patins) dit „*Aldegrever*", et était bourgeois de Paderborn.

unser Heinrich der Reiche v. Bayern † 1450

Explication des Planches.

II' Division. 30me Livraison.

PLANCHE 175. Le duc de Bavière Henri - le - Riche, décédé en 1450, dessiné par *l'éditeur* d'après un ancien dessin à la plume, en possession de M. Charles de Mayenfisch, chambellan de S. M. le roi de Prusse. Le duc est représenté agenouillé devant un crucifix.

Ce prince, si distingué par son amour des beaux-arts et par sa piété, fonda une église, non loin de son château de chasse de Jenkhofen, près de Landshut. Dans cette église, la même figure se trouve représentée dans une vitre peinte de forme ronde, d'une exécution parfaite; la figure du fondateur est agenouillée, mais elle ne porte pas de crucifix et à ses côtés ne se trouve point le heaume, mais elle est ornée d'un riche entourage, se composant des vierges, Ste-Barbe, Ste-Elisabeth, Ste-Marguerite et Ste-Catherine, et du linceul de Notre Seigneur, porté en draperie par des anges.

L'éditeur a également dessiné ce superbe tableau pour l'ouvrage intitulé: „*Antiquités et Monuments artistiques de la maison régnante de Bavière*" dans lequel nous le reverrons sans doute reparaître. Nous nous sommes bornés à reproduire, pour notre usage, le dessin dont nous avons parlé plus haut, parce que nous y avons trouvé plusieurs détails fort caractéristiques, tandis que, dans la peinture sur verre, les encadrements de

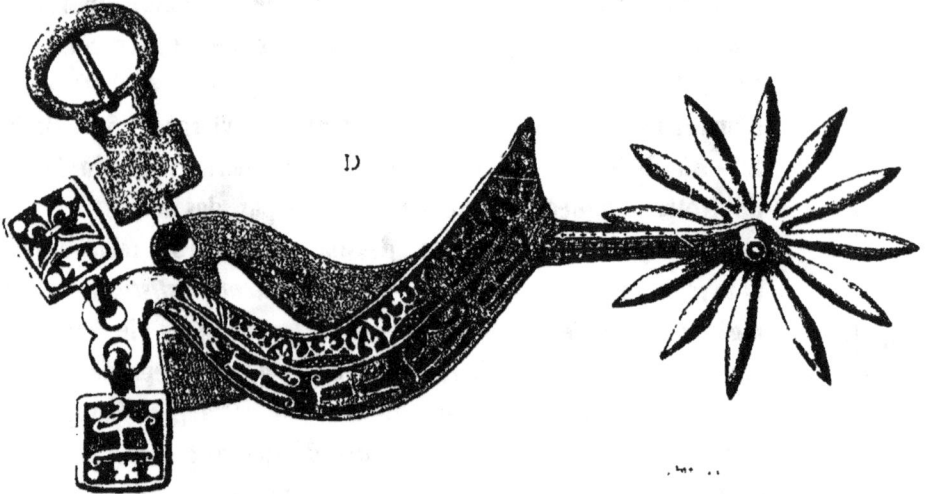

valier Conrad de Heideck, décédé en 1357. Il s'y trouva
parmi les ossements divers petits boutons de fluor noir, quelques anneaux de bronze et diverses pièces de métal endom-
magées, dont il n'a pas été possible de reconnaître le but,
un morceau de bordure brochée, dont nous avons représenté
la moitié sur notre planche, à *A*, une paire d'éperons de
bronze, encore bien conservés, mais couverts de vert-de-gris,
dont l'un se trouve représenté à *B*, et quelques restes de
courroie d'éperons, représentés à *C*. Malgré le peu d'importance apparente de ces restes, ils n'en ont pas moins leur valeur, puisqu'ils servent à nous faire connaître l'époque à laquelle ils ont appartenu, aussi bien que le personnage qui en
a été revêtu; c'est pourquoi ces fragments nous offriront des
données sûres dès qu'il s'agira, dans un examen quelconque,
d'établir une comparaison avec d'autres objets pareils.

La bordure *A*, dont nous venons de faire mention et
qui a sans nul doute servi à encadrer le vêtement du chevalier, alterne de carrés bleus et or, et les divers compartiments sont parsemés de lettres, dont la forme est analogue
à la période. Bien qu'il soit aisé de reconnaître chacune de
ces lettres, il ne résulte néanmoins aucun sens de leur ensemble.

Il est probable qu'elles ont servi à former en abréviation
un nom ou une devise. Dans leur état primitif, ces caractères étaient les uns rouges, les autres blancs, sur un fond
d'or. —

Le fragment d'une courroie d'éperon, *C*, est parsemé de
clous de bronze et garni de même métal aux trous destinés
à recevoir l'ardillon de la boucle. Nous retrouvons des courroies d'éperons pareilles dans la plupart des représentations
de chevaliers du XIV siècle que nous avons données d'après
des pierres tumulaires.

248

Le couvercle de cette tombe en relief nous fait voir, en grandeur naturelle, la figure de Conrad de Heideck, taillée en pierre. Nous nous sommes abstenus d'en donner la représentation dans notre ouvrage, parce que cette figure nous offre, sans aucune différence essentielle, presque le même costume, y compris les armes, que celui de la pierre tumulaire d'Albert de Hohenlohe, décédé en 1319, que nous avons décrit *pl. 87* de cette division.

Dans le but de donner une idée plus exacte des éperons du XIV° siècle, nous avons ajouté à la représentation de l'éperon *B* de notre planche celle de l'éperon *D*. Ce dernier éperon est de cuivre, et, selon toute probabilité, il était doré dans son état primitif; ses ornements se composent d'une couronne et d'un A couché, dont le fond, fort évidé, est émaillé de noir. En général, ces éperons coïncident pour la forme avec ceux que l'éditeur a trouvés dans les fouilles du Tannenberg, château détruit en 1399, de même qu'avec ceux que nous offrent les pierres monumentales de la même époque.

Pl. 179 de cette division nous fait voir les changements essentiels que la forme des éperons a subis durant le siècle suivant. Parmi tous les objets représentés sur notre planche et dont les originaux sont maintenant conservés dans les Collections-Unies royales de Munich, *A* est représenté en grandeur naturelle; les autres fragments d'après les dimensions indiquées par l'échelle à cette représentation.

PLANCHE 177. Costume de dames du XV° siècle, dessiné par *l'éditeur.*

A est une figure prise d'un tableau d'autel dont est ornée l'église de Notre-Dame, à Ober-Wesel sur le Rhin; nous avons

Frauentracht a. d. 14. Jahrh.

déjà fait mention de ce tableau, *pl. 130* de cette division.
B est pris d'un dessin à la plume, conservé au Musée-Germanique, à Nuremberg. *C, D, G, H* proviennent de dessins pareils, conservés aux archives de l'état, à Dresde, dont nous avons fait mention *pl. 151* de cette division. *E* et *F* ont été représentés d'après de vieux dessins à la plume dont l'éditeur est en possession.

La dame *A*, d'un rang élevé, porte une coiffure telle qu'à cette époque elle était surtout dominante en Angleterre, tandis qu'elle se présente fort rarement en Allemagne. Cette coiffure se compose d'un réseau dans lequel la chevelure est enfermée de part et d'autre et qui est orné de paillettes d'or oblongues, genre d'ornement fort en usage du XIV° siècle jusqu'au XVII°, et appliqué de diverses manières au costume, comme nous avons eu souvent l'occasion de le voir. La coiffure est surmontée d'un large ruban fort saillant, sur lequel la lettre 𝕸, sans doute *Marie*, est brodée en perles.

Le costume de la dame *B* appartient déjà au XIV° siècle, mais on le retrouve souvent aussi, à côté de celui des dames représentées sur notre planche, jusque vers la fin du XV° siècle. Les bustes de *C* à *H* nous présentent, surtout pour la coiffure, des variétés infinies relativement au costume de dame en usage à cette époque.

A *F*, nous appellerons l'attention de nos lecteurs sur la draperie fixée à l'épaule à l'aide d'une agrafe et qui descend le long du dos. Cet ornement est assez fréquent dans le costume des dames de ce siècle, mais nous le retrouvons ordinairement à l'épaule gauche et non à l'épaule droite, comme dans la planche actuelle.

Nous avons déjà fait mention des ornements de ce genre *pl. 30*, où il est question des costumes d'intérieur,

et *planche 14* où nous avons décrit la cuirasse d'un chevalier.

Les représentations C et H sont des dessins à la plume
non-coloriés. Les couleurs de A sont: Le ruban dont est
ornée la coiffure est gris et brodé de perles; le réseau est d'or
de même que les paillettes; le vêtement vert, l'encadrement et
la ceinture, noirs; la chemise, brodée d'or sur la poitrine et
visible aux échancrures des manches, est blanche. B a la
tête enveloppée d'une étoffe blanche, ornée de longues franges;
la cornette de dessous est d'or; la moitié droite du vêtement
est jaune, la moitié gauche est bleue; la robe de dessous est
rouge. —

PLANCHE 178. Costumes espagnols du XIV⁰ siècle, dessinés par *Edouard Gerhard* d'après les figures du plafond
de l'Alhambra, palais des rois maures, à Grenade. Bien que
l'architecture de ce palais ait été, dans ses diverses parties,
souvent représentée, de même que les tableaux qui en font
l'ornement, nous avons néanmoins des motifs d'admettre que
ces représentations n'ont jamais été exécutées avec autant de
soin et d'exactitude qu'elles l'ont été par l'artiste que nous
venons de nommer, lequel a fait un long séjour en Espagne.
Deux des salles de l'Alhambra ont des plafonds voûtés ovales
en bois et recouverts de parchemin. Ces voûtes sont ornées
de peintures représentant des traditions, des chasses et des
combats sur un fond d'or. Ces ornements datant d'une époque où les Maures vivaient avec les Chrétiens d'Espagne dans
la plus parfaite concorde, nous retrouvons dans ces tableaux
des figures des deux nations, parfaitement distinctes par le
costume, mais représentées les unes et les autres avec la même
importance d'action.

Ritter Tracht a. d. 14ten Jahrh.

Les figures de notre planche ont été choisies et groupées de manière à remplir le but que nous nous sommes proposé, qui est de donner une idée exacte des costumes chrétiens de cette époque et de cette nation. Nous retrouvons ici la confirmation de ce que nous avons dit souvent au sujet de la manière dont les costumes se sont formés dans les divers pays, c'est que la religion, qui lie les divers peuples entre eux, et une seule et même époque exercent à cet égard plus d'influence que n'en saurait exercer les pays pris isolément. C'est ainsi, par exemple, que nous voyons ici presque dans toutes les figures des rangées de boutons ornant les manches étroites des hommes aussi bien que des dames; ce même ornement se retrouve sur le tombeau de la famille de Holzhausen, placé dans la cathédrale de Francfort sur-le-Mein, *pl. 134* et dans plusieurs autres représentations de cette division. Les ceintures placées fort bas et saillantes, que portent les hommes de notre planche, ont été, à cette époque, une marque distinctive des chevaliers dans tous les pays chrétiens. Les chevaliers de ces tableaux, qui portent des cuirasses, coïncident également avec ceux que nous avons représentés d'après les monuments funéraires de cette période. La visière du bassinet du chevalier *F*, de même que la coiffe prolongée à l'infini du chevalier *G*, sont des objets qui caractérisent surtout le costume des italiens à cette même époque. Il est aussi à remarquer que les dames de ces tableaux portent les ongles fort longues, coutume, ou plutôt mauvaise habitude, que nous retrouvons même de nos jours.

Il n'est guère probable que la peinture de ces voûtes ait été exécutée par des artistes arabes; mais on ne saurait décider si l'on a confié ce travail à des peintres italiens, ou à des artistes allemands. Quoi qu'il en soit, les artistes n'ont pu représenter que ce que les scènes de la vie de ce pays-là offraient à leurs yeux, comme aussi ce n'est qu'en Espagne qu'ils ont trouvé les modèles des Maures dont ils ont représenté le costume avec une parfaite exactitude. Ces peintures, qui se recommandent par une conception noble et animée, sont exécutées avec une grande simplicité, dénuée de toute prétention; les contours sont prononcés et énergiques, mais les ombres sont faibles; le rouge et l'or y dominent surtout. Les paysages, dont le fond est orné par-ci par-là, sont loin de représenter la nature; on dirait plutôt voir des modèles de tapisseries.

Les couleurs sont: *A* a le vêtement violet, les boutons et la garniture d'or; le manteau rouge est doublé de pelisse blanche; le perroquet vert a les ailes rouges. *B* a le vêtement rouge et garni d'or. *C* a le vêtement rouge, les boutons, la ceinture, les bordures et les éperons d'or; le col et le haut-de-chausses blancs; les souliers noirs; l'ours est brun. *D* a le manteau blanc, encadré d'or et doublé de jaune; la robe est rouge, ayant une garniture et des boutons d'or; les souliers sont également d'or; la parure du cou et celle de la tête alternent de pierres précieuses bleues et rouges. *E* a le vêtement de dessus blanc et bordé d'or; la robe de dessous est rouge et les manches courtes sont encadrées d'or; les manches étroites sont bleues et bordées d'or; souliers, noirs. Le collier se compose de perles rouges et d'or, et la guirlande dont les cheveux sont ornés, de fleurs rouges et bleues. *F* a la cotte d'armes rouge; la ceinture d'or, de même que les boutons; le heaume est couleur de fer; le haut-de-chausses, jaune-clair; souliers noirs. *G* a le capuchon et le col rouges et bordés d'or; la coiffure de dessous est rayée de bleu et de blanc; vêtement rouge; boutons et ceinture d'or; haut-de-chausses jaune; souliers blancs et rayés de bleu. Le cheval blanc a la selle et les rênes rouges.

A.   B.

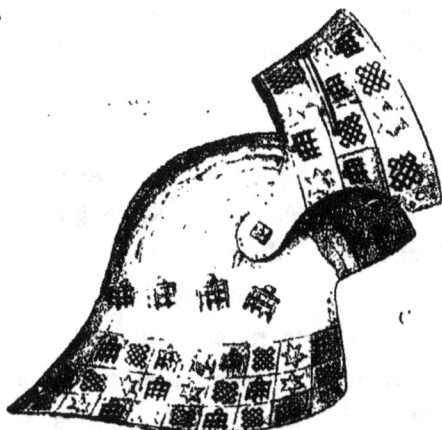

Ritterliche Tracht u. s. w. Jahrk.

La moitié droite du vêtement de *H* est blanche et rayée de bleu; la moitié gauche est d'un brun rougeâtre; les boutons, la ceinture et les bordures sont d'or; le haut-de-chausses est rouge, et les souliers sont noirs.

PLANCHE 179. Costume de chevalier du XVᵉ siècle, les figures *A*, *B*, *D*, *E* et *G* ont été dessinées par *l'éditeur*; *C*, par M. *le prof. Baer*, à Dresde; *F* par M. *Charles de Mayenfisch*, chambellan de S. M. le roi de Prusse, à Sigmaringen.

A est pris du monument funéraire de Jean d'Erbach, décédé en 1458; ce monument est conservé à l'église de Michelstadt, dans l'Odenwald. *B* est dessiné d'après le monument de George d'Erbach, décédé en 1481; — cette pierre tumulaire est conservée dans la même église.

Nous nous bornons à ne représenter que la partie supérieure de ces deux statues de chevaliers, les autres parties ne nous offrant rien de nouveau relativement au but de notre ouvrage. Les pierres tumulaires de ces deux chevaliers sont tellement placées qu'elles forment, à la fois, et le monument proprement dit et le revêtement d'un pilier de l'église.

Après la mort de George, ce monument a été érigé à l'honneur des deux chevaliers d'Erbach; ce qui fit que Jean d'Erbach a été représenté sur ce monument pour le moins 33 ans après son décès. Par conséquent nous ne devons pas oublier que l'armure sous laquelle il a été représenté date de la 2ᵈᵉ moitié et non de la 1ʳᵉ moitié du XVᵉ siècle, — ce qui nous fait voir que l'on fera bien, quant aux investigations touchant les costumes et les formes de l'art, de ne s'en tenir qu'aux monuments contemporains, que nous n'avons cessé de prendre pour base dans le cours de notre ouvrage. C'est dans

ce but que nous avons donné la représentation de ces deux
armures, portées durant la période de 1460 à 1500; elles ne
diffèrent des autres armures de la même époque que dans
quelques points, tandis que, pour tout le reste, elles coïncident parfaitement avec les représentations du même siècle que
nous avons données antérieurement. C'est le même motif qui
nous a fait joindre à cette planche les contours *D* et *E*, pris
de dessins à la plume qui datent du XV° siècle, dont
l'éditeur lui-même est en possession et le casque *C* (salade),
dont l'original est la propriété de M. le professeur Baer, à
Dresde. —

Nous ferons surtout remarquer que ce dessin est nuancé
de couleurs à l'huile Ce genre de peinture a été appliqué
aux flammes qui sillonnent le haut du casque, ainsi qu'aux
figures héraldiques qui forment l'encadrement.

Les couleurs, considérablement ternies par les siècles,
n'alternent guères que de jaune et de rouge. A cette époque
les armures étaient parfois coloriées de même; il arrivait aussi
que telles ou telles parties de l'armure étaient couvertes d'é-
toffes en couleur. L'échelle que nous avons ajoutée à notre
planche indique les dimensions du casque.

F représente l'un des deux éperons conservés à l'hôtel-
de-ville de Constance, que Henri d'Ulm reçut en 1414 de
l'empereur Sigismond, par qui il avait été fait chevalier. Cet
éperon est de cuivre, ciselé de quelques ornements et doré
au feu. *G* est un éperon en fer de la même époque, conservé
à la Collection-Unie de Munich.

Nous avons représenté ces deux objets dans le but de
donner une idée de la forme dominante des éperons au XV°
siècle, comparée à la forme de ceux du XIV° siècle, dont
nous avons donné deux représentations, *pl. 176* de cette division.

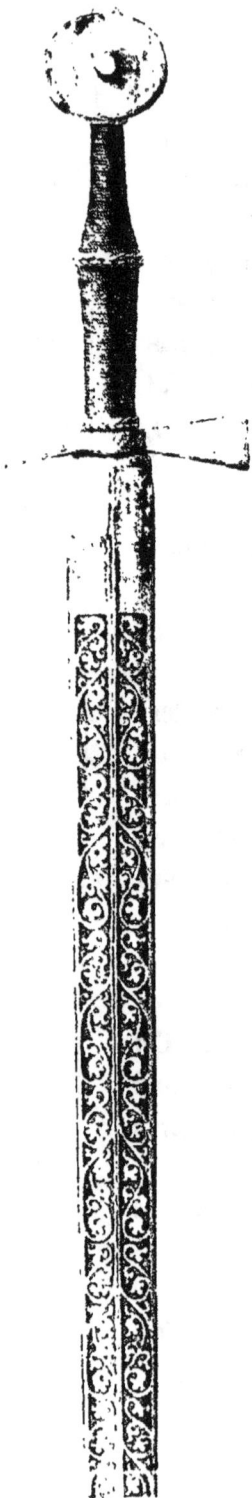

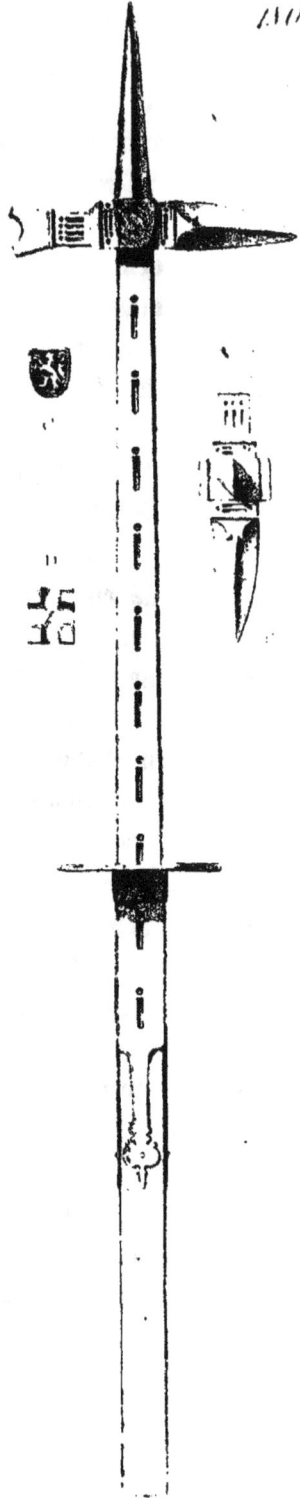

PLANCHE 180. Costume et armes de chevaliers du milieu du XVe siècle, dessiné par *l'éditeur*.

La représentation du centre de notre planche, de même que celle de *pl. 165* de cette division, est prise d'un ancien dessin à la plume du cabinet royal des gravures à Dresde, dont le but était sans doute aussi de servir de modèle pour un monument funéraire. Il s'y trouve également quelques données indiquant au tailleur de pierre la manière dont il aurait à exécuter le tombeau. Le chevalier représenté est, à en juger d'après les insignes, un duc de Bavière; mais il ne nous serait guère possible d'indiquer son nom, vu qu'à cette époque, il se trouvait en Bavière quatre maisons ducales régnantes.

Nous retrouvons sur notre planche l'armure en vogue dans la première moitié de ce siècle, laquelle a subi la transition dont nous avons fait mention dans plusieurs représentations. Les gants de notre armure sont encore dépourvus d'articulations, et le haut des jambes n'est point armé de cuissards en fer; les jambes n'ont qu'un vêtement de cuir, où ressortent faiblement les genouillères; la cotte d'armes, fort courte et blazonnée, dont notre figure est revêtue, a été souvent portée à cette époque par-dessus la cuirasse.

Bien que le dessin original ne soit pas colorié, il est aisé de déterminer les couleurs d'après l'héraldique et d'après d'autres circonstances. Car les lozanges, ou fusils, de Bavière que portent le bouclier et la cotte d'armes, sont d'argent et d'azur; le cuir et le fer ont leur couleur naturelle. Les souliers, qui, dans notre figure, ne sont pas recouverts de fer, étaient ordinairement rouges.

A représente un marteau d'armes, conservé à la Collection-Unie de Munich. Le marteau est en acier et le fût en bois; c'est ainsi qu'il était généralement porté par les chevaliers de distinction du XV° siecle. Les lames d'acier dont se composait le marteau, ainsi que la partie supérieure du fût, sont percées de plusieurs petites ouvertures en forme de fenètres, ayant un fond de cuivre. Vers le milieu du marteau, on aperçoit, de chaque côté, de petits écussons fort saillants, armoriés, en argent émaillé. L'un de ces écussons, celui de Bavière, est chargé de lozanges, argent et azur; celui du côté opposé porte les armes du Palatinat, savoir: le lion de gueules dans un champ sable. Le dernier de ces écussons est représenté à *C.* La figure *B* nous fait voir le marteau vu d'en-haut. Cette arme vue par derrière est représentée à *D.* Ce n'est pas sans de bonnes raisons que nous pouvons admettre que ce marteau d'armes a appartenu à un duc de Bavière.

E nous fait voir le glaive d'un chevalier de cette même époque, dont la Société Historique de Basse-Franconie et d'Aschaffenbourg, qui siége à Wurzbourg, est en possession. Cet exemplaire nous présente, à peu de modifications près, la forme gracieuse de ce genre d'armes dont nous avons déjà souvent fait mention. Cette épée est fort endommagée par la rouille; la partie centrale du fût est entourée de cordes et d'étoupes; le fourreau est de cuir noir avec des ornements pressés, dont, du reste; les deux extrémités, supérieure et inférieure, sont dégarnies. La longueur de la lame ou du fourreau, qui n'est pas entièrement visible sur notre planche, se monte à 3 pieds, 5 pouces. La totalité des dimensions de l'une et de l'autre arme est indiquée par l'échelle que nous avons donnée sur notre planche.

Additions et Errata
de la IIᵉ Division.

Frontispice pag. 1. Dans la composition de ce frontispice, plusieurs détails du costume des chevaliers et des dames de la moitié du XVᵉ siècle manquent d'exactitude; ce dont il sera facile de se convaincre en parcourant notre ouvrage. L'aigle impériale Germanique n'eut jamais qu'une seule tête; l'aigle à deux têtes était dès cette époque le signe de l'empire romain-germanique.

Pl. 2 pag. 2. Des investigations récentes nous ont prouvé qu'il ne s'agissait pas ici de „maître Guillaume," mais bien de „maître Etienne."

Pl. 14 pag. 14 au bas; au lieu de: „qui, dans les premiers temps du XVᵉ etc." *lisez:* qui ne commencèrent à remplacer les armures dominantes de cuir et de chaînes de mailles que vers la 2ᵈᵉ moitié du XVᵉ siècle.

Pl. 14 pag. 15. Nous devons faire observer qu'avant la 2ᵈᵉ moitié du XVᵉ siècle quelques parties des armures en cuir étaient déjà garnies de plaques de métal, bien que les armures laminées ne soient guère complètement en vogue avant l'année 1450.

Pl. 15 pag. 16 ligne 12 d'en bas, au lieu de: „Louis le bavarois de la première moitié du XVIᵉ siècle *lisez:* „L'empereur Louis de Bavière, de la première moitié du XIVᵉ siècle."

Pl. 20 pag. 24. L'interprétation de *tergum* pour *larga* n'est pas juste.

„ *20* „ *25 ligne 5,* au lieu de: „Dans le XIVᵉ siècle," *lisez:* „Au XIIIᵉ siècle et au XIVᵉ siècle.

Pl. 20 pag. 25 ligne 7, au lieu de: „à la forme carrée, souvent échancrée en bas" *lisez:* à la forme angulaire pour la partie supérieure, et arrondie pour la partie inférieure."

Pl. 21 pag. 25 ligne 21, au lieu de: „Les cache-oreilles — jusqu'à de petites plaques." *lisez:* „se, trouve, dans cet exemplaire confectionné en cuir pressé et est en communication avec le hausse-col, le col de chaîne de mailles."

Pl. 24 pag. 32 ligne 2, au lieu de: „du petit nombre de ceux etc." *lisez:* „du nombre de ceux qui, à cette époque et comme de coutume, étaient peints."

Pl. 32 pag. 50 ligne 18, au lieu de: „Le bassinet etc. *jusqu'à* casques du siècle suivant" *lisez:* „Le costume coïncide parfaitement avec ceux du XVᵉ siècle; il n'y a que le casque à visière qui soit une addition postérieure, due à l'imagination de l'artiste.

Pl. 34 pag. 52. L'éditeur ne saurait répondre de l'exactitude de tous les détails de cette représentation.

Pl. 39 pag. 56. Les traits de la figure ont été empruntés aux représentations contemporaines de l'empereur Louis IV de Bavière; toutefois le vêtement est un costume impérial de la fin du XVᵉ siècle, et, comme tel, il mérite ici notre attention.

Pl. 40 pag. 61 ligne 2, au lieu de: „imprimés", *lisez:* „pressés."

Pl. 41 pag. 61 ligne 21; au lieu de: „où le haubert commence à prendre les formes de la cuirasse du XIVᵉ siècle" *lisez:* „où l'armure de chaînons de mailles est remplacée par l'armure de cuir du XIVᵉ siècle."

Pl. 41 pag. 62 ligne 11 après: „ont passé dans la langue anglaise" *lisez:* „Ils servaient, de même que les lambrequins, à faire reconnaître les chevaliers, et en France, on les appelait aussi *renaissances.*

„ *43* „ *63 ligne 10;* au lieu de: „avec cette différence *jusqu'à* en haut" *lisez:* „la seule différence est que, dans notre représentation, l'artiste a représenté les coudes au moyen de découpures."

Pl. 43 pag. 63 ligne 4 d'en bas; après: „elle est peinte" *lisez:* „L'inscription du monument est conçue en ces termes:

Hoc . tumulo . virtutis . humo . jacet . Otto . quiescunt .
Ossa . soli . gremio . spiritus . in . Domino

Pl. 46 pag. 67, à la ligne 7 d'en-bas, ajoutez: „le bord du hausse-col est par-dessus le bassinet et non point au-dessous, comme une erreur dans le dessin de notre représentation pourrait le faire croire.

Pl. 49 pag. 71. L'inscription de ce monument funéraire, se trouvant endommagée à un très-haut degré il nous a été impossible de la rendre dans son état complet, que voici:

anno . MCCCLXXVIII . augusti . obit . Wickerus . frosch . scabinus (echevin) . in . frankenford . cujus . anima . requiescat . in pace . amen.

M. le docteur Boemer a vu dans le susdit millésime le chiffre de MCCCLXXIIII; nous ne saurions admettre cette manière toute particulière de rendre chiffres romains, bien que cette version n'eût aucune influence sur le but que nous avons en vue. Nous avons dit que l'on n'avait point de données pour la biographie de Weikhard Frosch, n'ayant, à cette époque, pu obtenir à Francfort aucun renseignement à cet égard. Or, nous avons appris depuis qu'il est souvent question de lui dans des documents; toutefois il n'est point de notre ressort d'approfondir ce qu'on sait de ce personnage; nous nous contenterons d'ajouter que, comme maire, ou échevin impérial, il porte le manteau rouge, doublé d'ermine.

Pl. 52 pag. 75 ligne 14, au lieu de: „fauçon" lisez: „faucon".

„ 54 „ 77 „ 3 d'en-bas: „d'un manuscrit qui se trouve à la bibliothèque de Darmstadt" ajoutez: „Ce manuscrit est un volume de Froissard, le deuxième de la collection".

Pl. 54 pag. 78 ligne 21, au lieu de; „garni par en bas de fourrure brune" lisez: „fourrure, brune: la bordure qui entoure le cou et l'encadrement du bandeau de soie sont d'or.

Pl. 56 pag. 81 ligne 10, au lieu de: „L'ancienne forme" jusqu'à: „par une agrafe" lisez: „L'évêque ne porte point, comme de coutume, la chasuble en sa qualité de pontife, mais un vêtement de vêpres, dont il est également revêtu pour la cérémonie de la confirmation, c'est le pluviale ou la chape. l'aube, qui retombe sur les deux mains, et l'amict, sont parsemés de pièces de diverses étoffes, au moyen desquelles, d'après l'opinion de l'évêque Durandus, l'écrivain lithurgique le plus distingué du moyen-âge, on indiquait les cinq plaies de Notre-Seigneur."

Pl. 57 pag. 82 au bas; au lieu de: „Ce qui mérite d'être remarqué particulièrement" jusqu'à: „en usage à cette époque" lisez: „La partie supérieure de l'armure en cuir est couverte d'une plaque de métal ou d'un disque de cuir pressé garni de bandes de métal."

Pl 63 pag. 89 ligne 12 d'en bas. Les mots tracés en abréviation de chaque côté signifient:
Ave Maria, gratia plena dominus tecum.

Pl. 69 pag. 100 au bas, au lieu de: „les manches de dessus" lisez: „les manches de dessous."

„ 83 „ 115 ligne 10 d'en bas: au lieu de: „les comtes de K." lisez: „les seigneurs de K."

Pl. 107 pag. 138, au milieu: au lieu de: „Celle de droite" lisez: „celle qui se trouve à la droite du spectateur."

Pl. 109 pag. 139 ligne 5 d'en bas: au lieu de: „Il en résulte etc." jusqu'à: antérieurement à cette date" lisez: „C'est Jean Burgkmaier-le-Jeune qui a fait usage pour cette oeuvre des matériaux préparés par son père."

Pl. 124 pag. 158 lignes 10 et 7 d'en-bas; au lieu de: „à droite" lisez: „à gauche" et vice-versâ.

Pl. 133 pag. 169. D'autres prétendent que le mot primo appartient au millésime, en conséquence de quoi R. de Sachsenhausen serait décédé une année plus tard. L'écusson écartelé est toujours une rareté pour cette époque, bien que, même antérieurement, il s'en présente plusieurs exemples. Des documents découverts plus récemment nous offrent quelques données sur la famille de ce chevalier; mais elles ne sont d'aucune importance pour la matière traitée dans notre ouvrage. Comme, à l'époque où cette planche a paru, M. le docteur Euler, dans les „Archives pour les arts et l'histoire de Francfort", a prétendu que notre description était „très-défectueuse", sans avoir le moindre égard à la sollicitude que nous ne cessons de témoigner pour le but principal de notre ouvrage.

„ 144 „ 189 „ 3 „ „ „ „Mumi" lisez: „Memi".

„ 160 „ 215 „; 1 „ „ après „fourrure" ajoutez: „vêtement de dessus, noir."

„ 161 „ 219 „ 5 d'en bas: au lieu de: „dixième" lisez: „quinzième."

„ 163 „ 224 „ 16 „ „ ajoutez: „Nous ne doutons pas que les deux chiens n'aient été ajoutés comme l'emblême d'une fidélité éprouvée."

Pl 166 pag. 129 ligne 3 au bas: au lieu de: „glaives" lisez: „glaive."

www.ingramcontent.com/pod-product-compliance
Lightning Source LLC
Chambersburg PA
CBHW071950270326
41928CB00009B/1404